Esther Verhoef-Verhallen

KATZEN-ENZYKLOPÄDIE

Esther Verhoef-Verhallen

KATZEN-ENZYKLOPÄDIE

DÖRFLER
FAUNA & FLORA

Internet: www.rebo-publishers.com
e-mail: info@rebo-publishers.com

Übertragung aus dem Holländischen: Ingrid Ahnert, Dipl. Biol.
Umschlaggestaltung: Andreas Dorn

ISBN 3-89555-079-5

1 2 3 4 5 6 5 4 3 2

Inhalt

Vorwort

Die Menschen hatten stets den Wunsch, ihre Haustiere in Gruppen einzuteilen. Während sich die unzähligen Hunderassen anhand ihres ursprünglichen Verwendungszwecks klassifizieren lassen, ist dies bei Katzen nicht möglich. Katzen spielten in den alten Religionen einiger Kulturen eine bedeutende Rolle, und weltweit wurden sie als tüchtige Jäger geschätzt. Dies trifft zwar auch heute noch in vielen Ländern zu, im Westen nimmt die Katze jedoch immer mehr die Rolle eines beliebten Haustieres ein.

Ebenso wenig erfolgversprechend ist auch die Einteilung anhand des Herkunftslandes. Der Ursprung mancher Rassen lässt sich zwar in gewissem Maße zurückverfolgen, viel häufiger ist jedoch nur wenig darüber bekannt, und die exakte Abstammung kann nur mit Hilfe früher Aufzeichnungen und logischer Schlussfolgerungen vermutet werden. Da zudem viele Rassen durch Kreuzungen bestehender Rassen entstanden sind, weisen diese unterschiedliche Vorgeschichten auf.

Aus diesem Grund wurden die Katzen in diesem Buch anhand leicht erkennbarer Körpermerkmale klassifiziert: der Länge und Beschaffenheit des Fells. Da manche Rassen sowohl als Kurzhaar- als auch Langhaarvarietäten existieren, werden Langhaarkatzen, die von Kurzhaarrassen abstammen, gesondert besprochen. Hauptanliegen dieses Buches ist es, sämtliche Erscheinungsformen der verschiedenen Rassen darzustellen.

Bei der Beschreibung der Rassen ist es unumgänglich, Begriffe aus der Genetik sowie gängige Bezeichnungen für Farbe und Muster des Fells zu verwenden, da diese heute in der Katzenzucht allgemein üblich sind. Die verschiedenen Farben und Beschaffenheiten des Haarkleids werden in diesem Buch aber dennoch für jedermann verständlich beschrieben. Auch die genetischen Aspekte werden so einfach und verständlich wie möglich erklärt.

Bei der Beschreibung der Rassen wurde nicht berücksichtigt, ob diese von den unzähligen Katzenclubs oder internationalen Verbänden anerkannt sind. Manche Rassen werden nur von einigen Verbänden oder nur vorübergehend anerkannt. Wer sich für eine bestimmte Rasse interessiert, sollte sich bei einem oder mehreren Verbände über die Zuchtverhältnisse informieren, um sich vor Überraschungen nach dem Kauf zu schützen.

Diese Enzyklopädie hat ihren Zweck erfüllt, wenn sie dem Leser dabei hilft, die Katze seiner Wahl für seine spezielle Wohnsituation zu finden. Nach ihrer Lektüre soll der Leser umfassend über die verschiedenen Farben und Muster des Fells sowie die genetischen Hintergründe informiert sein.

Esther J. J. Verhoef-Verhallen

Links: *Maine Coon*

1 Überlegungen vor dem Kauf

Die Lebenserwartung der Katze liegt in der Regel zwischen zehn und 16 Jahren, manche Katzen werden aber auch bedeutend älter. Da Katzen das alltägliche Leben ihrer Besitzer beeinflussen, muss man sich vor der Anschaffung auch die Nachteile der Katzenhaltung und die Verantwortung, die man damit übernimmt, vor Augen führen.

Praktische Überlegungen

Katzen brauchen ständige Pflege. Sie müssen gekämmt oder gebürstet werden und benötigen täglich ein gesundes und abwechslungsreiches Futter; auch die Katzentoilette muss mindestens einmal täglich gesäubert werden. Weiterhin muss man dafür Sorge tragen, dass das Haustier frei von Flöhen und Würmern ist, und es regelmäßig vom Tierarzt gegen verschiedene Katzenkrankheiten impfen lassen.

Während der Urlaubszeit muss man einen „Aufpasser" finden, der bereit ist, die Katze (oder Katzen) zu füttern und zu versorgen. Andernfalls muss man eine zuverlässige Katzenpension finden, in der das Tier nicht allzu sehr beengt ist.

Man muss auch damit rechnen, dass die Katze krank werden oder verunglücken kann. In solchen Fällen sind eventuell hohe Tierarztrechnungen zu bezahlen.

Colourpoint-Perser

Links: *Katzen und Hunde verstehen sich oft ausgezeichnet.*

Diese Seal-Point-Siam liebt Gesellschaft.

Bedenken Sie auch, dass eine Katze einen ausreichend großen Lebensraum benötigt. Es sollten ihr etwa 9 m^2 zur Verfügung stehen.

Das Fell vieler Katzen verführt zwar zum Streicheln, man darf jedoch nicht vergessen, dass die Tiere das ganze Jahr über Haare verlieren, was ein Mehr an Hausarbeit bedeutet.

Manche Katzen, insbesondere junge Kätzchen, bewegen sich ungeschickt und können dabei Möbelstücke oder Dekorationsgegenstände wie zum Beispiel Vasen beschädigen.

Gelegentlich wird sich die Katze ihre Krallen an einem unerwünschten „Kratzbaum" schärfen oder einen Ballen mit Haaren auf dem Sofa oder dem neuen Teppich hervorwürgen – dies alles gehört dazu, wenn man eine Katze als Haustier hat.

Man sollte sich all dies unbedingt vor Augen führen, bevor man sich ein junges Kätzchen,

Das Fell der langhaarigen Perserkatzen braucht ausgesprochen viel Pflege.

das mindestens zehn bis 12 Wochen alt sein sollte, oder eine erwachsene Katze nach Hause holt.

Welche Rasse ist geeignet?

Wenn man sich für eine Rasse entschieden hat, steht bei der Auswahl vor allem das Aussehen im Vordergrund. Diese Vorgehensweise ist nicht falsch, sofern man bedenkt, dass Zuchtkatzen nicht nur ein rassespezifisches Aussehen, sondern auch spezielle Anforderungen an die Fellpflege haben.

Wichtiger ist jedoch, dass die verschiedenen Rassen sehr unterschiedliche Charaktereigenschaften haben. Während manche Rassen außerordentlich lebhaft und verspielt sind, verhalten sich andere sehr ruhig. Manche Katzenrassen sind völlig zufrieden, wenn sie sich selbst überlassen bleiben und ihren Tagesablauf allein bestimmen können. Andere hingegen brauchen viel Zuwendung und wollen stets im Mittelpunkt stehen.

Sphynxkätzchen

Türkische Angora

Auch wenn sich die verschiedenen Katzenrassen hinsichtlich ihres Charakters weniger voneinander unterscheiden als Hunderassen, muss man dies bei der Auswahl der geeigneten Rasse in jedem Fall berücksichtigen. Andernfalls kann man seinen Kauf hinterher bereuen, da man entweder das Maß an erforderlicher Zuwendung unterschätzt hat oder das Tier zu verspielt und lebhaft bzw. zu ruhig ist.

Solange die Katze klein ist, findet man meist alles, was sie tut, reizend und liebenswert. Die Freude kann jedoch sehr schnell zum Ärgernis werden, wenn man merkt, dass die Pflege der langhaarigen Perserkatze ein zeitraubendes, täglich erforderliches Ritual ist, oder wenn die anmutige Siamkatze ständig mit flehendem Miauen auf sich aufmerksam macht, um ihre Streicheleinheiten zu erhalten.

Deshalb werden in diesem Buch nicht nur die körperlichen Merkmale der Rassen, sondern möglichst auch deren typische Charaktereigenschaften und die erforderlichen Pflegemaßnahmen detailliert beschrieben.

Man sollte sich jedoch nicht nur theoretisch informieren, sondern sich die verschiedenen Rassen auch auf Ausstellungen ansehen, bevor man den entscheidenden Schritt wagt. Bei dieser Gelegenheit kann man mit Züchtern und Katzenliebhabern über die bevorzugte Rasse sprechen und sein Bild auf diese Weise abrunden.

Kätzchen oder erwachsene Katze?

Die meisten Menschen ziehen ein Kätzchen einer erwachsenen Katze vor, da sie entweder ihren neuen Gefährten heranwachsen sehen wollen oder glauben, dass sich eine ältere Katze nicht in eine neue Umgebung und eine neue Familie einfinden kann. Tatsächlich können sich jedoch erwachsene Katzen ebenso schnell an neue Situationen anpassen wie junge Tiere, und auch die Bindung an den Menschen erfolgt in der Regel genauso fest.

Manche Menschen entscheiden sich für eine junge Katze, da sie diese für ein unbeschriebenes Blatt halten, das sich beliebig beschreiben, das heißt dressieren, lässt. Der Charakter einer Katze wird jedoch zum einen von genetischen Faktoren und zum anderen von der Umgebung, in der das Tier aufgewachsen ist, sowie der Behandlung durch den Züchter bestimmt. Die Bemühungen des neuen Besitzers zeigen zwar langfristig eine Wirkung, der Charakter des Kätzchens liegt jedoch bereits weitgehend fest, wenn man es zu sich nach Hause holt. Man kann dem Tier nachträglich vor allem die Regeln des Hauses beibringen und einige Facetten seines Cha-

Sphynxkätzchen

Ein enges Vertrauensverhältnis kann sich sowohl mit erwachsenen als auch mit jungen Katzen entwickeln.

rakters verfeinern. Da eine junge Katze noch nicht weiß, was erlaubt und was verboten ist, muss man dem neuen Gefährten mit viel Geduld und Zeit alle Spielregeln beibringen.
Für manchen stellt deshalb eine ältere Katze, die bereits über einiges „Grundwissen" verfügt, die bessere Wahl dar. Natürlich hängt all dies in hohem Maße von den jeweiligen Umständen ab.
Viele Katzenclubs und Zuchtverbände bieten einen Vermittlungsservice an und stellen Kontakte mit Besitzern her, die ihre Katzen aus verschiedenen Gründen weggeben müssen oder wollen. Spezielle Rassen können auch mit Hilfe von Mitarbeitern des Tierschutzvereines vermittelt werden. Diese Menschen sind völlig offen und ehrlich, da sie in erster Linie die Interessen der Tiere vertreten. Zudem hat keiner einen Nutzen, wenn die Vermittlungsbemühungen enttäuschend für Mensch oder Tier enden. Es wird

Die erste Begegnung zweier sich fremder Hausgenossen

zwar häufig vermutet, dass es sich bei den betreffenden Tieren um Problemkatzen handelt, dies ist jedoch nur selten der Fall.
Bestimmte persönliche Lebensumstände, wie zum Beispiel eine Scheidung oder ein Auslandsaufenthalt, können es erforderlich machen, dass man sich von seinem geliebten Haustier trennen muss. Es gibt aber auch Fälle, in denen eine Katze neu vermittelt werden muss, weil sie aggressiv oder extrem ängstlich ist, ständig im Haus markiert, sich nicht an andere Haustiere gewöhnt oder andere lästige Eigenschaften entwickelt hat, die man nur schlecht tolerieren kann. Wer sich für eine ältere Katze entschieden hat und noch keinerlei Erfahrungen mit Katzen hat, sollte die Auswahl zusammen mit einem erfahrenen Katzenhalter treffen, der mit Rat und Tat zur Seite stehen kann.

Kater oder Katze?

Der Charakter von Kater und Katze unterscheidet sich nicht so gravierend, wie häufig angenommen wird. Im Allgemeinen sind jedoch sowohl kastrierte als auch nicht kastrierte Kater etwas ruhiger als Katzen. Wesentlich augenfälliger ist aber bei den meisten Rassen der äußerliche Unterschied. In der Regel sind Kater größer sowie stämmiger als Katzen und weisen einen imposanten, breiten Kopf auf.
Sofern man sich eine Katze nicht zu Zuchtzwecken anschaffen will, hängt die Entscheidung hinsichtlich des Geschlechts nur von den persönlichen Vorlieben ab. Wer sich die Möglichkeit zur Zucht offen halten will, wird sich für eine Katze entscheiden. Nicht kastrierte Kater kommen wegen ihrer Neigung zu markieren für eine Wohnungshaltung praktisch nicht in Frage. Eine Vielzahl spezieller Probleme, die man nicht unterschätzen sollte, bringt auch die Haltung von Katern in einem Freigehege mit sich. Dieses Thema würde den Rahmen des Buches sprengen, fachkundige Informationen und Ratschläge erhält man jedoch von erfahrenen Züchtern.
Aus den verschiedensten Gründen empfiehlt es sich für den Anfänger nicht, die Zucht mit einem Kater zu beginnen. Für eine gute Zuchtkatze lassen sich hingegen viele geeignete männliche Zuchttiere finden, zudem ist die Auswahl größer als bei der Haltung eines eigenen Zuchtkaters.

Wer seine Rassekatze nicht für die Zucht verwenden will, sollte sein Tier kastrieren lassen (weitere Informationen zu diesem Thema finden sich in Kapitel 2 unter der Überschrift „Geburtenkontrolle“).
Während kastrierte Hunde nicht mehr an Ausstellungen teilnehmen dürfen, sind Katzen bei Ausstellungen als spezielle Klasse für kastrierte Tiere zugelassen, in denen ebenfalls Preise und Titel zu gewinnen sind.

Wenn bereits ein Tier im Haus ist

Im Allgemeinen finden sich Katzen problemlos in einen Haushalt ein, in dem bereits andere Tiere leben. Ein Hund, der an Katzen gewöhnt ist und sie mit Respekt behandelt, wird meist auch einen weiteren Hausbewohner akzeptieren. Es gibt aber auch Hunde, die zwar fremde Katzen jagen, aber ihrer Katze niemals auch nur ein Haar krümmen würden. Man muss seinen Hund genau kennen, um seine Reaktion auf eine Katze abschätzen zu können.
Es versteht sich von selbst, dass man anfangs Hund und Katze nicht allein lässt, sofern irgendein Zweifel besteht. Der Katze sollten zudem stets Zufluchtsstätten zur Verfügung stehen, an die ihr der Hund nicht folgen kann. Manchmal ist es einfacher, eine ältere Katze zu nehmen, die bereits an Hunde gewöhnt ist. Piepsende, spielende oder flüchtende Kätzchen können eine allzu große Verlockung für einen Hund sein. Meist werden sich die beiden Tiere jedoch innerhalb weniger Wochen an die neue Situation gewöhnt haben.
Wenn bereits Katzen im Haus sind, können diese sich anfangs weigern, den Neuling zu akzeptieren. Nach einigen Monaten sind jedoch in der Regel die Unstimmigkeiten beseitigt. Natürlich kann es immer auch Ausnahmen geben. Manche Katzen akzeptieren den Neuling überhaupt nicht, sie setzen Urin oder Kot im Haus ab, werden nervös, ziehen sich in einen ruhigen Teil des Hauses zurück, fressen nicht mehr richtig oder attackieren den Eindringling bei jeder sich bietenden Gelegenheit. Meistens versöhnen sich die Streithähne nach einiger Zeit, es kommt aber – wenn auch selten – vor, dass für eine der Katzen ein neues Zuhause gefunden werden muss.
Auch wenn junge Katzen eher angenommen werden, sollte man sich nicht davon abschrecken lassen, ein erwachsenes Tier zu kaufen. Es gibt unzählige Beispiele von Katzen, die im Lauf der Zeit unzertrennliche Freunde wurden. Auch Katzen können sich wie Menschen von Anfang an sympathisch sein oder spontan ablehnen – meist kann man aber nicht vorhersehen, in welche Richtung die Empfindungen gehen.
Bei der Ankunft im neuen Zuhause sollte man dem Tier zunächst einige Stunden Zeit lassen, um sich an die neue Umgebung zu gewöhnen, und es erst dann mit den anderen Haustieren zusammenbringen. Kleine Vögel, wie Wellensittiche oder Kanarienvögel, können ein Problem sein, müssen aber nicht unbedingt zu Schwierigkeiten führen. Es hängt viel vom Temperament der Katze und dem eigenen Einfühlungsvermögen ab. Wenn man den Vogelkäfig jedoch an einen sicheren Ort stellt, gerät die Katze erst gar nicht in Versuchung.
Das Gleiche trifft natürlich auch auf kleine Säugetiere, wie Hamster, Meerschweinchen und Hasen sowie auf Fische, zu. Man muss sich stets vor Augen halten, dass die Katze ein räuberisches Lebewesen ist. Nur in Ausnahmefällen kann man ihr ein solch kleines Haustier anvertrauen, das normalerweise zu ihren natürlichen Beutetieren zählt.

Katzen und Kinder

Viele Tiere werden angeschafft, weil sie der sehnliche Wunsch von Kindern sind – und dagegen ist auch nichts einzuwenden. Es ist im Gegenteil sogar sehr vorteilhaft für die soziale Entwicklung, wenn Kinder zusammen mit einem Tier aufwachsen und lernen, Verantwortung für ein anderes Lebewesen zu

Kinder müssen lernen, Katzen zu respektieren.

übernehmen. Man darf jedoch nicht erwarten, dass sich die Kinder – insbesondere wenn sie noch sehr klein sind – um die Versorgung der Katze kümmern. Das Verantwortungsgefühl ist bei den meisten Kindern noch nicht so stark ausgeprägt, und recht schnell verliert das Neue seinen anfänglichen Reiz, sodass schließlich die Erwachsenen die Katze versorgen müssen.

Da Katzen relativ alt werden können, ist es durchaus möglich, dass die Kinder bereits aus dem Haus sind und die Katze gerade in der Blüte ihres Lebens steht. Man sollte sich daher niemals eine Katze anschaffen, um den Kindern eine Freude zu machen, sondern muss sie auch selbst wollen.

Kinder müssen lernen, die Katze zu respektieren und sowohl junge als auch alte Katzen während des Schlafens nicht zu stören. Selbstverständlich dürfen Kinder ihr Haustier nicht grob behandeln oder laut schreiend ums Haus jagen, da eine Katze dadurch – je nach Charakter – aggressiv oder dauerhaft ängstlich werden kann.

Einsame Katzen

Manche Menschen entscheiden sich für eine Katze als Haustier, da sie glauben, der Umgang mit diesen Tieren wäre problemloser, als wenn sie sich zum Beispiel um einen Hund kümmern müßten. Dies trifft in gewisser Hinsicht auch zu. Man muss mit der Katze nicht täglich spazieren gehen und kann sie gelegentlich über Nacht allein lassen, ohne dass sie darunter leidet.

Man darf jedoch nicht davon ausgehen, dass man sich nicht um seine Katze kümmern muss. Katzen lieben zwar eine gewisse Unabhängigkeit, brauchen jedoch gleichzeitig das Gefühl, dass sich jemand um sie sorgt. Viele Katzen werden den ganzen Tag alleine gelassen, worunter die meisten Tiere sehr leiden, denn sie brauchen dringend soziale Kontakte. Wer wenig Zeit hat, sollte sich deshalb besser zwei oder mehr Katzen anschaffen, damit diese sich gegenseitig Gesellschaft leisten können, während man selbst nicht zu Hause ist.

Viele Katzen sind nicht gern alleine. Zwei Kätzchen in einem Haushalt können sich gegenseitig Gesellschaft leisten.

2 Pflege

Allgemeine Fellpflege

Mit Ausnahme von Sphynx- und Rexkatzen haben alle Katzen ein mehr oder weniger dickes Fell, das das ganze Jahr in gewissem Maße gepflegt werden muss. Im Frühjahr und Frühsommer verlieren die Tiere zwar reichlich Haare, mit Hilfe einer geeigneten Fellpflege lassen sich Haaransammlungen auf Möbeln und Teppichen jedoch in Grenzen halten.
Bei Kurzhaarkatzen genügt es, wenn man das Fell regelmäßig jede Woche bürstet. Auch bei den meisten Halblanghaarkatzen ist nur wenig Fellpflege erforderlich. Völlig anders sieht die Sache jedoch bei den langhaarigen Perserkatzen aus. Das Haarkleid der Perser verfilzt innerhalb weniger Tage, wenn es nicht sorgfältig gepflegt wird. Wenn das Fell längere Zeit vernachlässigt wird, können Hautreizungen und -ausschläge oder kahle Stellen und Abszesse entstehen. Wer nicht bereit ist, jeden Tag eine gewisse Zeit für die Fellpflege aufzubringen, sollte sich lieber für eine weniger pflegeintensive und zeitaufwändige Rasse entscheiden.
Welche Bürsten und Kämme für die Fellpflege geeignet sind, hängt von der Länge und Beschaffenheit des Fells ab. Man kann sich beim Züchter nach den geeigneten Pflegeutensilien erkundigen und anschließend diese Gegenstände kaufen. Die Fellpflege der Katze nimmt viel weniger Zeit in Anspruch und ist wesentlich wirkungsvoller, wenn man das geeignete Werkzeug dafür verwendet.
Ausstellungskatzen werden nicht nur regelmäßig gebürstet, sondern auch gelegentlich gebadet. Die Tiere sind daran gewöhnt und lassen die Prozedur ohne große Aufregung über sich ergehen. Aber auch „gewöhnliche“ Katzen sollten gelegentlich gebadet werden. Wenn die Katze beim ersten Bad schon etwas älter ist, werden weder Mensch noch Tier besonders viel Freude daran haben. Aus diesem Grund sollte man die Katze bereits von klein auf an die Prozedur gewöhnen, selbst wenn im Augenblick gar kein Bad notwendig wäre.
Beim Baden muss man vor allem darauf achten, dass kein Wasser in Augen und Ohren

Langhaarige Chinchilla-Perserkatze

Sphynx

dringt und die Katze kein Wasser schluckt. Man sollte stets nur ein spezielles, für Katzen geeignetes Shampoo und keinesfalls Produkte für den Menschen verwenden, da letztere die Beschaffenheit des Fells und die Talgdrüsen der Haut beträchtlich schädigen können. Man kann die Katze föhnen, manche Tiere fürchten sich jedoch vor dem Motorengeräusch. In diesem Fall reibt man das Tier mit einem Frottiertuch trocken und lässt es anschließend an einem warmen Ort ohne Zugluft vollständig trocknen.

Manche Katzen sträuben sich ein Leben lang hartnäckig gegen jegliches Bad. In diesem Fall kann man das Fell mit einem speziellen, unparfümierten Puder reinigen, der Schmutz und überschüssigen Talg aufnimmt. Hierzu verteilt man den Puder im Fell und massiert ihn gründlich ein. Anschließend entfernt man den Puder mit einer Bürste vollständig und bürstet so lange weiter, bis sich kein Stäubchen mehr im Fell befindet.

Wer seine Katze auf einer Ausstellung zeigen will, muss sie besonders gründlich bürsten. Katzenausstellungen sind Schönheitswettbewerbe, bei denen ein gepflegtes Tier immer einen besseren Eindruck machen wird als eine Katze, die direkt aus dem Garten auf die Ausstellung kommt.

Krallenpflege

Katzen schärfen häufig ihre Krallen. Von diesem Instinktverhalten kann man kein Tier abbringen. Junge Katzen werden ab und zu ihre Krallen am Sofa oder Türrahmen wetzen. Man muss das Kätzchen zwar davon abhalten, darf es aber niemals dafür bestrafen, denn man muss stets bedenken, dass es keine

Katzen müssen regelmäßig ihre Krallen schärfen.

Dieses Scottish-Fold-Kätzchen wetzt seine Krallen an einem Kratzpfosten.

Vorstellung vom Wert bestimmter Gegenstände hat. Man stellt daher der Katze einen Kratzpfosten bzw. einen Sisal- oder Kokosfaserteppich zur Verfügung. Das Kätzchen lernt deren Bedeutung recht schnell, wenn man es an den Vorderpfoten festhält und damit Kratzbewegungen ausführt.

Es empfiehlt sich, die Krallenspitzen regelmäßig zu kürzen – vor allem an den Vorderpfoten – und dabei die Daumenkralle nicht zu vergessen. Zur Krallenpflege verwendet man ausschließlich Spezialclipper. Clipper dieser Art sind in gut geführten Tierhandlungen oder auf Katzenausstellungen erhältlich. Wer es sich nicht zutraut, die Krallen seiner Katze selbst zu kürzen, sollte den Tierarzt darum bitten, wenn er mit seinem Haustier dort vorstellig wird.

Ohrenpflege

Die meisten Katzen bleiben ein Leben lang von Ohrenerkrankungen und ihre Besitzer vom Reinigen der Katzenohren verschont. Gelegentlich können jedoch Probleme durch Ohrmilben entstehen. Sie äußern sich als

dunkelbrauner, unangenehm riechender Belag im Ohr. Ohrmilben bedürfen stets einer tierärztlichen Behandlung, da sie andernfalls schwere Ohrinfektionen nach sich ziehen können.
Zum Reinigen der Ohren verwendet man nur spezielle für Katzen geeignete Mittel. Hierzu träufelt man einige Tropfen der Ohrlotion ins Ohr, massiert sie leicht ein und entfernt sie anschließend sehr vorsichtig mit einem Lappen oder Wattestäbchen. Man muss dabei sehr umsichtig vorgehen, da der Belag sonst weiter in das Ohr eindringt und allmählich einen Pfropfen bildet. Wie bei vielen anderen Dingen auch werden dabei weniger Probleme entstehen, wenn man die Kätzchen bereits in jungen Jahren an die Prozedur gewöhnt.

Augenpflege

Das Reinigen der Augen ist – außer bei Rassen mit flachem Gesicht – selten oder sogar nie erforderlich. Schmutzansammlungen in den Augenwinkeln entfernt man mit einem weichen, feuchten Tuch.
Bei Katzen mit flachen Gesichtern, wie Persern oder Exoten, ist es jedoch hin und wieder erforderlich, die Augen zu reinigen. Eine genaue Beschreibung der Vorgehensweise

Maine Coon

Das Gebiss muss regelmäßig auf Zahnstein kontrolliert werden.

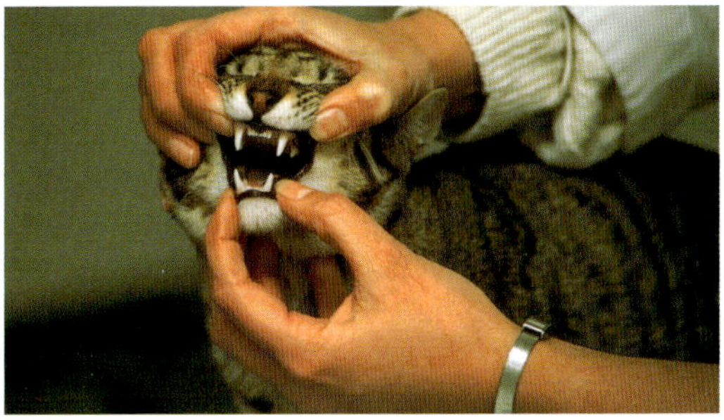

findet sich bei der Besprechung der einzelnen Rassen in den nachfolgenden Kapiteln.

Zahnpflege

Es empfiehlt sich, die Zähne regelmäßig auf Zahnstein hin zu kontrollieren, da dieser dunkle Belag auf den Zähnen zu Karies und schließlich zum Ausfallen der Zähne führen kann. Man kann der Zahnsteinbildung vorbeugen, wenn man der Katze regelmäßig hartes Trockenfutter vorsetzt. Knochen sind nicht geeignet, da sie splittern können. Im Gegensatz zum Hund sind die Zähne sowie die Maulform von Katzen nicht zum Zerkleinern von Knochen angelegt. Wenn die Katze bereits Zahnstein hat, erkundigt man sich am besten beim Tierarzt nach Entfernungsmöglichkeiten.
Katzen verlieren ihr Milchgebiss im Alter von drei bis sechs Monaten. Man sollte diesen Vorgang gelegentlich kontrollieren, da ein stecken gebliebener Milchzahn dazu führen kann, dass der zweite Zahn schief durchbricht. Bei Unklarheiten sollte man in jedem Fall einen Tierarzt konsultieren.

Ernährung

Die Nahrung muss bei Katzen mehr Fleisch enthalten als bei Hunden. Auch wenn manche Tiere sonderbare Fressgewohnheiten entwickeln, rümpfen die meisten Katzen beim Anblick von Getreideprodukten oder Ähnlichem die Nase. Manche Besitzer bereiten auch die Nahrung für ihre Katzen selbst zu. Dies setzt jedoch umfangreiche Kenntnisse und Verständnis sowohl über die Nahrungsanforderungen der Katze als auch die Zusammensetzung der verschiedenen Bestandteile voraus.

Katzen können heikle Esser sein.

Im Lauf der Jahre wurden unzählige Fertigprodukte mit Qualitätsgarantie entwickelt. Durch Futter dieser Art werden Katzen mit allen erforderlichen Nährstoffen versorgt. Der Vorteil von Trockenfutter ist seine lange Haltbarkeit. Man kann der Katze – im Gegensatz zu Dosenfutter oder frischem Futter – den ganzen Tag ein Schälchen davon bereit stellen, selbst bei warmem Wetter. Es empfiehlt sich, die Katze morgens mit Trockenfutter zu füttern und ihr abends Dosenfutter, gekochtes Fleisch, zum Beispiel Hähnchen, Truthahn, Kaninchen oder Rind, sowie gekochten und entgräteten Fisch, etwa Kabeljau oder Thunfisch, zu servieren. Gut geeignet ist zudem Lammherz. Fleischabfälle, zum Beispiel Kutteln, eignen sich nicht für Katzen, da diese reichlich hochwertiges, tierisches Eiweiß benötigen, das vor allem in Muskelgewebe enthalten ist.

Man muss in jedem Fall dafür sorgen, dass die Katze alle erforderlichen Nährstoffe mit dem Futter erhält. Dies wird sichergestellt, wenn man die Katze nicht nur mit Fleisch und Fisch, sondern auch mit hochwertigem Dosen- und Trockenfutter versorgt. Eine Sorte ohne Konservierungsstoffe ist vorzuziehen, da manche Katzen allergisch auf diese Stoffe reagieren.

Rohes Schweinefleisch ist für Katzen strikt verboten, da es mit einem Bakterium infiziert sein kann, das die für Katzen tödliche Aujeszkysche Krankheit verursachen kann.

Viele Katzen lieben zwar Milch, herkömmliche Milch ist jedoch für Katzen nicht geeignet und kann Durchfall hervorrufen. Ursache ist eine bei vielen Katzen bestehende Laktoseunverträglichkeit. Laktose kommt in allen unsterilisierten Milchprodukten vor. Zudem ist der Fettgehalt der Milch zu gering für Katzen. Vollfett-Milchpulver oder sterilisierte Sahne sind gute Alternativen, wenn man seiner Katze ab und zu ein Festmahl gönnen will. Die Hersteller von Tiernahrung bieten heute auch spezielle Milch für Katzen an.

Katzen sollten keine rohen Eier bekommen, da sie Schwierigkeiten haben, diese zu verdauen. Zudem können die Eier mit Bakterien behaftet sein.

Da die meisten Katzen nicht mehr fressen als sie brauchen, kann man sie nach jeder Aufforderung füttern. Vorsicht ist jedoch bei kastrierten Tieren beiderlei Geschlechts geboten. Sie entwickeln sehr oft einen unansehnlichen Hängebauch, wenn sie zu viel fressen und sich zu wenig bewegen.

Manche Katzen sind äußerst kritisch bei der Wahl ihres Futters. Dies kann die Folge einer zu eintönigen Ernährung im Jugendalter sein, wodurch sich die Tiere nie an verschiedenartige Nahrungsmittel gewöhnen konnten. Andere Katzen sind einfach verwöhnt.

Für die Katze muss stets ein Schälchen mit sauberem Trinkwasser bereit stehen, das mindestens einmal täglich erneuert wird.

Verzehr von Gras

Katzen sind reinliche Tiere, die sich mehrmals täglich putzen. Da die Zunge der Katze mit winzigen, nach hinten gekrümmten Hornhäkchen besetzt ist, nimmt das Tier bei der Fellpflege unweigerlich sämtliche abgestorbenen Haare mit auf.

Eine „Freilandkatze" knabbert gelegentlich einige Halme frischen Grases, die als natür-

Gras stellt für Katzen ein natürliches Brechmittel dar, um Haarballen hervorzuwürgen.

Katzen putzen sich mehrmals täglich.

liches Brechmittel wirken – überschüssige Haare können sich im Magen zusammenballen und Probleme verursachen.
Reine Hauskatzen brauchen einen Topf mit angesätem Gras, um ihre Haarballen loszuwerden. Wenn kein Gras zur Verfügung steht, werden die Katzen eventuell Zimmerpflanzen anknabbern. Dies ist nicht nur für den Pflanzenfreund ein Ärgernis, sondern kann auch für das Tier zum Verhängnis werden, da manche Pflanzen giftig sind.
Die Entstehung von Haarballen lässt sich vermeiden, wenn man die Katze bei starkem Haarausfall häufiger bürstet oder kämmt. Das Gras hat für Katzen nicht nur die Funktion eines Brechmittels, sondern liefert auch Folsäure, welche die Tiere vermutlich in geringen Mengen benötigen.

Die Katzentoilette

Auch wenn die Katze regelmäßig nach draußen kann, ist die Anschaffung einer Katzentoilette unerlässlich. Katzentoiletten gibt es in verschiedenen Ausführungen und Preisklassen. Am preiswertesten, aber auch unzweckmäßigsten, sind offene Schalen. Katzen verscharren instinktiv Urin und Kot, sodass bei einer solchen Schale die Steinchen in alle Richtungen fliegen können. Manche sorglosen Toilettenbenutzer stellen sich zwar in die Schale, verrichten aber ihr Geschäft über den Rand hinweg.
Aus diesem Grund lohnt sich die Anschaffung einer Katzentoilette mit Dach. Am besten sind Modelle mit einer Klappe über dem Eingang und einem Geruchsfilter im Deckel. Sie sind zwar teurer, verringern aber die unangenehmen Düfte, die unweigerlich von einer Katzentoilette ausgehen.
Dies gilt auch für die Katzenstreu. Es sind zwar unzählig viele Marken erhältlich, in der Regel sind teure Artikel jedoch besser und im Allgemeinen langfristig im Verbrauch günstiger als Billigprodukte. Am besten verwendet man Katzenstreu, die sofort nach dem Urinieren der Katze Klümpchen bildet. Diese Klümpchen lassen sich problemlos mit einer Schaufel entfernen, sodass die restliche Katzenstreu sauber und trocken bleibt und ein Auswechseln nur selten erforderlich ist – meist genügt es, neue Streu aufzufüllen.

Flöhe

Selbst ausgesprochene „Stubentiger“ können von Flöhen befallen werden, wenn die lästigen Parasiten unwissentlich vom Besitzer und von Besuchern eingeschleppt werden. Ein Flohbefall ist leicht zu erkennen, wenn man die bevorzugten Stellen an der Katze kontrolliert – den Schwanzansatz und den Bauch. Man sieht nur die Flohexkremente, die sich als kleine, unregelmäßig geformte, schwarzbraune Flecken zeigen. Flöhe können sowohl Katzen als auch Menschen zum Wahnsinn treiben. Sie vermehren sich ungeheuer rasch. Unter geeigneten Bedingungen können sich ein paar bedeutungslose Flöhe innerhalb weniger Wochen zu einer wahren Plage entwickeln.
Auf dem Markt sind die unterschiedlichsten Flohschutzmittel erhältlich. Während einige völlig wertlos sind, sind andere äußerst wirkungsvoll. Im Allgemeinen zeigt Flohschutzpuder eine sehr gute Wirkung; man bekommt ihn beim Tierarzt. Flohhalsbänder können – ebenso wie gewöhnliche Halsbänder – dem Fell am Hals der Katze Schaden zufügen.

Flöhe können eine Katze gehörig quälen.

Nachteilig an Flohschutzsprays ist, dass manche Tiere vor dem Geräusch Angst haben. Man kann die Flöhe auch manuell mit einem kleinen, fein gezähnten Kamm entfernen.
Neben einer effektiven Flohbehandlung der Katze ist auch die Sanierung der Umgebung von ausschlaggebender Bedeutung. Untersuchungen haben gezeigt, dass sich zu den verschiedensten Untersuchungszeitpunkten 99 Prozent der Flöhe – als Ei-, Larven- oder Puppenstadium – tatsächlich nicht auf der Katze, sondern in der Wohnung befanden. Neben häufigem Staubsaugen ist auch die Behandlung weiterer Haustiere von Bedeutung.
Man darf junge Katzen niemals mit Flohschutzmitteln behandeln, die für erwachsene Tiere ausgewiesen sind, da diese sehr intensiv sind und für Kätzchen gefährlich sein können. Am sichersten und wirkungsvollsten ist ein Flohschutzpuder speziell für Jungtiere.

Würmer

Würmer sind äußerst gefährliche Parasiten, die schweren körperlichen Schaden bei den Katzen anrichten können. Es gibt verschiedene Wurmarten, zu den bekanntesten Vertretern zählen Spulwurm und Bandwurm.
Die meisten Kätzchen sind bereits bei der Geburt mit Spulwurmlarven infiziert, welche von der Mutter übertragen wurden. Dies lässt sich nicht verhindern, selbst wenn das Muttertier regelmäßig entwurmt wurde. Deshalb werden die jungen Katzen im Allgemeinen bereits frühzeitig vom Züchter entwurmt. Die Behandlung sollte wiederholt werden, bevor die Tiere zu einem neuen Besitzer kommen. In der Regel sind erwachsene Tiere ausreichend geschützt, wenn man sie zweimal jährlich entwurmt.

Impfungen

Alle Katzen sollten regelmäßig gegen verschiedene gefährliche oder tödliche Krankheiten wie Katzenseuche, Tollwut und Katzenschnupfen geimpft werden. Wenn die Kätzchen von der Mutter gesäugt werden, erhalten sie durch die in der Muttermilch enthaltenen Antikörper ausreichend Schutz gegen eine Vielzahl von Krankheiten. Nachdem die Kätzchen entwöhnt sind, müssen sie jedoch geimpft werden.

In der Regel erfolgt die erste Impfung im Alter von acht bis neun Wochen. Für jedes Kätzchen stellt der Tierarzt einen Impfausweis aus, in dem das Datum der Impfung, die Art des Impfstoffs und die Krankheiten, gegen die geimpft wurde, eingetragen werden. Außerdem wird angegeben, zu welchem Zeitpunkt weitere Impfungen erforderlich sind. Man sollte stets die Impftermine einhalten, denn vorbeugen ist besser als heilen.

Krankheitsanzeichen

Jeder hofft, dass seine Katze niemals krank wird. Wer seine Katze von einem namhaften Züchter gekauft hat, wird vermutlich keine Probleme haben, sofern er das Tier gut pflegt und abwechslungsreich füttert. Erkrankungen sind aber trotz aller Anstrengungen oft nicht vermeidbar. Es ist nicht das Anliegen dieses Buches, sämtliche Katzenkrankheiten abzuhandeln, gewisse Kenntnisse über Krankheitsanzeichen können jedoch hilfreich sein.
Die folgende Aufzählung ist nicht vollständig; sofern Zweifel bestehen, sollte man in jedem Fall den Tierarzt aufsuchen.

Folgende Krankheitsanzeichen sind möglich:

- Durchfall
- Probleme beim Wasserlassen oder Verstopfung
- Verfärbter Urin oder Stuhl
- Nickhaut sichtbar
- Ausfluss aus Nase und Augen oder bei Katzen aus der Scheide
- Erhöhte Temperatur
- Plötzliche Inkontinenz ohne erkennbaren Grund
- Veränderte Fressgewohnheiten (mehr oder weniger Nahrung, mehr Flüssigkeit)
- Verändertes Verhalten (sehr ruhig, zurückgezogen, nervös)
- Hautausschlag
- Haarausfall oder kahle Stellen
- Einstellen der Körperpflege
- Gewichtsverlust
- Schlechte allgemeine körperliche Verfassung
- Aufgedunsener Bauch
- Schwierigkeiten beim Laufen
- Häufiges Erbrechen von Nahrung (nicht zu verwechseln mit Hervorwürgen von Haarballen)

Geburtenkontrolle

Man sollte sowohl Kater als auch Katzen kastrieren lassen, wenn man die Tiere nicht für Zuchtzwecke vorgesehen hat. Kastrierte Kater markieren nicht mehr in der Wohnung und unternehmen keine allzu langen Streifzüge. Nicht kastrierte weibliche Tiere (vor allem die orientalischen Rassen) werden ohne Vorwarnung rollig und nutzen jeden unbeobachteten Augenblick, um auszureißen. Oft ist es unmöglich, eine rollige Katze aufzuhalten.
Da es ohnehin unzählige Hauskatzen gibt, für die sich oft nur mit Mühe ein gutes Zuhause finden lässt, ist es unverantwortlich, seine Katze nur zum Vergnügen werfen zu lassen. Wer bei seiner Katze einen Wurf zu einem späteren Zeitpunkt ins Auge fasst, kann deren Zyklus vorübergehend mit Hilfe von Medikamenten unterdrücken. Die Kastration ist hingegen ein unwiderruflicher chirurgischer Eingriff.
Die Katzen sollten nicht älter als zwei Jahre sein, sofern vor der Kastration noch Junge erwünscht sind. Da der Eingriff danach wesentlich schwieriger wird, sollte man ihn nicht länger als unbedingt nötig hinauszögern. Im Übrigen trifft die alte Binsenweisheit nicht zu, dass eine Katze vor der Kastration zumindest einmal trächtig gewesen sein sollte. Sofern nicht für jedes Kätzchen aus dem Wurf ein gutes Zuhause sichergestellt werden kann, sollte man eine Schwangerschaft bei seiner Katze nicht ins Auge fassen.
Weiterhin muss man bedenken, dass sich Katzen mit Aidsviren infizieren können, die denen des Menschen gleichen. Das Virus wird auf die gleiche Weise wie beim Men-

Rollige Katze

schen übertragen und ist auch bei Katzen unheilbar. Die Krankheit kann nicht auf den Menschen übertragen werden.
Ebenso wie der Mensch können auch Katzen an einer virusbedingten Leukämie erkranken. Auch diese Erkrankung kann nicht auf den Menschen übertragen werden. Die Krankheit wird bei Katzen durch direkten Kontakt, etwa bei der Paarung, beim Putzen oder Raufen, übertragen; sie ist tödlich.
Derzeit sind keine zuverlässigen Impfungen gegen diese Erkrankungen möglich. Verantwortungsbewusste Züchter lassen ihre Tiere vor der Paarung auf diese Viren hin untersuchen.

Wohnungshaltung

Die meisten Halter von Rassekatzen lassen ihre Tiere nicht ins Freie, da stets das Risiko besteht, dass sie gestohlen werden. Zudem ist die Gefahr groß, dass die Katzen überfahren werden, sich verletzen, Gift fressen oder sich eine Krankheit zuziehen. Außerdem sollte man nicht kastrierte männliche und weibliche Tiere ohnehin niemals unbeaufsichtigt ins Freie lassen!
Ein Freigehege für Katzen ist die beste Lösung, wenn man keinerlei Risiko eingehen möchte. Wenn sich der „Freisitz" direkt vor einem Fenster oder einer Tür befindet, kann die Katze nach Belieben ein und aus gehen.
Andere Halter sichern ihren Garten derart, dass ihn die Katzen nur mit großer Mühe verlassen können. In der Regel lassen sich die meisten Katzen von einem elektrisch gela-

Ein wahres Katzenparadies: Ein oberseits abgeschrägter Zaun und ein elektrischer Draht hindern die Katzen an der „Flucht".

Auf einem mit Maschendraht gesicherten Balkon können Katzen frische Luft schnuppern.

denen Draht (Niederspannung) an der Oberkante des Zauns oder einem hohen, oberseits nach innen abgeschrägten Zaun abschrecken. Einen Balkon kann man mit Maschendraht einzäunen, sodass keine Gefahr besteht, dass die Katze herunterfällt. Wenn man gleichzeitig in der Balkontür eine Katzenklappe anbringt, hat die Katze jederzeit freien Zugang. Veränderungen dieser Art sind zwar nicht unbedingt billig, die Heimwerker unter den Katzenliebhabern können jedoch mit viel Kreativität und wenig Geld einiges bewerkstelligen.
Eine Katze lässt sich auch ohne Probleme in der Wohnung halten. Stabile Drahtgitter vor den Fenstern ermöglichen es, dass die Wohnung gelüftet werden kann und die Katze nicht ins Freie entweicht. Manche Menschen halten es für grausam, eine Katze in der Wohnung oder einem Freigehege zu halten. Es gibt aber viele Menschen, denen es nicht gefällt, wenn ihre Katzen durch die Gärten anderer Leute streunen und zum Ärgernis werden. Die meisten Katzen passen sich zudem problemlos an die Wohnungshaltung an,

sofern sie von klein auf daran gewöhnt sind, und sie sehnen sich nicht nach der großen Freiheit – wenngleich dies allerdings nicht in jedem Fall zutrifft.
Wer eine kleine Wohnung hat und seine Katze nicht ins Freie lassen möchte, sollte eine ruhige Rasse auswählen. Damit sich die Katze nicht langweilt, sollte man ihr einen möglichst großzügigen Kratz- und Kletterbaum sowie ausreichend Spielsachen zur Verfügung stellen.

Aufzucht von Kätzchen

Wenn ein Kätzchen ins Haus kommt, hat es natürlich keine Vorstellung von den Regeln des Hauses. Man muss ihm erst beibringen, was erlaubt und was verboten ist. Manche Katzen sind dafür zugänglicher als andere, welche hartnäckig ihr unerwünschtes Verhalten beibehalten. Während es manche Besitzer nicht mögen, wenn ihre Katze auf den Tisch springt oder bei ihnen im Bett schläft, haben andere damit keine Probleme.
Man darf eine Katze nur im äußerten Fall bestrafen und sollte sein Handeln stets sorgfältig überlegen. Ein Klaps – oder Schlimmeres – kann dazu führen, dass die Katze nervös wird und dem Menschen aus dem Weg geht. Ein lautes „Nein" in einem verärgerten Tonfall kann zwar Wirkung zeigen, die Katze wird ihr unerwünschtes Verhalten jedoch mit großer Wahrscheinlichkeit nur dann unterlassen, wenn der Besitzer anwesend ist. Ein gezielter Strahl aus einer Wasserspritzpistole, den die Katze nicht mit der Anwesenheit des Menschen verbindet, führt in der Regel dazu, dass die Katze ihr unwillkommenes Treiben unterlässt.

Katzen sind verspielt und brauchen ausreichend Spielsachen.

Wenn man eine Katzenklappe an der Eingangstür anbringt, kann die Katze beliebig ein und aus gehen.

Junge Katzen sind zwar verspielte Lebewesen, denen man einen gewissen Spielraum einräumen muss, man darf es jedoch niemals zulassen, dass sie am Hosenbein hochklettern oder mit ausgestreckten Krallen zuschlagen. Die Kätzchen lernen, sanft zu spielen, wenn man stets klarstellt, dass rüpelhaftes Benehmen nicht erlaubt ist.
Fast jedes Kätzchen lernt die Regeln des neuen Zuhauses sehr schnell. Sofort nach der Ankunft zeigt man dem neuen Mitglied der Familie, wo sich die Katzentoilette befindet. Man sollte zunächst die gleiche Markennahrung wie der Züchter füttern, damit das Kätzchen Vertrautes vorfindet. Missgeschicke lassen sich problemlos vermeiden, wenn die Katze weiß, was sie tun bzw. unterlassen muss.

Verband
Deutscher Katzenfreunde e. V.
BEST OF BEST

3 Der Kauf einer Rassekatze

Wo kauft man Rassekatzen?

Auf Katzenausstellungen findet man Züchter aller Katzenrassen. Veranstaltungen dieser Art werden häufig in der Zeitung angekündigt, man kann aber auch bei Katzenclubs nachfragen, ob Ausstellungen in der näheren Umgebung geplant sind. Auf Katzenausstellungen kann man sich einen Überblick über die erhältlichen Rassen verschaffen und mit Züchtern sowie Katzenbesitzern sprechen. Man kann sich aber auch bei den Verbänden erkundigen, ob ein Mitglied über einen Wurf der gewünschten Rasse verfügt. Adressen von Katzenclubs und -verbänden finden sich in speziellen Katzenzeitschriften.

Wer sein Kätzchen später eventuell auf Ausstellungen zeigen oder sogar für die Zucht einsetzen will, sollte mehr über die Rasse in Erfahrung bringen und nicht gleich bei der ersten sich bietenden Gelegenheiten zugreifen. Wenn man mit verschiedenen Züchtern spricht, einige von ihnen besucht und sich einem Verband anschließt, erfährt man mehr über die Rasse seiner Wahl und bekommt eine genauere Vorstellung davon, was einen erwartet.

Wenngleich die Vorfahren einer Rassekatze schriftlich belegt sind und sich Aussehen sowie Charakter bis zu einem gewissen Grad vorhersagen lassen, kann kein Züchter jemals garantieren, dass aus einer bestimmten Katze ein Champion wird. Er kann lediglich bei der Auswahl eines Kätzchens mit einer ausgezeichneten Blutlinie behilflich sein, das die richtige Farbe und Beschaffenheit des Fells sowie die typischen rassespezifischen Körpermerkmale in jungen Jahren aufweist. Ob sich diese Eigenschaften in die gewünschte Richtung entwickeln, ist Glückssache, wenngleich es zum Teil auch von der Pflege des Tieres abhängt.

Andererseits enthält ein Wurf auch Kätzchen, bei denen der Züchter bereits sehr früh erkennt, dass sie niemals den Zuchtstandard erfüllen werden. Solche Kätzchen werden in der Regel als „Haustierqualität“ zu einem etwas günstigeren Preis verkauft. Wer weder an der Zucht noch an Ausstellungen interessiert ist, sondern nur nach einem außergewöhnlichen Haustier sucht, ist mit diesen Tieren bestens bedient. Oft kann ein Laie die winzigen Abweichungen vom Standard, welche der Katze jede Chance an einer erfolgreichen Teilnahme bei Ausstellungen nehmen, gar nicht erkennen. Und vermutlich wird er über die kleinen Fehler seiner Katze entzückt sein, wenn er sie bemerkt.

Einige Züchter verlangen eine schriftliche Erklärung, dass man „fehlerhafte“ Kätzchen kastrieren lässt. Im Stammbaum wird vermutlich der Vermerk „keine Nachkommen eingetragen“ angebracht. Auf diese Weise stellt der Züchter sicher, dass die Fehler seines Tieres nicht an nachfolgende Generationen weitergegeben werden.

Links: *Kein Züchter kann zusichern, dass aus einer bestimmten Katze später ein Champion wird.*

Britisches Kurzhaarkätzchen, Chinchilla

Kriterien bei der Auswahl

Es ist so weit – die Auswahl eines Kätzchens beim Züchter steht ins Haus. Dabei sind mehrere Dinge zu berücksichtigen. Die meisten Züchter haben mehrere Katzen im Haus und eventuell auch im Freigehege. Es ist je-

Gesunde Kätzchen sind ausgesprochen neugierig.

doch kein gutes Zeichen, wenn es im Haus buchstäblich von Katzen wimmelt. Da Katzen Pflege und Aufmerksamkeit brauchen, kann nicht jedes Tier die erforderliche Zuwendung erhalten, wenn zu viele Individuen gleichzeitig gehalten werden. Wichtig ist, ob die Katzen auf den Besucher zugehen. Körperlich und seelisch gesunde Kätzchen werden Besuch als willkommene Abwechslung ihrer Alltagsroutine betrachten. Sie sollten interessiert sowie zutraulich sein und – sofern sie gerade munter sind – eine Demonstration ihres verspielten Wesens liefern.

Wenn junge Katzen in abgetrennten Räumen aufwachsen und wenig Kontakt zu Menschen haben, sind sie häufig zurückhaltend und wirken ziemlich nervös und reserviert. Da die Kätzchen ihre wichtigste Lebensphase beim Züchter durchlaufen – in dieser Zeit gewöhnen sie sich unter anderem an den Menschen – muss dieser seinen Tieren viel Aufmerksamkeit entgegenbringen und sie inmitten der Familie aufwachsen lassen. Nur so können sie später angemessen in verschiedenen Situationen und bei Begegnungen mit anderen Lebewesen reagieren.

Wenn diese Punkte zur Zufriedenheit ausgefallen sind, sollte man sich die körperliche Verfassung der Kätzchen ansehen. Schlechte Zeichen sind Ausfluss aus Nase oder Augen, schmutzige Ohren oder Spuren von Durchfall. Von Katzen mit diesen Symptomen sollte man Abstand nehmen, da sie mit Sicherheit krank sind. Ebenfalls negativ sind ein aufgedunsener Bauch und kahle Stellen im Fell, die verschiedene unangenehme Ursa-

Perserkatze

Perserkatze

Viele Katzen schlafen gerne zusammen.

chen haben können. In diesen – zum Glück seltenen – Fällen sollte man wegen des bestehenden Infektionsrisikos keine weiteren Züchter am gleichen Tag mehr aufsuchen.
Abstand nehmen sollte man außerdem vom kleinsten Kätzchen des Wurfs, da in der Regel triftige Gründe vorliegen, weshalb dieses viel kleiner und schwächer als seine Geschwister ist.
Seriöse Züchter geben die Kätzchen frühestens im Alter von 12 Wochen an neue Besitzer ab. Zudem lassen sie sowohl das Vater- als auch das Muttertier auf Leukose und Aids untersuchen, für die es noch immer keine hundertprozentig zuverlässigen Impfstoffe gibt.

Katzenverbände

Überall auf der Welt existieren Katzenverbände, die sich mit Zuchtvorschriften befassen, Rassen anerkennen oder ablehnen und Katzenausstellungen organisieren. Die Katzenzucht konzentriert sich jedoch auf einige Länder: Amerika, Kanada, Japan, West- und Osteuropa, Russland, Australien, Neuseeland und Südafrika. In diesen Gebieten gibt es entweder einen Dachverband oder mehrere Dachorganisationen, denen diverse Verbände angeschlossen sind. Da die Interessen unter den Züchtern vielfältig sind, gibt es entsprechend viele verschiedene Clubs und Splittergruppen.
Die bedeutendsten Dachorganisationen sind die CFA (Cat Fanciers Association Inc.), der die meisten Verbände in Nordamerika, Kanada und Japan angeschlossen sind, die TICA (The International Cat Association), die auch in Nordamerika und Kanada vertreten ist, die GCCF (Governing Council of the Cat Fancy) mit Sitz in Großbritannien sowie die FIFe (Fédération Internationale de Feline) mit den meisten angeschlossenen Verbänden in Europa, dem Fernen Osten sowie Südamerika.
In Europa existieren zudem unzählige Katzenclubs, die keiner Dachorganisation an-

Gestromte Dänische Dogge und Black-Smoke-Halblanghaar

gehören und als „Unabhängige" bezeichnet werden. Wenn es um die Zulassung von Katzen für Ausstellungen oder um die Anerkennung von Rassen geht, arbeiten sie jedoch in gewissem Maße zusammen. In Südafrika gibt es verschiedene Verbände, die miteinander kooperieren. In Australien und Neuseeland konnte sich die Idee einer Dachorganisation – vielleicht wegen der unabhängigen Einstellung der Menschen dort – niemals richtig durchsetzen. Auch hier existieren viele Clubs und Vereinigungen, die nur teilweise zusammenarbeiten.

Bei Streitfragen in Bezug auf die Anerkennung von Rassen und Farben treten Meinungsverschiedenheiten nicht nur zwischen den einzelnen Dachorganisationen, sondern auch zwischen den Verbänden auf. Im Allgemeinen sind die größeren Dachorganisationen bei Fragen zur Rassenanerkennung sehr viel konservativer als die kleineren oder unabhängigen Organisationen.

Dieses Buch umfasst möglichst viele bekannte und weniger bekannte Rassen mit Abbildungen von sämtlichen Fellfarben und -mustern. Nicht berücksichtigt wurde die Frage, ob die jeweiligen Rassen oder Farben von bestimmten Verbänden oder Organisationen anerkannt werden. Diese Enzyklopädie richtet sich an Menschen, die nach einer für sie geeigneten Katze suchen. Zahlreiche Abbildungen vermitteln einen Eindruck von den Farben innerhalb der einzelnen Rassen.

Wer seine Katze auf Ausstellungen vorstellen oder zur Zucht verwenden will, sollte zumindest mit einem Verband Kontakt aufnehmen, um sich über die derzeitige Lage bei der Rasse seiner Wahl zu informieren.

In diesem Buch wird auch eine Vielzahl relativ seltener Rassen vorgestellt. Es kann durchaus erforderlich sein, dass Kätzchen dieser Rassen aus einem anderen Land oder vielleicht sogar von einem anderen Kontinent importiert werden müssen. Auch in einem solchen Fall können Katzenverbände in der Regel weiterhelfen. Sie können Adressen und Telefonnummern ausländischer Katzenvereinigungen weitergeben, über die man wiederum Informationen über Züchter der gewünschten seltenen Rasse in Erfahrung bringen kann. Zu bedenken ist, dass dabei Quarantänebestimmungen bestehen.

Perserkatze, Creme

4 Fellfarben

Wer nicht mit den Fellfarben der Katzen vertraut ist, wird die Namen der von den Züchtern verwendeten verschiedenen Töne sehr verwirrend finden. Deshalb wird in diesem Kapitel das Komplizierte daran erklärt. Die Beschreibung der unterschiedlichen Fellfarben und -muster ist jedoch nicht vollständig. Abgehandelt werden lediglich die gängigsten Farben.

Melanin

Die Farbe des Katzenfells geht auf winzige Pigmentteilchen in den einzelnen Haaren zurück, die in Form, Größe und Menge variieren können.
Man bezeichnet Pigmentteilchen dieser Art als Melanin. Die bei Katzen vorkommenden Farben gehen auf zwei verschiedene Arten von „Basismelanin“ zurück: Eu-Melanin bewirkt eine schwarze Fellfarbe, Phäo-Melanin ist für ein rotes Fell verantwortlich.
Wenn sich die Form des Eu-Melanins aufgrund einer Mutation verändert, wird das Licht anders als zuvor reflektiert, wodurch das Fell nicht mehr schwarz, sondern beispielsweise schokoladen- oder zimtfarben erscheint.
Da derartige Veränderungen bei Phäo-Melanin nicht so deutlich zu Tage treten wie bei Eu-Melanin, werden die unterschiedlichen Rottöne, die das Fell von Katzen aufweisen kann, stets als „Rot“ bezeichnet.

Verdünnung

Die so genannte „Verdünnung“ der Fellfarbe entsteht dadurch, dass die rezessiven Gene eine verminderte Pigmentbildung und -einlagerung im Haar hervorrufen, was optisch als unterschiedliche Farbe erscheint. Schwarz wird Blau, Schokolade variiert zu Lila und Zimt wird zu Fawn (Beigebraun, Karamell).
Auch Rot kann verdünnt vorkommen, man bezeichnet es dann als Creme.

Tabbymuster

Es gibt vier unterschiedliche Tabbyzeichnungen: gestichelt (ticked), getigert (mackerel), getupft (spotted) und gestromt (blotched, classic).
Sämtliche Muster sind das Ergebnis eines speziellen Gens, das die Pigmentierung an verschiedenen Stellen in den Haaren unterdrückt und somit Farbbänder in den Haaren hervorruft (das beste Beispiel ist vielleicht das Haar des Wildkaninchens).
Wenn man das Fell einer Tabby-Katze aus der Nähe betrachtet, erkennt man, dass die einzelnen Haare abwechselnd grau-beige sind und schwarze Farbbänder aufweisen. Die schwarzen Bänder zeigen die tatsächliche Farbe des Fells an. Eine Katze, die als dunkelste Farbe Blau sowie ein gestromtes Fell aufweist, wird als blau gestromte Tabby bezeichnet.
Der Unterschied zwischen einer getigerten und einer getupften Tabbyzeichnung kann manchmal nur geringfügig sein, da beide Muster auf dem gleichen Gen beruhen. Bei einer getupften Katze handelt es sich tatsächlich um ein getigertes Tier mit unterbrochenen Streifen.
Tabby-Katzen werden manchmal auch als Agouti-Katzen bezeichnet, da zwar jede Katze ein Gen für ein bestimmtes Tabbymuster trägt, das Muster aber tatsächlich nur dann sichtbar ist, wenn das Tier gleichzeitig ein Agouti-Gen aufweist. Katzen ohne Tabbyzeichnung werden auch als Nicht-Agouti-Katzen bezeichnet. Verwirrend ist der Umstand, dass rote und cremefarbene Katzen in ihrem Fell ein mehr oder weniger deutlich ausgeprägtes Tabbymuster aufweisen, auch wenn sie kein Agouti-Gen tragen.

Orientalische Kurzhaar, Chocolate getupft

Schildpatt

Schildpatt wird häufig auch als Tortie bezeichnet. Schildpatt-Katzen sind fast immer weiblich. Wenn ein Kater eine Schildpattfärbung aufweist, zeugt dies von einer Anomalie in der Zahl der Geschlechtschromosomen (er besitzt ein überzähliges X-Chromosom). Man nennt diese Individuen „Intersex". Sie sind in der Regel unfruchtbar.
Ein Schildpattfell enthält sowohl Eu-Melanin als auch Phäo-Melanin – die Katze trägt also eine Mischung aus schwarzen und roten Haaren. Das Fell kann aber auch zu gleichen Teilen leicht schokoladenfarben und rot oder zimtfarben und rot sein. Sehr verbreitet ist auch verdünntes Schildpatt. In diesem Fall ist das Fell blau und cremefarben, lila und cremefarben oder karamell und cremefarben.
Manchmal ist der Gehalt an Eu-Melanin höher als an Phäo-Melanin. Die Katzen sind dann fast vollständig schwarz bzw. schokoladen-, karamell-, zimtfarben, blau oder lila mit Spuren von Rot oder Creme.

Die Farbflecken können groß und klar voneinander abgegrenzt oder sehr klein sein und ineinander überlaufen. Muster dieser Art werden aber dennoch als Schildpatt bezeichnet.
Die Grundfarbe des Fells ist stets Schwarz oder eine Abwandlung von Schwarz. Man nennt eine schwarz-rote Schildpatt Chocolate-Schildpatt und eine lila-cremefarbene Schildpatt Lilac-Schildpatt. Eine Schildpatt-Katze kann auch weiße Flecken aufweisen; sie wird als Schildpatt-Weiß bezeichnet.

Tortie-Tabby

Das Fell von Tortie-Tabby- oder Torbie-Katzen enthält sowohl Eu-Melanine als auch Phäo-Melanine, und an einigen Stellen kommen Haare mit hellen und dunklen Farbbändern vor. Diese Katzen weisen also gleichzeitig eine Schildpatt- und eine Tabbyzeichnung auf.
Eine Katze mit der Grundfarbe Chocolate (stets ein Eu-Melanin) und einem Tabbymus-

Orientalische Kurzhaar, Chocolate-Schildpatt

Türkische Angora, schwarz getigerte Schildpatt-Weiß

Britische Kurzhaar, Schwarz-Silber gestromt

Britische Kurzhaar, schwarz-silber getupft

ter, das an manchen Stellen durch die Schildpattzeichnung durchscheint, wird als getigerte Chocolate-Tortie-Tabby bezeichnet. Wenn die Katze zusätzlich Weiß in ihrem Fell aufweist, spricht man von getigerter Chocolate-Tortie-Tabby-Weiß.

Eine Schildpatt-Katze mit schwachen Tabbymustern in den roten oder cremefarbenen Flecken ist keine Tortie-Tabby, da in diesen Fellfarben stets ein mehr oder weniger intensives Tabbymuster sichtbar ist – selbst wenn die Katze kein Agouti-Gen trägt. Eine Katze wird nur dann als Tortie-Tabby bezeichnet, wenn die Grundfarbe (Schwarz, Chocolate Karamell, Zimt, Blau oder Lila) eine Tabbyzeichnung aufweist.

Colourpoint

Siam- und Burmakatzen gehören zu jenen Rassen, die eine helle Fellfarbe und dunklere Abzeichen an Gesicht, Ohren, Beinen oder Schwanz aufweisen. Dieses Muster wird als Colourpoint oder manchmal auch als Himalayafärbung (in den USA) bezeichnet. Die „echte" Farbe der Katze ist die dunkle Farbe an den Extremitäten oder Points. Dazu zählen Kopf, Beine, Schwanz sowie bei männlichen Tieren der Hodensack.

Die Ursache, dass die tatsächliche Farbe der Katze nur an diesen Stellen auftritt, liegt da-

Britische Kurzhaar, Schwarz getupft

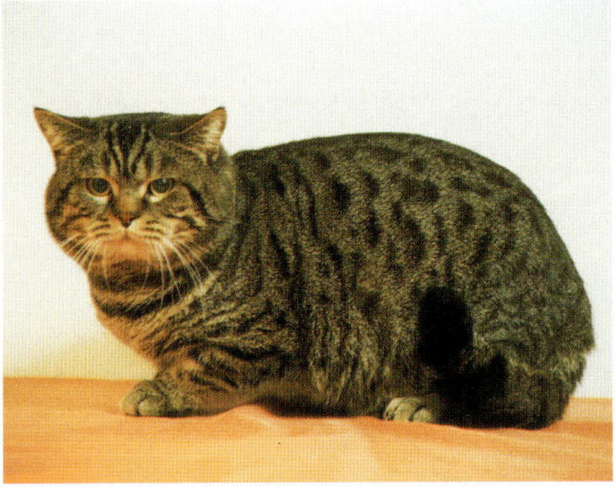

rin, dass diese Körperteile eine sehr niedrige Temperatur aufweisen. Im Falle eines partiellen Albinismus (worum es sich hierbei tatsächlich handelt) kann sich die Farbe nur an solchen Stellen durchsetzen.
Ein Colourpoint kann in allen bereits genannten Farben vorkommen. Die Points können einheitlich gefärbt sein, oft tritt jedoch eine Schildpatt-, Tortie-Tabby- oder Tabbyzeichnung auf. Colourpoint-Katzen haben immer blaue Augen.

Silber

Silberfarbene Katzen haben rein weiße Unterhaare, das heißt, die einzelnen Haare sind an der Basis weiß und weisen die „echte" Fellfarbe nur an der oberen Haarhälfte oder an der Haarspitze auf. Die Farbe Silber wird von einem speziellen Gen, dem Inhibitor-Gen, verursacht, welches die Pigmentausschüttung an der Haarbasis derart intensiv verhindert, dass das Haar an dieser Stelle keinerlei Pigmente aufweist.
Für dieses Phänomen existieren verschiedenartige Bezeichnungen, die abhängig sind vom Silberanteil im Fell der Katze, dem Vorliegen von Tabbymustern und der „echten" Farbe der Katze. Die einzelnen Bezeichnungen kann man bei den Rassebeschreibungen nachlesen. Das Inhibitor-Gen kann mit sämtlichen Farben und Farbmustern auftreten.
Die „echte" Fellfarbe entspricht der Farbe der Haarspitzen. Eine Tortie-Tabby-Katze, die ein schwarzes Fell trägt und eine mehr oder weniger deutlich gestromte Tabbyzeichnung sowie ein weiß-silbernes Unterhaar aufweist, wird als gestromte Black-Silver-Tortie-Tabby bezeichnet.

Weiß

Zu den ältesten Farben der Hauskatzen zählt reines Weiß. Seit Jahrhunderten sind die Menschen von dieser reizvollen Fellfarbe fasziniert. In der Türkei glaubt man, dass weiße Katzen mit einem bernsteinfarbenen und einem blauen Auge Glück bringen. Die frommen Türken glauben, dass ihr geliebter Führer Atatürk in Gestalt einer weißen Katze mit unterschiedlich gefärbten Augen wiedergeboren wird. Auch in Europa wurden im Mittelalter weiße Katzen – im Gegensatz zu schwarzen – als Glücksboten betrachtet. Die Fellfarbe Weiß kann bei Katzen in verschiedenen Formen auftreten, wie im Folgenden ausgeführt wird.

DOMINANTES WEISS

Die weiße Fellfarbe wird fast immer durch ein dominantes Gen bestimmt. Man kann sich dieses wie eine Hülle vorstellen, die die tatsächliche Farbe verdeckt. Eine weiße Katze zeigt nicht ihre tatsächliche Farbe; im Haarschaft sind keine Pigmentzellen enthalten. Das hierfür verantwortliche dominante Gen verhindert die Ausbildung von Pigmenten.
Weiße Katzen können eine Vielzahl von Augenfarben aufweisen. Am häufigsten kommen bernsteinfarbene oder grüne Augen vor. Wesentlich seltener treten verschiedenfarbige Augen auf, also ein blaues und ein bernsteinfarbenes oder grünes Auge, und nur äußerst selten gibt es rein weiße Katzen mit zwei blauen Augen.
Die Zucht weißer Katzen erfordert äußerste Sorgfalt, da bei einem geringen Prozentsatz der Tiere zuweilen Taubheit auftreten kann, welche in Zusammenhang mit dem Fehlen von Pigmenten in den Haaren steht. Das Innenohr der Katze weist Haare auf, welche beim Auftreffen von Schallwellen vibrieren. Da Haare ohne Pigmente zu weich sind und nicht in Schwingung versetzt werden können, kann das Signal folglich auch nicht an den Hörnerv weitergeleitet werden und somit niemals das Gehirn erreichen.
Zum Glück weisen die meisten weißen Katzen Pigmente in den Haaren des Innenohres auf. Dringend abzuraten ist jedoch von einer Zucht mit zwei weißen Katzen, da das Risiko sehr hoch ist, taube Nachkommen zu erhalten. Eine Zucht mit tauben weißen Katzen verbietet sich von selbst.

ANDERE WEISSE KATZEN

Gelegentlich tritt bei Katzen ein weiteres weißes Gen auf, welches Albinos mit blauen Augen zur Folge hat. Dieses erbliche Charakteristikum wird in Form eines rezessiven Gens weitergegeben. Es tritt vor allem bei Katzen aus dem Fernen Osten sowie bei einigen siamesischen Blutlinien – insbesondere amerikanischen – auf. Bislang gibt es unter den Hauskatzen noch keine rotäugigen Albinos.

5 Vererbungslehre

Fast jeder Züchter kann nach der Paarung bestimmter Tiere mit großer Wahrscheinlichkeit vorhersagen, welche Farben die Nachkommen aufweisen und ob sie lang- oder kurzhaarig sein werden. Diese Züchter sind keineswegs Hellseher, sondern verfügen lediglich über Kenntnisse der Vererbungslehre bei Katzen.

Eigenschaften wie Fellfarbe und -länge, Körperbau, Gestalt sowie zahlreiche andere Merkmale werden vererbt. Wenn der Züchter mit den Eigenschaften der Vorfahren eines Kätzchens vertraut ist, kann er mit hoher Wahrscheinlichkeit eine zutreffende Vorhersage abgeben.

In dieser Enzyklopädie werden einige genetische Fachausdrücke verwendet, die man nur verstehen kann, wenn man über die Grundlagen der Vererbungslehre informiert ist. Aus diesem Grund wurde dieses kurze Kapitel über die Vererbungslehre aufgenommen. Genetik ist keineswegs so kompliziert, wie es anfangs den Anschein haben mag. Die größte Hürde ist überwunden, wenn man die Grundprinzipien verstanden hat.

Genetische Grundlagen

Jede Körperzelle einer Katze weist 19 Chromosomenpaare auf, in denen die genetischen Informationen gespeichert sind. Ausnahmen stellen lediglich die Eizellen der weiblichen und die Samenzellen der männlichen Tiere dar. Diese Zellen enthalten 19 einzelne Chromosomen, wobei jedes eine beliebige Hälfte eines Chromosomenpaares darstellt.

Dies ist durchaus sinnvoll, da sich die 19 einzelnen Chromosomen des weiblichen und die 19 einzelnen Chromosomen des männlichen Tieres bei der Verschmelzung von Ei- und Samenzelle vereinigen und Chromosomenpaare bilden, auf denen all jene vererbbaren Eigenschaften enthalten sind, die für die Entstehung einer Katze erforderlich sind.

Dies bedeutet, dass ein Kätzchen jeweils zur Hälfte die genetischen Eigenschaften der Mutter und zur anderen Hälfte die des Vaters erhält.

Links: *Maine Coon, Schwarz-Weiß*

Die Natur hat dafür Sorge getragen, dass sich diese Gene nicht vermischen. Eine Vermischung würde bedeuten, dass aus der Kreuzung einer roten und einer weißen Katze cremefarbene Junge hervorgehen und durch die Kreuzung von Lang- und Kurzhaarkatzen Halblanghaarrassen entstehen. Dies tritt jedoch nicht ein, da einige Gene dominant, andere hingegen rezessiv sind.

Ein dominant vererbtes Merkmal herrscht immer vor und tritt stets im Erscheinungsbild eines Individuums zu Tage, welches dieses Gen trägt. Im Gegensatz dazu treten rezessiv vererbte Merkmale nur dann in Erscheinung, wenn sie nicht von einem dominanten Gen überdeckt werden. Eine rezessiv vererbte Eigenschaft kommt nur zum Ausdruck, wenn die Nachkommen das gleiche rezessive Gen sowohl vom Vater als auch von der Mutter bekommen.

Diese Katze weist zwei rezessive Eigenschaften auf – die blaue Fellfarbe und das langhaarige Fell.

Junge Norwegische Waldkatzen

Dies soll ein einfaches Beispiel verdeutlichen. Die schwarze Fellfarbe (D) dominiert über die blaue Fellfarbe (d). Bei der Kreuzung eines reinrassig schwarzen Katers (DD) mit einer reinrassig blauen Katze (dd) erhalten die Nachkommen ein dominantes Gen für Schwarz (D) vom Vater und ein rezessives Gen für Blau (d) von der Mutter. Da ein dominantes Gen stets über ein rezessives Gen vorherrscht, werden die Nachkommen eine schwarze Fellfarbe aufweisen.

Britische Kurzhaar, Schwarz-Silber gestromt

Die jungen Tiere tragen jedoch nicht nur das (für jedermann sichtbare) dominante Gen für Schwarz, sondern gleichzeitig auch das rezessive Gen für Blau in ihrem genetischen „Gepäck“, welches von der Mutter stammt. Der genetische Code der Nachkommen lautet demnach Dd.

Theoretisch kann man nun dieses Kätzchen mit einem seiner Geschwister aus dem gleichen Wurf paaren, das ebenfalls die Genkombination Dd für die Fellfarbe aufweist. Die Nachkommen aus dieser Paarung enthalten beliebige Hälften der Chromosomenpaare von jedem Elternteil. Demnach können zwei dominante Gene, zwei rezessive Gene oder ein dominantes und ein rezessives Gen miteinander kombiniert werden. Bei der Verschmelzung von Ei- und Samenzelle sind verschiedene Kombinationen möglich, sodass nach dieser Paarung folgende Fellfarben erwartet werden können:

- Ein oder mehrere Nachkommen erhalten das rezessive Gen für die blaue Fellfarbe von beiden Elternteilen: Die Tiere weisen ein blaues Fell sowie den genetischen Code dd auf.

- Ein oder mehrere Nachkommen erhalten das dominante Gen für die schwarze Fellfarbe von beiden Elternteilen: Die Tiere weisen ein schwarzes Fell sowie den genetischen Code DD auf.

- Ein oder mehrere Nachkommen erhalten das rezessive Gen für Blau von einem Elternteil und das dominante Gen für Schwarz vom anderen Elternteil. Die Tiere tragen ein schwarzes Fell, da das dominante Gen für die schwarze Fellfarbe vorherrscht. Gleichzeitig tragen sie aber auch das rezessive Gen für die blaue Fellfarbe, das sie an nachfolgende Generationen weitergeben können. Der genetische Code dieser Tiere lautet Dd.

In einem derartigen Wurf kann man im Allgemeinen mehr schwarze als blaue Kätzchen erwarten, es ist aber durchaus auch möglich, dass gar keine blauen Tiere entstehen. Anhand der genetischen Codes kann man lediglich die Wahrscheinlichkeit für Farbe, Zeichnung und Haarlänge vorhersagen.

Das völlige Fehlen von Fell wird durch ein rezessives Gen verursacht.

In Prozentraten erhält man nach dieser Kombination zu 25 Prozent schwarze Tiere mit zwei Genen für Schwarz (DD), zu 50 Prozent schwarze Tiere mit einem Gen für Schwarz und einem für Blau (Dd) und zu 25 Prozent blaue Tiere mit zwei Genen für Blau (dd).
Wenn man die Grundlagen dieses Mechanismus verstanden hat, kann man problemlos seine eigenen Vorhersagen machen. Hierzu muss man jedoch wissen, welche Eigenschaften bei Katzen dominant beziehungsweise rezessiv vererbt werden.
Die nachfolgende Liste liefert detaillierte Informationen über den Vererbungsmodus von bestimmten Merkmalen.

Dominante und rezessive Eigenschaften

Die Eigenschaften in der linken Spalte dominieren über die Merkmale in der rechten Spalte.

Behaarung:	
Kurzes Haar	Langes Haar
Normales Fell	Haarlos
Normales Fell	Gelocktes Fell (Devon Rex und Cornish Rex)
Drahtiges Haar	Normales Haar
Gelocktes Fell (Selkirk Rex)	Normales Fell
Farben:	
Einfarbig	Burma-, Tonkanesen-, Siamfärbung
Schwarz	Blau
Schwarz	Schokoladenfarben
Rot	Creme
Schokoladenfarben	Lila
Schokoladenfarben	Zimtfarben
Zimtfarben	Karamellfarben
Weiße Flecken	Einfarbig
Weiß	Alle anderen Farben
Zeichnungen:	
Tabbyzeichnung	Einfarbig
Gestichelt	Alle anderen Tabbyzeichnungen
Getigert oder getupft	Gestromt
Silber-weißes Unterhaar	Gleichmäßig gefärbtes Fell
Körper:	
Gefaltete Ohren	Aufrechte Ohren
Kurze Beine	Normale Beine
Kurzer oder fehlender Schwanz (Manx, Kuril Bobtail)	Kompletter Schwanz
Kompletter Schwanz	Sehr kurzer Schwanz (Japanese, American und Kuril Bobtail)

Nicht alle Eigenschaften werden bei Katzen in einer derart eindeutig dominanten oder rezessiven Form weitergegeben wie oben ausgeführt wurde. Einige dominante Merkmale kommen beispielsweise nur dann zum Ausdruck, wenn gleichzeitig ein weiteres Gen vorhanden ist, das dieses spezifische Gen aktiviert. Andere Eigenschaften wie zum Beispiel die Rotfärbung werden hingegen geschlechtsgebunden vererbt.
Wer sich eingehend über das Thema Genetik informieren möchte, kann auf eine Vielzahl von Fachbüchern zurückgreifen oder von Züchtern Informationen einholen. Am Ende dieser Enzyklopädie findet sich außerdem ein Glossar, in dem einige der verwendeten Begriffe nochmals genauer erklärt werden.

6 Die Entstehung von Rassekatzen

Erste Hinweise zur Entstehung von Rassekatzen findet man im Zusammenhang mit Angorakatzen, welche heute als Türkische Angora bekannt sind.
Anfang des 17. Jahrhunderts brachten Reisende diese Katzen aus der Türkei mit nach Europa, wo sie sich sehr schnell zu beliebten Haustieren bei vielen Aristokraten und wohlhabenden Menschen dieser Zeit entwickelten. Heute gibt es nahezu 70 Katzenrassen in unzähligen Varietäten und Farben. Wie sind all diese verschiedenen Katzen entstanden?

Die Rohrkatze

Die Nubische Falb-Katze *(Felis silvestris lybica)*, die in Ägypten und Palästina beheimatet ist, wird in der Regel als die Hauptstammform der Hauskatze angesehen. Während die Meinungen unter Wissenschaftlern hinsichtlich dieses Punktes teilweise jedoch noch differieren, kann die Rohrkatze, eine Wildkatze, mit großer Wahrscheinlichkeit als Vorfahr der ersten ägyptischen Hauskatze gelten. Experten halten einen Einfluss der Europäischen Wildkatze für weniger wahrscheinlich, da dieses Tier – im Gegensatz zur Rohrkatze – nur äußerst schwierig in Gefangenschaft gehalten werden kann und sich selbst Jungtiere nicht an den Menschen gewöhnen.
Domestizierte Katzen fanden sich ursprünglich nur in Ägypten und in benachbarten Gebieten. Archäologische Ausgrabungen in Europa und Amerika lieferten keinerlei Hinweise, dass domestizierte Katzen zu dieser Zeit oder früher in der Nähe von Menschen gelebt haben.
Die Tatsache, dass die Katzen Ägyptens sich auf der ganzen Welt verbreitet haben, ist vor allem der menschlichen Wanderlust zu verdanken. Man nahm Katzen auf Schiffsreisen mit, um Mäusen und Ratten an Bord Herr zu werden. Wenn die Menschen in ein anderes Land oder auf einen anderen Kontinent auswanderten, nahmen sie ihre geschätzten Mäusefänger mit, damit diese ihnen auch in der neuen Umgebung wertvolle Dienste leisten konnten.

Links: *Rohrkatze*

Die Rohrkatze hat ein sandfarbenes, kurzes Fell, während die Katzen der Neuzeit in vielen verschiedenen Farben und Zeichnungen vorkommen und unterschiedliche Haarlängen sowie -beschaffenheiten aufweisen.
Die einzelnen Rassen unterscheiden sich weiterhin in ihrem Körperbau. Wenn man den Ursprung der heute existierenden zahlreichen Rassen betrachtet, zeigt sich, dass Katzen aus dem Orient in der Regel schlanker sowie graziler sind und ein weicheres Fell aufweisen, während man in Europa größere und kräftigere Katzen mit einem dickeren Fell findet.

Mutationen

All diese Rassen mit ihren verschiedenen körperlichen Gestalten und Fellbeschaffenheiten stammen von einem einzigen Vorfahr ab. Ihre Verschiedenartigkeit ist das Ergebnis zahlreicher Mutationen, die im Lauf der Jahrtausende stattgefunden haben. Mutationen erfolgen regelmäßig, und zwar nicht nur bei Katzen, sondern bei jedem Lebewesen, das sich fortpflanzt. Es handelt sich hierbei um spontane Änderungen im genetischen Material. Man findet dieses Phänomen beispielsweise auch bei Viren und Pflanzen.
Mutationen können alle möglichen körperlichen Eigenschaften betreffen, müssen aber nicht unbedingt ins Auge fallen. Sie können allerdings auch deutlich zu Tage treten: So kann zum Beispiel ein Tier mit einer Fellfarbe geboren werden, die nie zuvor innerhalb der Art aufgetreten ist. Außerdem kann sich die Schwanzlänge von der aller anderen Individuen unterscheiden. Da Mutationen im genetischen Material der Tiere erfolgen, können die Eigenschaften auch an nachfolgende Generationen weitergegeben werden.
Wenn die Mutation einen Vorteil gegenüber anderen Artgenossen mit sich bringt, haben das betreffende Individuum und seine Nachkommen größere Überlebenschancen und somit größere Chancen sich fortzupflanzen als nichtmutierte Tiere der gleichen Art.
Als Beispiel sei eine Katze genannt, die in einem rauen Klima überleben muss. Eine Katze mit einem dicken Fell, das nicht verfilzt, hat hier zweifellos einen Vorteil gegen-

über Tieren mit einem dünneren Fell, das leicht verfilzt. Sofern die Mutation vorteilhaft ist, wird sich der Effekt sehr schnell in der gesamten Population dieser Art zeigen.
Die Nachkommen dieser Mutanten, die zu einem gewissen Maß ihren Eltern gleichen, haben wiederum Vorteile und damit bessere Chancen sich fortzupflanzen. Langsam aber sicher werden die Tiere mit den neuen Eigenschaften allmählich die Oberhand über jene Artgenossen gewinnen, die keine Mutation aufweisen.
Nicht immer ist jedoch das Ergebnis einer Mutation segensreich, und manchmal können dadurch die Überlebenschancen eines Individuums sogar verringert werden. Würde die Mutation aus vorher genanntem Beispiel in einer tropisch heißen Region auftreten, so hätte das Tier mit einem langen, dicken Fell gegenüber einem Artgenossen mit kurzem, dünnem Fell eine geringere Chance zu überleben und sich fortzupflanzen. Diese nachteilige Eigenschaft würde auch an nachfolgende Generationen weitervererbt.

Britische Kurzhaar, Schwarz-Silber gestromt

Mutationen sind also ein grundlegender Evolutionsfaktor, der zur Rassen und Artbildung beiträgt, und zwar durch Auslese und im Zusammenwirken mit anderen Evolutionsfaktoren.
Die Katzen der alten Welt haben sich mithilfe des Menschen in allen Ländern verbreitet, und sie haben bestimmte Eigenschaften entwickelt, die ihnen das Überleben erleichterten. Es ist daher keineswegs als Zufall zu betrachten, dass die Kurzhaarrassen aus Regionen im Osten mit tropischem Klima stammen und Katzen mit einem dicken Fell von Natur aus in kühleren Klimaregionen vorkommen.

Natürliche Rassen

Der Begriff „natürliche Rassen" bezeichnet Katzengruppen, die ohne jegliche bewusste Intervention von Katzenzüchtern entstanden sind und deren Populationen unabhängig über die Jahrhunderte hinweg erfolgreich bestehen konnten.
Die Norwegische Waldkatzen, die Japanische Bobtail und die Türkische Van sind ausgezeichnete Beispiele für natürliche Rassen. Katzen dieser Rassen findet man auch heute noch in den Ländern oder Regionen, in denen sie einst entdeckt wurden. Sie unterscheiden sich wenig oder gar nicht von Katzen derselben Rassen, die man auf Ausstellungen sieht. Anhänger der natürlichen Rassen reisen regelmäßig in die Ursprungsländer, um Ausschau nach geeigneten Zuchtexemplaren zu halten.
Einige natürliche Rassen haben bereits eine begeisterte Anhängerschaft gewonnen, während andere noch nicht von den Katztenliebhabern entdeckt worden oder von eher geringem Interesse sind. Immer wieder berichten Reisende nach einem Besuch auf Java von den unzähligen, schlanken, einheimischen Katzen mit den auffallenden kurzen Schwänzen. Diese Tiere leben in der Nähe von Städten und Dörfern, aber bisher hat noch niemand ihre systematische Zucht erwogen, um ihre spezifischen allgemeinen Eigenschaften zu bewahren und weiterzugeben – im Gegensatz zur Norwegischen Waldkatze, der Manx, der Japanischen Bobtail, der Türkischen Angora und der Türkischen Van. All diese Katzenrassen sind auf Ausstellungen weit verbreitet.

Während die meisten Züchter das Ziel verfolgen, Katzen mit noch längerem Fell oder mit noch intensiveren Farben zu entwickeln, haben die Züchter natürlicher Rassen lediglich ein Ziel – das ursprüngliche Aussehen und den ursprünglichen Charakter der Rasse zu erhalten.

Nicht natürliche Rassen entstehen, wenn die Tiere durch gezielte Kreuzungen verschiedener Rassen gezüchtet werden. Dieser Begriff wird auch für Tiere verwendet, die noch immer in ihrer natürlichen Umgebung vorkommen, deren gezüchtete Nachkommen sich aber aufgrund selektiver Züchtung derart gravierend von der ursprünglichen Form unterscheiden, dass man in der Ursprungsregion keine Individuen findet, die dem gegenwärtigen Zuchtstandard entsprechen.

Klassisches Beispiel hierfür ist die Siamkatze. Die magere, langgliedrige Siamkatze mit ihrem langen, keilförmigen Kopf, die man heute auf Ausstellungen findet, hat nur noch wenig mit den in Thailand (früher Siam) vorkommenden Siamkatzen gemeinsam. Diese weisen einen sehr viel runderen Kopf und eine bedeutend kräftigere Statur auf.

Kreationen

Nicht alle Katzenrassen sind mehr oder weniger zufällig entstanden. Es gibt einige Rassen, die ganz bewusst von Katzenliebhabern „kreiert“ wurden. Die Exotische Kurzhaar ist beispielsweise eine Katze, die durch Kreuzung von Perserkatze und Amerikanisch Kurzhaar entstanden ist. Es war – und ist auch heute noch – das Ziel der Züchter, eine Rasse zu entwickeln, die der Persischen Langhaar gleicht, deren Fell aber sehr wenig Pflege braucht.

Eine weitere künstliche Rasse ist die Bengalkatze. In ihren Adern fließt sowohl das Blut domestizierter Zuchtkatzen als auch jenes von *Felis bengalensis,* der Bengalkatze. Auserkorenes Zuchtziel war es, eine Rassekatze mit dem Aussehen einer wilden Katze und einem zahmen Charakter zu züchten.

Türkische Angora in vollem Winterfell

Siamkatze um die Jahrhundertwende

Die Bengalkatze ist einer der Vorfahren einer neuen Katzenrasse.

Die Britische Kurzhaar und die Persische Langhaar sind weitere treffende Beispiele für Rassen, die von Züchtern gezielt geschaffen wurden. Durch konsequentes Herauszüchten gewünschter Eigenschaften – zum Beispiel ein möglichst langes Fell oder eine möglichst kurze Nase – entstand schließlich ein Lebewesen mit eigenständigem zuchtspezifischem Aussehen aus der Hand der Züchter.

Mutanten

In den vorangegangenen Abschnitten war die Rede von der Gruppe der natürlichen Rassen, das heißt Rassen, die sich im Lauf der Jahre ohne menschliches Zutun entwickelt haben, sowie von jenen Katzen, die ganz gezielt in eine bestimmte Richtung zu einem gewissen Typ hin gezüchtet wurden.
Die Rassen innerhalb der dritten Gruppe von Katzen basieren auf Mutanten mit auffallenden körperlichen Eigenschaften – einer völlig haarlosen Haut, wie beispielsweise bei der Sphynx, oder nach vorn gefalteten Ohren, wie bei der Schottischen Hängeohrkatze (Scottish Fold). Im Gegensatz zu den natürlichen Rassen konnten diese Katzen gleich von Anfang an auf die Fürsorge und Aufmerksamkeit von Katzenliebhabern zählen.
Die erste Schottische Hängeohrkatze entstammte einem Wurf zweier Hauskatzen und wurde in einer Scheune geboren. Einige Leute fanden diesen kleinen Kater derart außergewöhnlich und reizvoll, dass sie den Entschluss fassten, mit ihm eine Zucht zu beginnen und die gefalteten Ohren an nachfolgende Generationen weiterzugeben. Vermutlich wären diese Tiere auch ohne menschliche Hilfe zurechtgekommen, da sie jedoch dazu keine Gelegenheit hatten, wird man hierzu niemals etwas erfahren.

Von der Hauskatze zur Rassekatze

Katzen haben den Menschen seit Jahrtausenden fasziniert. Während die Alten Ägypter Katzen verehrten und anbeteten, wurden die Tiere im Mittelalter gefürchtet und verschmäht. Unabhängig von der Art der Reaktion hat das Phänomen Katze die Menschen auf der ganzen Welt fasziniert.
Die Geschichte der Katzenzucht ist noch vergleichsweise jung. Dieses Vorhaben wurde erst Ende des 19. beziehungsweise Anfang des 20. Jahrhunderts in die Tat umgesetzt. Einige Jahrhunderte zuvor brachten Kaufleute die Angorakatze, die heute unter dem Rassenamen Türkische Angora bekannt ist, aus der Türkei und den benachbarten Gebieten mit nach Europa. Die Europäer waren von diesen eleganten Katzen mit ihrem halblangen Fell und ihren blauen Augen vollkommen entzückt, denn bis zu diesem Zeitpunkt hatten die Menschen stets nur kurzhaarige Bauern- und Straßenkatzen gesehen, die Ratten und Mäuse in Scheunen und Häusern in Schach hielten.
Die Angorakatze stellte für den Adel dieser Zeit in jeder Hinsicht etwas derart Besonderes und Spezielles dar, dass diese Katzen lange Zeit ausschließlich in Schlössern und vornehmen Haushalten wohlhabender Bürger zu sehen waren. Auch am Französischen Hof kamen die Tiere groß in Mode.
Im 19. Jahrhundert brachten Kaufleute weitere außergewöhnliche Katzen aus exotischen und weit entfernten Ländern mit. Eine von ihnen war die Siamkatze. Diese blauäugigen Katzen mit ihrem schlanken Körper und ihren dunklen Extremitäten wurden von den Ehefrauen der Seeleute gepflegt und verwöhnt, als diese mit den Tieren nach England zurückkehrten. Zu jener Zeit interessierten sich hauptsächlich Frauen für Katzen, denn die Männer waren zu oft und zu lange von zu Hause fort, um sich um das Wohlergehen von Tieren kümmern zu können. Wenn sie jedoch auf ihren Reisen außergewöhnliche Katzen entdeckten, versuchten sie, diese zu fangen, um sie als Geschenk für ihre Frauen mit nach Hause zu nehmen.
Zwischen einigen Frauen und einer Hand voll Männern, die von exotischen Katzen begeistert waren, entwickelte sich ein Briefwechsel über diese Tiere, und bereits kurze Zeit später wurde die erste bedeutsame Katzenausstellung organisiert. Diese fand im Jahr 1871 statt, Ausstellungsort war der Crystal Palace in London. Organisator der Ausstellung war ein Mann namens Harrison Weir, eine führende Persönlichkeit auf dem Gebiet der Katzenzucht. Ab dieser Zeit war die Haltung und Zucht von Katzen nicht mehr länger ein Privileg der Reichen.
Heutzutage findet man Katzenliebhaber und -züchter in sämtlichen sozialen Schichten, und das Interesse an Rassekatzen nimmt ständig zu.

7 Kurzhaarige Rassen

Britische Kurzhaar

Die Britische Kurzhaar ist zweifellos die beliebteste Kurzhaarrasse in Europa. Aufgrund ihrer großen Anpassungsfähigkeit kann die Britische Kurzhaar sowohl auf dem Land als auch in einer Dachwohnung glücklich leben. Ihr ausgeglichener, ruhiger Charakter macht sie für viele Menschen zu einem idealen Haustier.
Sie hat ein auffälliges Aussehen. Mit ihrem runden Kopf und den großen, ausdrucksvollen Augen, der kräftigen Statur sowie dem extrem weichen und dichten Fell erinnert sie ein wenig an einen Teddybären. Britische Kurzhaar werden zwar in vielen Farben und Mustern gezüchtet, am beliebtesten ist jedoch die Britisch-Kurzhaar-Blau.

Herkunft

Der Ursprung der Britischen Kurzhaar liegt in Großbritannien um die Jahrhundertwende. Zu dieser Zeit stellten wohlhabende britische Bürger erstmals Rassekatzen aus, die ausnahmslos aus östlichen Ländern stammten. Siamkatze, (Türkische) Angora und der Vorläufer der Persischen Langhaar waren wegen ihres auffallenden Aussehens besonders hoch geschätzt. Viele Katzenliebhaber hielten zu jener Zeit neben ihren gewöhnlichen Hauskatzen auch exotische Rassen. Die gewöhnlichen Hauskatzen waren zwar hinsichtlich ihrer Schönheit und Farben den importierten Zuchttieren ebenbürtig, als eigenständige Rasse waren sie jedoch einfach nicht interessant genug. Aus diesem Grund wurden sie von der Gesellschaft für etwas absolut Gewöhnliches gehalten. Der Typ war beträchtlichen Schwankungen unterworfen, denn es waren niemals gezielt bestimmte Eigenschaften herausgezüchtet worden.
Einige Katzenliebhaber beschlossen schließlich, dass auch die heimischen englischen Katzen in die Katzenzucht eingeschlossen werden sollten, um bei Ausstellungen einen Gegensatz zu den in der Regel zartgliedrigen orientalischen Kurzhaarrassen darzustellen. Ziel der Züchter war es, eine Katze mit dem kräftigen Körperbau der Angora (dem Vorläufer der Perserkatze) und einem kurzen Fell zu schaffen. Um den gewünschten Typ zu erhalten, wurden heimische Katzen mit einem

Junge Britische Kurzhaar, Bi-Colour, Blau-Weiß

Britsche Kurzhaar, Blau

Links: *Junge Britische Kurzhaar, Blau*

Britische Kurzhaar, Blau-Silber gestromt

Britisch-Kurzhaar-Kätzchen

kompakten, kräftigen Körperbau ausgewählt und mit Perserkatzen gekreuzt. Zu Beginn der Zucht wurden insbesondere Tiere, die inzwischen den Rassenamen Britische Kurzhaar erhalten hatten, mit einem blauen Fell gezüchtet, da diese Farbe zu jener Zeit als besonders schick galt.
Die Briten waren jedoch nicht die einzigen, die Interesse an der Zucht und an Katzenausstellungen zeigten. Auch auf dem Festland wuchs das Interesse an Rassekatzen, und die Züchter begannen, aus ihren heimischen Tieren ausgewählte Rassen zu züchten. Die Katzen auf dem europäischen Festland entsprachen vom Typ her den Tieren, die in England gezüchtet wurden. Im Gegensatz zur Britischen Kurzhaar wurden sie hier jedoch als Europäische Kurzhaar bezeichnet. Da sich die beiden Rassen sehr ähnlich waren, und Angorakatzen regelmäßig mit Britischen und Europäischen Kurzhaarkatzen gekreuzt wurden, kam es nach kurzer Zeit zu einer Zusammenarbeit zwischen Großbritannien und dem Festland.

Vier Wochen alte Britsche-Kurzhaar-Kätzchen

Etwa zur gleichen Zeit wuchs auch in Skandinavien das Interesse an der gezielten Zucht kurzhaariger Hauskatzen. Diese wurden zwar als Europäische Kurzhaar bezeichnet, die skandinavischen Katzen unterschieden sich jedoch vom Typ her beträchtlich, da die Züchter in Skandinavien – im Gegensatz zu anderen Ländern – die Katzen möglichst reinrassig züchten wollten und Kreuzungen

Eine Britische Kurzhaar, Blau, um die Jahrhundertwende

Britische Kurzhaar in Schwarz-Schildpatt-Weiß um die Jahrhundertwende

mit Angorakatzen (und später Perserkatzen) verboten waren. Dies führte zu beträchtlichen Verwirrungen. Es war nur ein einziger Zuchtstandard für die Europäische Kurzhaar erarbeitet worden, wobei die in den Niederlanden, Deutschland und anderswo gezüchtete Europäische Kurzhaar nur wenig Ähnlichkeit mit den skandinavischen Katzen hatte, dafür aber der Britischen Kurzhaar glich.

Die Skandinavier führten dessen ungeachtet regelmäßig Britische Kurzhaarkatzen aus Großbritannien ein und stellten diese auf ihren Ausstellungen aus. Die beiden unterschiedlichen Rassen wurden in der Folge anhand des gleichen Zuchtstandards bewertet.

Da dies keinen Sinn machte, wandten sich die skandinavischen Züchter mit der Bitte an die FIFe (Fédération Internationale Féline, führender Katzenverband in Europa), die beiden Typen zu trennen. Die FIFe bewilligte diesen Antrag: Seit 01. Januar 1982 werden nur die skandinavischen Katzen mit grazilerem Körperbau der Europäischen Kurzhaar zugeordnet. Seit dieser Zeit werden die Katzen auf dem europäischen Festland unter dem gleichen Namen und dem gleichen Zuchtstandard klassifiziert wie die Britische Kurzhaar – ein logischer Schritt in Anbetracht ihrer Herkunft, der Zuchtziele und ihres Erscheinungsbildes.

Während die (skandinavische) Europäische Kurzhaar nach wie vor eine Hauskatze blieb, entwickelte sich die Britische Kurzhaar innerhalb sehr kurzer Zeit zu einer beliebten Rassekatze mit unverwechselbarem Aussehen. Selbst heute noch wird die Britische Kurzhaar gelegentlich mit Persischen Langhaarkatzen gekreuzt, um den rassespezifischen Charakter zu erhalten. Die Persische Langhaar hatte nicht nur aus diesem Grund einen bedeutenden Einfluss auf die Britische Kurzhaar – auch die neuen Farben, die im Lauf der Jahre herausgezüchtet wurden, stammen ebenfalls von der Persischen Langhaar. Während die Rasse ursprünglich nur in Blau, einigen weiteren Farben und Tabby-

Britische Kurzhaar um die Jahrhundertwende

Britische Kurzhaar, Creme

Britische Kurzhaar, Lilac-Point

zeichnung vorkam, wird sie heute in vielen verschiedenen Farben gezüchtet. In Anbetracht der neuen Einführung von Colourpoint, Chocolate und Lilac, Chinchilla, Shaded-Silver und Golden bei Britischen Kurzhaarkatzen ist noch kein Ende dieses Trends abzusehen.

Charakter

Katzen dieser Rasse sind für ihren ausgeglichenen und freundlichen Charakter bekannt. Die meisten Britischen Kurzhaar sind äußerst duldsam, liebenswürdig und sehr anpassungsfähig. Die Kätzchen sind bis zum Alter von ein bis zwei Jahren ebenso verspielt wie Jungtiere anderer Rassen, danach werden sie jedoch meist ruhiger und unaufdringlich – es entspricht nicht ihrem Naturell, lautstark um Aufmerksamkeit zu ringen. Britische Kurzhaar können sich verhältnismäßig gut mit sich selbst beschäftigen. Manchmal schlafen sie stundenlang; sie lieben es aber genauso, verwöhnt und gestreichelt zu werden. Außerdem ist es ihnen ein besonderes Bedürfnis, mit den anderen Familienmitgliedern intensiven Kontakt zu pflegen. Trotz ihres friedlichen Charakters nehmen Britische Kurzhaar nicht alles gelassen hin; sie haben ihren eigenen Kopf und bringen es deutlich zum Ausdruck, wenn sie aus irgendeinem Grund verstimmt sind.

Die Britische Kurzhaar verträgt sich in der Regel gut mit anderen Katzen und ebenso gut mit Hunden. Aufgrund ihres ausgeglichenen und sanften Charakters sind die meisten Tiere sehr gut für Familien mit Kindern geeignet. Wichtigste Voraussetzung ist, dass die Tiere in einem intakten sozialen Umfeld aufgewachsen sind, das heißt, man sollte stets nur Jungtiere von einem Züchter kaufen, der die Kätzchen im engen Kreise der Familie aufgezogen hat – aber dies trifft im Wesentlichen auf alle Katzen zu.

Pflege

Die Britische Kurzhaar erfordert regelmäßige Fellpflege. Im Allgemeinen genügt es, wenn man das Fell einmal wöchentlich mit einer Bürste aus Schweineborsten striegelt. In Zeiten des Haarwechsels kann eine spezielle Gummibürste gute Dienste leisten, um ab-

Britische Kurzhaar, Lilac

gestorbene Haare aus dem Fell zu entfernen. Das Bürsten erfordert etwas Vorsicht, da man durch übermäßigen Eifer unbeabsichtigt dem Fell Schaden zufügen kann.

Die Ohren sollte man nur dann säubern, wenn sie tatsächlich schmutzig sind. Zum Reinigen verwendet man nur spezielle für Katzen geeignete Mittel. Hierzu träufelt man einige Tropfen ins Ohr, massiert sie leicht ein und entfernt sie anschließend sehr vorsichtig mit einem Lappen. Bei der Verwendung von Wattestäbchen muss man sehr umsichtig vorgehen, da der Belag sonst weiter in das Ohr eindringen und allmählich einen Pfropfen bilden kann.

Ein Bad ist erforderlich, wenn man seine Britische Kurzhaar auf Ausstellungen zeigen will. Dies sollte man stets einige Tage vor dem Ausstellungstermin durchführen, damit das Fell genug Zeit hat, um sich wieder zu legen. Da die Britische Kurzhaar laut Zuchtstandard kleine Ohren aufweisen muss, zupfen die meisten Aussteller vorsichtig alle über den Ohrenrand stehenden Haare aus oder schneiden sie ab. Die Krallenspitzen werden mit einem Spezialclipper entfernt.

Körperliche Merkmale

KÖRPER

Die Britische Kurzhaar unterscheidet sich von einer gewöhnlichen Hauskatze nicht nur durch die Qualität ihres Fells, sondern insbesondere auch durch ihren Körperbau, der dem von Perserkatzen gleicht. Britische Kurzhaar sind mittelgroß bis groß. Sie sollten eine breite Brust, breite Schultern und einen kräftigen, wohlproportionierten, muskulösen Körper aufweisen. Die Beine sind kurz und stämmig, die Pfoten kompakt und rund. Der Schwanz ist kurz bis mittellang mit abgerundetem Ende.

Britische Kurzhaar, Silber getippt

Britische Kurzhaar, Blau

KOPF

Die Britische Kurzhaar hat einen runden, massiven Kopf mit kräftigen Kiefern und breitem Schädel. Der Hals ist kurz, kräftig und muskulös. Die kleinen Ohren sind an der Basis breit und weit auseinander gesetzt, die Spitze muss leicht gerundet sein. Die Augen sind groß und rund; die Farbe variiert in Abhängigkeit von der Fellfarbe. Die breite Nase ist kurz und gerade, die Nasenwölbung sollte nicht allzu ausgeprägt sein. Eine leichte Einbuchtung am Nasenansatz ist erlaubt. Ein auffälliger Stopp wird bei Ausstellungen jedoch als Fehler gewertet („ohne Stopp“ ist in der Fachsprache die Bezeichnung für gerade). Das Kinn ist stark und kräftig entwickelt. Männliche Tiere weisen einen größeren, massiveren Kopf als weibliche Tiere auf und haben zudem die typischen „Katerbäckchen“.

FELL

Das Fell ist dicht und kurz, es sollte sich griffig sowie elastisch anfühlen und muss Sprungkraft haben. Aufgrund seiner Dicke und Dichte liegt das Fell nicht flach an, sondern steht ganz leicht vom Körper ab. Manche Britischen Kurzhaarkatzen haben zu viel wolliges Unterhaar, ein zu langes oder zu weiches Fell. Diese Katzen sind für Ausstellungen nicht geeignet.

FARBEN

Das Fell der Britischen Kurzhaar kann viele verschiedene Farben, Muster und Zeichnungen aufweisen. Die bekannteste und nach wie vor beliebteste ist jedoch die einfarbig blaue Varietät. Gelegentlich wird eine Britisch-Kurzhaar-Blau fälschlicherweise als Kartäuser bezeichnet.

Einfarbig

Die einheitlich gefärbte Britische Kurzhaar kommt in einer Vielzahl von Farben vor, einschließlich Weiß, Schwarz, Blau, Rot, Creme, Chocolate und Lila. Die Augenfarbe einfarbiger Britischer Kurzhaarkatzen kann von Kupferfarben bis Orange variieren. Eine Ausnahme stellt die weiße Varietät dar, die zwei blaue Augen oder verschiedenfarbige Augen aufweisen darf. Mit Ausnahme der weißen Varietät darf das Fell einfarbiger Britischer Kurzhaarkatzen keinerlei weiße Haare oder Flecken aufweisen. Jedes Haar sollte vom Ansatz bis zur Spitze gleichmäßig gefärbt sein. Der Pelz sollte ebenfalls gleichmäßig durchgefärbt sein.

Manche einfarbigen Kätzchen weisen Spuren einer Tabbyzeichnung in ihrem Fell auf, welche als Geisterzeichnung bezeichnet wird.

Britische Kurzhaar, Black-Smoke

Junge Britische Kurzhaar, Bi-Colour, Blau-Weiß

Britische Kurzhaar, Bi-Colour, Blau-Weiß

Britische Kurzhaar, Bi-Colour, Schwarz-Weiß

Britische Kurzhaar, Tri-Colour, Schwarz-Schildpatt-Weiß

Gelegentlich ist diese schwache Tabbyzeichnung auch dann noch sichtbar, wenn die Tiere erwachsen sind. Diese Geisterzeichnungen werden bei Ausstellungen als Fehler gewertet, wenngleich die Preisrichter manchmal bei Britisch-Kurzhaar-Creme oder -Rot ein Auge zudrücken, da es außerordentlich schwierig ist, eine einheitliche, reine Färbung des Fells in diesen Farben herauszuzüchten.

Eine einfarbige Katze mit einer silber-weißen Unterwolle wird als Smoke bezeichnet.

Parti-Colour

Die Bezeichnung Parti-Colour wird für Katzen verwendet, die außer der dominierenden Fellfarbe noch weiße Flecken aufweisen. Man unterscheidet verschiedene Formen, die mit eigenen Namen bezeichnet werden und

vom Anteil der weißen Flecken sowie der Art der Zeichnung abhängen.
Am bekanntesten sind Bi-Colour und Tri-Colour. In beiden Fällen dürfen die weißen Bereiche nicht mehr als ein Drittel der gesamten Körperfläche und nicht wesentlich weniger bedecken.
Die Bi-Colour hat stets ein einfarbiges Fell, und die weißen Flecken bedecken nicht mehr als ein Drittel des Körpers. Für Ausstellungszwecke sollten die Flecken möglichst symmetrisch angeordnet sein, und ein umgekehrtes „V" auf der Stirn bringt stets zusätzliche Punkte.
Die gleichen Regeln treffen auch auf die Tri-Colour zu, sie weist aber anstelle einer dominierenden Farbe zwei Grundfarben (eine davon ist stets Rot oder Creme) in Form großer, regelmäßiger Flecken auf, die nicht ineinander verlaufen.
Wenn bei einer Tri-Colour die dominierende Farbe Schwarz ist, wird diese auch als Schwarz-Schildpatt-Weiß bezeichnet. Wenn sie Blau als Hauptfarbe aufweist, spricht man

Britisches Kurzhaarkätzchen, Schwarz-Schildpatt

Britische Kurzhaar, Blau-Schildpatt

von Blau-Schildpatt-Weiß oder Blau-Creme-Weiß. Schildpatt-Weiß wird in den Vereinigten Staaten auch als Calico bezeichnet.
Eine Parti-Colour ist bei Britischen Kurzhaarkatzen äußerst schwierig herauszuzüchten, da bei der Paarung zweier deutlich gezeichneter Parti-Colour-Tiere keineswegs garantiert ist, dass auch die Jungtiere die gleiche Zeichnung aufweisen.
Parti-Colour-Katzen mit ausgedehnten weißen Flächen werden auch als Harlekin oder Van bezeichnet. Harlekin-Katzen weisen einen oder mehrere Farbtupfer auf dem Kopf, einige kleine Flecken am Körper und einen voll pigmentierten Schwanz auf. Bei der Van sind nur der Kopf und der Schwanz gefärbt. Abgesehen von der Tatsache, dass sowohl Van- als auch Harlekin-Katzen für sich allein äußerst reizvoll sind, ergibt ihre Kreuzung mit einer einfarbigen Katze häufig korrekt gezeichnete Bi-Colour oder Tri-Colour Nachkommen. Die neuesten Farben aus der Gruppe der Parti-Colour sind Chocolate-Weiß und Weiß gestromt.

Britische Kurzhaar, Schwarz-Silber gestromt

Schildpatt oder Tortie

Katzen mit unterschiedlich gefärbten Fellflecken, aber ohne weiße Zeichnung werden als Schildpatt oder Tortie bezeichnet. Diese Tiere sind meist weiblichen Geschlechts. Im Gegensatz zu den Schildpatt-Weiß, die klar abgegrenzte Farbflächen aufweisen, müssen die Flecken bei diesen Katzen klein und gleichmäßig vermischt sein, sodass sich ein auffälliges gesprenkeltes Muster ergibt. Zu den Hauptfarben zählen Schwarz, Chocolate, Blau und Lila, während die zweite Farbe stets Rot oder Creme ist. Die Augenfarbe darf von Kupfer bis Orange variieren.

Britische Kurzhaar, Rot-Silber gestromt

Britische Kurzhaar, Blau-Silber gestromt

Britische Kurzhaar, Black-Tipped-Chinchilla

Britische Kurzhaar, Black-Silver-Tortie-Tabby

Tabbymuster

Man unterscheidet vier verschiedene Tabbymuster – gestichelt, getigert, getupft und gestromt. Gängig sind schwarze, blaue oder rote Tabby-Katzen, aber auch andere Farben sind möglich. Das Tabbymuster sollte möglichst deutlich gezeichnet sein.
Beliebt sind Tabby-Katzen mit silberner Unterwolle. Die Augen sollten kupferfarben bis orange sein. Eine Ausnahme stellen schwarzsilber gestromte Tiere dar, die mit orangefarbenen oder grünen Augen gezüchtet werden.

Silber

Obwohl es diese reizvollen Varietäten der Britischen Kurzhaar noch nicht allzu lange gibt, erfreuen sie sich bereits großer Beliebtheit. Die silberfarbene Unterwolle wird durch ein Inhibitor-Gen verursacht, das die Pigmentbildung an der Haarwurzel, verhindert. Das bedeutet, dass die Haare am Ansatz keine Pigmente aufweisen – für das menschliche Auge stellt sich dies als silbernes Fell dar. Der restliche Teil des Haares ist normal pigmentiert und kann schwarz, rot oder anders gefärbt sein. Man muss einen Unterschied machen zwischen einfarbigen Katzen und

Britisch-Kurzhaar-Kätzchen, Black-Shaded-Silver

Britische Kurzhaar, Chocolate-Silber-Tabby-Point

Britisch-Kurzhaar-Kätzchen, Blue-Point

gestromten Katzen mit silberfarbenem Unterhaar. Eine einfarbige Katze mit aktivem Inhibitor-Gen wird als Smoke bezeichnet. Bei Ausstellungen erwarten die Preisrichter, dass jedes einzelne Haar ungefähr zur Hälfte pigmentiert ist. Bei Tabby-Katzen sind abhängig vom Pigmentanteil im Fell und der Farbe des Pigments verschiedene Namen gebräuchlich. Bei einer Shaded-Chinchilla weist etwa ein Drittel jedes Haares Pigmente auf, bei der Tipped-Chinchilla liegt der Anteil bei ungefähr einem Achtel. Diese Namen werden nur für Katzen mit schwarzen Pigmenten oder verwandten Farben wie Blau, Chocolate und Lila verwendet. Eine Katze mit roten oder cremefarbenen Pigmenten wird als Cameo bezeichnet. Die Pigmente bedecken etwa ein Drittel des Fells. Katzen mit diesen Fellfarben, deren Haare zu einem Achtel Pigmente aufweisen (also nur in den Haarspitzen) nennt man Shell. Da der Pigmentanteil im Fell innerhalb eines Wurfs von Tier zu Tier schwanken kann, ist es Sache des Züchters, Kätzchen mit der gewünschten Pigmentierung auszuwählen. Eine Tabby-Katze, deren Fell zur Hälfte pigmentiert ist, wird nicht als Smoke bezeichnet, da dieser Name einfarbigen Katzen vorbehalten ist. Man spricht in diesem Fall von einer Silber-Tabby.

Britisch-Kurzhaar-Kätzchen, Chocolate-Point

Einige Chinchilla und Shaded-Silver, die nicht reinrassig hinsichtlich des Inhibitor-Gens sind, können einen so genannten „goldenen“ Nachwuchs bekommen. Dabei handelt es sich um schwarz gestromte Katzen, deren Muster durch Selektion herausgezüchtet wurde, wie im Falle der Silber-Tabby.

Colourpoint

Colourpoint ist die neueste – äußerst reizvolle – Fellfarbe, die bei Britischen Kurzhaar entwickelt wurde. Zu diesem Zweck haben

Britische Kurzhaar, Red-Point

britische und niederländische Züchter Colourpoint-Perser mit Britischen Kurzhaar gekreuzt. Colourpoint-Katzen gibt es in allen Farben, die bei Colourpoint-Persern vorkommen. Ebenso wie bei den Perserkatzen muss der Übergang zwischen den gefärbten Abzeichen (manchmal auch als Siamfärbung bezeichnet) und der Fellfarbe möglichst kontrastreich sein.
Zum gegenwärtigen Zeitpunkt weisen die meisten Colourpoint-Britisch-Kurzhaar noch helle blaue Augen auf, die Züchter arbeiten jedoch an der Züchtung von Katzen mit dunkelblauen Augen.

Besonderheiten

Da Perserkatzen gelegentlich mit Britisch-Kurzhaar-Blutlinien gekreuzt werden, kann die Paarung zweier Britischer Kurzhaar hin und wieder überraschende Ergebnisse in Form einer oder mehrerer langhaariger Kätzchen ergeben (siehe Kapitel 9, Halblanghaarige Varietäten, Britische Halblanghaar).

Europäische Kurzhaar

In Zusammenhang mit der Europäischen Kurzhaar hat es in den vergangenen Jahrzehnten viel Verwirrung gegeben, da es bis zum Jahr 1982 zwei verschiedene Kurzhaarrassen unter dem Namen Europäische Kurz-

Europäische Kurzhaar, Rot

haar und dem gleichen Zuchtstandard gab. Der auf dem Festland gezüchteten Europäischen Kurzhaar – einer Rasse mit Perserblut, die seit 1982 als Britische Kurzhaar bezeichnet wird – stand die in Skandinavien aus kurzhaarigen Farmkatzen ohne den Einfluss von Persischen Langhaar entwickelte Rasse gegenüber. Nur diese Rasse darf heute den Namen Europäische Kurzhaar führen, und sie hat auch einen eigenen Zuchtstandard erhalten.

Die Europäische Kurzhaar gleicht einer gewöhnlichen Hauskatze aus Europa oder den Vereinigten Staaten. Als Fellfarbe kommen nur natürliche Farben vor: Schwarz, Blau, Rot und Creme – mit und ohne weiße Flecken oder Tabbyzeichnung im Fell – sowie rein weiße Tiere. Die Farben Chocolate und Lila sowie die bei Siamkatzen vorkommenden Abzeichen sind bei dieser Rasse nicht erlaubt.

Die Europäische Kurzhaar ist nicht besonders beliebt, da sie neben all den anderen, exotischeren Rassen ziemlich „gewöhnlich" aussieht. Europäische Kurzhaar werden fast ausschließlich in Skandinavien gezüchtet. Dort findet man sie auch häufig auf Ausstellungen.

Charakter

Da die Rasse aus gewöhnlichen Hauskatzen mit sehr unterschiedlichen Charaktereigenschaften gezüchtet wurde, kann man den Charakter der Europäischen Kurzhaar nicht in aller Kürze zusammenfassen. Während einige Tiere dieser Rasse sehr anschmiegsam sein können und sich stundenlang von ihrem Besitzer kraulen lassen, gehen andere lieber auf Mäusejagd. Da der Charakter in gewissem Maße vererbt wird, sollte man sich vor dem Kauf eines Kätzchens das Temperament beider Elternteile ansehen. Die meisten Europäischen Kurzhaar sind robust, gesund und in der Regel freundlich.

Sie vertragen sich sowohl sehr gut mit anderen Katzen als auch mit Hunden. Europäische Kurzhaarkatzen sind intelligent, verspielt und bestens geeignet, um Haus und Garten frei von Mäusen zu halten.

Pflege

Das Fell der Europäischen Kurzhaar erfordert nur wenig Pflege. In der Regel genügt es, die

Die Europäische Kurzhaar wurde aus kräftig gebauten Katzen wie dieser entwickelt.

Tiere einmal wöchentlich mit einer Bürste aus Schweineborsten oder einem mittelfeinen Kamm zu striegeln. Mithilfe einer Gummi- oder Massagebürste mit Gumminoppen lassen sich während des Fellwechsels lose, abgestorbene Haare aus dem Fell entfernen. Wenn man diese Hilfsmittel jedoch nicht fachgerecht einsetzt, kann man das Fell der Tiere damit schädigen.

Die Ohren werden nur gesäubert, wenn sie tatsächlich schmutzig sind. Man verwendet hierzu eine spezielle Ohrlotion für Katzen, die im Heimtierbedarf erhältlich ist. Gelegentlich werden die scharfen Krallenspitzen mit einem Spezialclipper entfernt.

Körperliche Merkmale

KÖRPER

Die robuste Europäische Kurzhaar gleicht hinsichtlich Charakter und Aussehen gewöhnlichen europäischen kurzhaarigen Hauskatzen. Dieser Eindruck wird durch den Körper-

bau und das gesamte Aussehen verstärkt. Die Europäische Kurzhaar ist muskulös, mittelgroß bis groß mit einer breiten, muskulösen Brust.
Die kräftigen Beine sind mittellang, die Pfoten sind rund und fest. Der Schwanz ist am Ansatz breit, wird dann schmaler und endet in einer abgerundeten Spitze.

KOPF
Der Kopf ist relativ groß und rund mit gut entwickelten Kiefern, er ist jedoch deutlich weniger rund als bei der Britischen Kurzhaar. Die Ohren sind mittelgroß, mit leicht abgerundeten Spitzen, wobei ihre Länge der Breite am Ohransatz entspricht. Sie sind weit auseinander gesetzt und aufrecht stehend. Die Augen sind rund und dürfen jede Farbe aufweisen, die mit der Fellfarbe harmoniert.

FELL
Das Fell der Europäischen Kurzhaar ist kurz, weich und glänzend. Es sollte flach am Körper anliegen. Ein abstehendes Fell wird als Fehler gewertet.

FARBEN
Erlaubt sind alle natürlichen Farben, wie Schwarz, Rot, Blau und Creme, mit und ohne Tabbyzeichnung oder weißen Flecken. Weiterhin erlaubt ist reines Weiß.
Die Augenfarbe harmoniert mit der Fellfarbe und kann Gelb, Grün oder Orange sein. Blaue und verschiedenfarbige Augen sind bei weißem Fell erlaubt.

Amerikanische Kurzhaar, Rot-Silber gestromt

Bob Schwartz

Amerikanische Kurzhaar, Schwarz-Schildpatt

Bob Schwartz

Amerikanische Kurzhaar (American Shorthair)

Die Amerikanische Kurzhaar gleicht in Charakter und Aussehen der Europäischen Kurzhaar. Die Rasse ist in den Vereinigten Staaten sehr beliebt, anderswo findet man sie jedoch nur sehr selten.

Herkunft

Anhand von Ausgrabungen und anderen Untersuchungen konnten Archäologen und Wissenschaftler feststellen, dass vor dem 15. Jahrhundert in Nordamerika keine Katzenpopulation heimisch war.
Man geht im Allgemeinen davon aus, dass die ersten kurzhaarigen, mehr oder weniger domestizierten Katzen mit Forschern und Siedlern aus Europa nach Amerika kamen. Damals war es durchaus üblich, Katzen auf lange Seereisen mitzunehmen, um die Schiffe frei von Schädlingen zu halten. Im neuen

Land angekommen, konnten die Katzen ihre Arbeit auf den Bauernhöfen fortsetzen. Da sich die Siedler in den unterschiedlichsten Gegenden niederließen, verbreiteten sich die Katzen auf dem gesamten nordamerikanischen Kontinent.
Die Amerikanische Kurzhaar ist aus diesen robusten Tiere hervorgegangen. Diese Katzenrasse wurde im Hinblick auf die natürliche Schönheit einer Straßenkatze gezüchtet, die viele Menschen als gewöhnlich betrachten. Die Amerikanische Kurzhaar muss frei von genetischen Einflüssen anderer Rassen sein, Kreuzungen mit nicht heimischen Rassen sind nicht erlaubt.

Charakter

Der Charakter der Amerikanischen Kurzhaar gleicht dem der Europäischen Kurzhaar, das heißt, er kann bei den verschiedenen Individuen stark variieren.
Diesen Katzen ist jedoch gemeinsam, dass sie sehr verspielt sind und diese Eigenschaft bis ins fortgeschrittene Alter beibehalten. Die meisten Tiere brauchen zudem einen großzügig bemessenen Lebensraum. Wenn man einer Amerikanischen Kurzhaar keinen freien Auslauf ermöglichen kann, empfiehlt sich zumindest die Anschaffung eines großen Kratz- und Kletterbaums.
Die Amerikanische Kurzhaar erfreut sich im Allgemeinen einer guten Gesundheit. Sie ist intelligent und verträgt sich mit anderen Katzen und Haustieren gut. Normalerweise erreichen die Tiere ein hohes Alter.

Pflege

Das Fell der Amerikanischen Kurzhaar benötigt nur wenig Pflege. Außerhalb der Zeit des Fellwechsels genügt es, das Fell einmal wöchentlich mit einer Bürste aus Schweineborsten zu striegeln und anschließend mit einem weichen Ledertuch abzureiben, um dem Fell Glanz zu verleihen.
Während des Fellwechsels kann man lose, abgestorbene Haare mit einer Gummi- oder Massagebürste mit abgerundeten Gumminoppen aus dem Fell entfernen. Wenn man diese Hilfsmittel jedoch nicht fachgerecht einsetzt, kann man das Fell der Tiere damit schädigen. Wie bei allen anderen Rassen werden die scharfen Krallenspitzen der Amerikanischen Kurzhaar mit einem Spezialclipper entfernt und die Ohren bei Bedarf gesäubert.

Körperliche Merkmale

KÖRPER

Die Amerikanische Kurzhaar hat einen mittelgroßen bis großen, kräftig gebauten Körper, der etwas länger als hoch ist. Die Brust ist tief und breit, die Schultern sind gut entwickelt.
Die muskulösen Beine sind mittellang, mit schwerem Knochenbau und großen, kräftigen, runden Pfoten. Der mittellange Schwanz ist am Ansatz breit, wird langsam schmäler und endet in einer abgerundeten Spitze.

KOPF

Die Amerikanische Kurzhaar hat einen runden Kopf, der etwas länger als breit ist, und ausgeprägte Wangen. Die Nase ist gerade, mittellang und in der ganzen Länge gleich breit. Das kräftige Kinn ist gut entwickelt und bildet mit der Oberlippe eine gerade Linie, wenn man das Profil betrachtet.
Die Ohren sind mittelgroß und weit auseinander gesetzt. Die Ohrspitzen sind leicht abgerundet und dürfen Haarpinsel tragen. Die weit auseinander stehenden, runden Augen haben einen lebhaften und klaren Ausdruck.

FELL

Das Fell ist kurz, kräftig und glänzend. Es kann sich je nach Fellfarbe und Jahreszeit fest oder weich anfühlen. Der Pelz kann im Winter bedeutend dicker und schwerer sein als im Sommer.

FARBEN

Da es sich bei dieser Katze um eine natürliche Bauern- oder Straßenkatze handelt und ein Einfluss nicht heimischer Katzen unerwünscht ist, wird die Rasse nur in den natürlichen Farben Schwarz, Rot, Blau und Creme mit und ohne Tabbyzeichnung oder weißen Flecken sowie mit einer silberfarbenen Unterwolle gezüchtet. Auch reines Weiß ist erlaubt. Burmafärbung und Abzeichen sind nicht erlaubt.
Die Augenfarbe hängt von der Fellfarbe ab, in der Regel ist sie Kupferfarben oder Grün. Weiße Katzen können blaue oder verschiedenfarbige Augen haben.

Kartäuser (Chartreuse)

Die Kartäuser ist eine blaue, kurzhaarige Katze von kräftiger Statur. Die Rasse wird manchmal mit der Britisch-Kurzhaar-Blau verwechselt, der sie in vielerlei Hinsicht gleicht. Wichtigste körperliche Unterscheidungsmerkmale sind die Kopfform sowie die Form, die Position und die Größe der Ohren. In der Vergangenheit wurden Kartäuser gelegentlich mit Britisch-Kurzhaar-Blau gekreuzt. Da die Züchter jedoch beschlossen haben, dass dies nicht erwünscht ist, ist dies heute nicht mehr erlaubt.

Herkunft

Hinsichtlich der Namengebung der Kartäuser existieren zahlreiche Hypothesen, wobei jedoch keine zweifelsfrei bewiesen ist. Bekannt ist, dass sowohl in Rom als auch in Frankreich Aufzeichnungen über blaue Katzen aus dem 16. Jahrhundert existieren. Bekannt ist weiterhin, dass der Name „Chartreuse" im 18. Jahrhundert regelmäßig in Büchern erwähnt wurde und sich auf blaue, kurzhaarige Katzen aus Paris bezog.
Vom Namen her gesehen könnten diese Katzen aus den Grande Chartreuse, einer abgelegenen, bergigen Region in Frankreich, stammen. Seit dem 17. Jahrhundert gibt es dort ein Kloster der Kartäusermönche, welche große Zuneigung zu den blauen Katzen hegten und sie seit Menschengedenken hielten.
Diese Hypothese ist sogar sehr wahrscheinlich, da sich die Menschen früher zu Nutzzwecken Tiere hielten. Rinder, Schweine, Schafe und Ziegen waren wegen ihrer Milch, Häute, Wolle und ihres Fleisches begehrt. Katzen waren beliebt, da sie lästige Schädlinge in Schach hielten. Wenn die Menschen fortzogen und sich anderswo niederließen, nahmen sie nicht nur ihr Vieh mit, das ihnen Nahrung und Wolle lieferte, sondern mindestens auch eine Katze. Die Mönche machten dabei sicherlich keine Ausnahme. Da die in Frage kommende Region schwer zugänglich war, konnten sich die Katzen, die die Mönche mitgenommen hatten, nicht mit anderen Katzen paaren, sodass im Lauf der Jahre eine eng verwandte Katzenpopulation mit ähnlichem Aussehen und ähnlichen Eigenschaften heranwuchs. Da es jedoch bis zum heutigen Tag keinen eindeutigen Beweis gibt, dass

Kartäuser

sich dies tatsächlich so zugetragen hat, bleibt der Ursprung des Namens Chartreuse weiterhin eine reine Vermutung.
In Frankreich und Belgien ist die Rasse auch heute noch sehr populär, und auf französischen und belgischen Ausstellungen finden sich häufig große Kartäusergruppen. In anderen Ländern besteht hingegen nur geringes Interesse an dieser Rasse.

Charakter

Im Großen und Ganzen gleicht der Charakter der Kartäuser dem der Britischen Kurzhaar. Sie ist eine freundliche, ungewöhnlich intelligente Katze mit einem ausgeglichenen und friedlichen Naturell. Sie verträgt sich gut mit anderen Katzen und Hunden. Angehörige dieser Rasse sind ausgezeichnete Gefährten für Kinder, da sie nur in äußersten Notfällen ihre Krallen einsetzen. Wenn es ihnen zu turbulent wird, ziehen sie sich an einen ruhigen Ort zurück.
Wer eine Kartäuser als Haustier hat, muss keineswegs den ganzen Tag über zu Hause sein. Auf der anderen Seite darf man das Tier jedoch auch nicht ständig sich selbst überlassen. Wer häufig außer Hause ist, sollte die

Anschaffung von zwei Tieren in Erwägung ziehen.
Kartäuser spielen und klettern gerne, sind jedoch weniger aktiv als manch andere Kurzhaarrasse. Man vernimmt nur selten ihre bemerkenswert leise und bescheidene Stimme.

Pflege

Das Fell der Kartäuser erfordert verhältnismäßig wenig Pflege. In der Regel genügt es, das Fell einmal wöchentlich mit einer Bürste aus Schweineborsten zu striegeln. Während des Fellwechsels kann man lose, abgestorbene Haare mit einer Gummi- oder Massagebürste mit abgerundeten Gumminoppen aus dem Fell entfernen. Wenn man diese Hilfsmittel jedoch nicht fachgerecht einsetzt, kann man das Fell der Tiere damit schädigen.
Wenn das Fell sehr schmutzig ist, kann man einen unparfümierten Puder auftragen, der Schmutz und überschüssigen Talg absorbiert. Man lässt den Puder einige Minuten einwirken und bürstet anschließend das Fell der Katze so lange, bis sämtliche Puderreste entfernt sind.
Den äußeren Gehörgang reinigt man mit einer Ohrlotion, die speziell für Katzen entwickelt wurde. Wer seine Kartäuser auf Ausstellungen zeigen will, sollte zuvor die scharfen Krallenspitzen mit einem Spezialclipper entfernen.

Körperliche Merkmale

KÖRPER

Kartäuser weisen einen mittelgroßen bis großen, muskulösen und kräftig gebauten Körper auf, wobei vor allem die männlichen Tiere durch ihren äußerst massiven Körper auffallen. Diese Katzen haben verhältnismäßig lange Beine und große Pfoten.
Der mittellange Schwanz ist am Ansatz breit, wird dann schmaler und endet in einer abgerundeten Spitze. Wenn man den Schwanz entlang des Rückens legt, sollte er bis an die Einwölbung zwischen den Schulterblättern reichen.

KOPF

Der Kopf der Kartäuser ist geringfügig länger als breit und hat gut entwickelte Backen. Erwachsene Kater haben ausgeprägte, dicke „Katerbäckchen".

Kartäuser

Die Nase ist breit, lang und hat keinen Stopp. Die Ohren sind mittelgroß und hoch am Kopf platziert, was der Katze einen aufmerksamen Ausdruck verleiht. Die Augen sind groß und sollten nicht allzu rund sein, die äußeren Augenwinkel sollten leicht nach oben zeigen.

FELL

Die Kartäuser weist ein doppeltes, leicht wolliges, glänzendes Fell auf, das sich weich anfühlt. Es erinnert an einen Fischotterpelz. Das Fell liegt nicht ganz eng an, sondern steht leicht vom Körper ab.

FARBEN

Erlaubt sind sämtliche Blautöne, angefangen von blaugrau bis hin zu schiefergrau, wobei am beliebtesten jedoch Katzen mit blaugrauer Fellfarbe sind.
An der Nase, dem Ansatz der Schnurrhaare, den Ohrenrückseiten und den Pfotenspitzen weisen die Haare einen leichten Silberschimmer auf.
Die Augen können intensiv kupferfarben, orange oder gelb sein. Sie dürfen keinesfalls einen grünen Farbeinschlag haben. Mit zunehmendem Alter kann die Augenfarbe verblassen.

Besonderheiten

Die meisten Kätzchen haben bei der Geburt eine äußerst dezente Tabbyzeichnung im Fell – die so genannte „Geisterzeichnung" –, die jedoch mit zunehmendem Alter verschwindet. Eine Kartäuser ist mit ungefähr zweieinhalb Jahren ausgewachsen.

Exotische Kurzhaar

Die Exotische Kurzhaar ist die kurzhaarige Variante einer Perserkatze. Dies bedeutet, dass die Zuchtstandards beider Rassen mit Ausnahme der Felllänge identisch sind. Diese Rasse ist für Menschen geeignet, die Perserkatzen schätzen, aber nicht bereit sind, die zeitaufwendige Pflege einer langhaarigen Katze auf sich zu nehmen. Exotische Kurzhaar finden sich in allen Farben, die bei Persern vorkommen, häufig werden die beiden Rassen auch miteinander gekreuzt.

Herkunft

Die erste Exotische Kurzhaar wurde vor gar nicht allzu langer Zeit in den Vereinigten Staaten gezüchtet. Ein Züchter von Amerikanischen Kurzhaar- und Perserkatzen paarte einen Amerikanischen Kurzhaarkater mit einer langhaarigen Perserkatze. Die Kätzchen des daraus hervorgegangenen Wurfs wiesen eindeutig den Typ der Perser auf, hatten aber

Exotische Kurzhaar, Rot-Weiß

Exotische Kurzhaar, Blau

Exotische Kurzhaar, Harlekin-Schwarz-Schildpatt

gleichzeitig das kurze Fell des Vaters geerbt. Die jungen Tiere waren bald in aller Munde und wurden überall für derart reizvoll angesehen, dass man beschloss, ein Zuchtprogramm in die Weg zu leiten und eine kurzhaarige Rasse vom Persertyp zu züchten.
Während zu Beginn nicht nur Perser und Amerikanische Kurzhaar, sondern auch Burmakatzen gekreuzt wurden, paart man heute üblicherweise nur Exotische Kurzhaar und Perserkatzen, da es sich bei ihnen – mit Ausnahme der Felllänge – um Rassen mit dem gleichen Zuchtstandard handelt. Das Ziel war und ist es, eine kurzhaarige Perserkatze zu züchten. Da die Exotische Kurzhaar auch heute noch mit Persern gekreuzt wird, finden sich in den meisten Würfen sowohl langhaarige als auch kurzhaarige Tiere. Je nach Felllänge werden die Kätzchen dementsprechend der Exotischen Kurzhaar oder der Persischen Langhaar zugerechnet.

Exotische Kurzhaar, Schwarz-Schildpatt

Exotische Kurzhaar, Tri-Colour, Blau-Schildpatt-Weiß

Charakter

Die Exotische Kurzhaar ist eine ruhige, fügsame Katze mit einem ausgeglichenen Charakter. Im Wesentlichen entspricht ihr Temperament dem der Perserkatze. Sie hat eine zarte, angenehme Stimme, die man nur selten vernimmt. In der Regel vertragen sich Exotische Kurzhaar gut mit anderen Katzen, und auch mit Hunden treten keine Probleme auf. Sie sind bestens für Haushalte mit Kindern geeignet. Die Exotische Kurzhaar ist äußerst anpassungsfähig und fühlt sich rundherum zufrieden in einem lebendigen Haushalt. Wenn es ihr zu aufregend wird, zieht sie sich an einen ruhigeren Ort im Haus zurück.
Katzen dieser Rasse sind in keiner Weise aufdringlich, in der Regel gehen sie ihren eigenen Weg, wenngleich sie die Gesellschaft des Menschen schätzen und ausgesprochene Schmusetiere sind.

Pflege

Man kann das Fell der Exotischen Kurzhaar mit geringem Pflegeaufwand in gutem Zustand halten. Normalerweise genügt es, das Fell einmal wöchentlich mit einer weichen Bürste aus Schweineborsten zu bürsten und anschließend mit einem grob gezähnten Kamm zu kämmen. Dabei muss man jedoch vorsichtig vorgehen, um dem Fell keinen Schaden zuzufügen. Mit einer Gummibürste lassen sich abgestorbene Haare während des Haarwechsels problemlos entfernen. Auch hierbei ist Vorsicht geboten, da übermäßiger Eifer dazu führen kann, dass auch die gesunden, neuen Haare herausgezogen werden.

Exotische Kurzhaar, Rot

Persische Langhaar und Exotische Kurzhaar aus dem gleichen Wurf

Vor Ausstellungen kann man das Fell der Exotischen Kurzhaar mit Kleie oder einem unparfümierten Puder einreiben und diesen anschließend sofort wieder herausbürsten. Da Kleie und Puder Schmutz sowie überschüssigen Talg binden, sieht das Fell nach einer derartigen Schönheitsbehandlung wieder sauber und frisch aus.

Erfahrene Aussteller zupfen abgestorbene Haare regelmäßig mit der Hand aus dem Fell, diese Arbeit erfordert jedoch einige Kenntnis und viel Geschick.

Manchmal kann der Tränenkanal der Exotischen Kurzhaar verstopft sein. Deshalb muss man die Haare in der Augenregion, den Augenwinkeln und den Gesichtsfalten peinlich sauber halten. Hierfür gibt es spezielle Lotionen, die in gut geführten Zoohandlungen und auf den meisten Katzenausstellungen erhältlich sind. Man trägt die Lotion mit einem weichen Tuch auf, reibt sie vorsichtig ein und entfernt sie anschließend wieder mit einem trockenen Tuch.

Da der Zuchtstandard kleine Ohren vorschreibt, werden Haare, die über den Ohrenrand stehen, von vielen Aussteller ausgezupft oder abgeschnitten, da diese die Ohren größer erscheinen lassen. Zum Reinigen der Ohren verwendet man eine spezielle Lotion, die scharfen Krallenspitzen werden regelmäßig mit einem Spezialclipper entfernt.

Körperliche Merkmale

KÖRPER

Der Zuchtstandard entspricht mit Ausnahme des Fells dem der Persischen Langhaar. Die

Exotische Kurzhaar, Black-Shaded-Silver-Point

Exotische Kurzhaar, Schwarz-Schildpatt

Exotische Kurzhaar ist eine mittelgroße Katze mit schwerem Knochenbau. Der Körper ist kompakt, mit einer tiefen Brust, muskulösen Schultern, einem muskulösen Rücken und einem kurzen, kräftigen Hals. Die Beine sind kurz und kräftig, die Pfoten groß und rund. Der Schwanz ist kurz mit einer leicht abgerundeten Spitze; er muss mit den Körperproportionen harmonisieren.

KOPF

Der Kopf ist rund und gut proportioniert, mit einem breiten Schädel und vollen Wangen. Die Stirn ist leicht gewölbt, die Nase ist kurz, sehr breit und hat einen deutlichen Stopp. Die Nasenspitze sollte in einer Linie mit dem Unterlid liegen. Der Stopp sollte sich auf Höhe der Augenmitte befinden.
Die Exotische Kurzhaar hat kräftige, breite Kiefer und ein festes Kinn. Die Zähne sollen eine scherenartige Funktion aufweisen. Im Profil betrachtet sollen das Kinn, die Nasenspitze und die Stirn in einer geraden vertikalen Linie liegen.
Die Ohren sind klein, am Ansatz breit und rund, Haarbüschel sind erlaubt. Die tief am Schädel platzierten Ohren sind weit auseinander gesetzt. Die Augen sind groß, rund und stehen weit auseinander. Sie sollen leuchtend und ausdrucksvoll und je nach Fellfarbe kupferfarben oder dunkelorange, grün oder blau sein. Auch verschiedenfarbige Augen sind erlaubt. Die Farbe sollte möglichst klar sein.

FELL

Die Exotische Kurzhaar hat ein weiches und dichtes Fell, das niemals flach anliegen darf, sondern leicht vom Körper abstehen muss. Die Haare sind etwas länger als bei den Britischen Kurzhaarkatzen.

FARBEN

Da die Exotische Kurzhaar die kurzhaarige Version einer Perserkatze ist, wird sie in all jenen Farben gezüchtet, die auch für die Persische Langhaar anerkannt sind.

Einfarbig

Exotische Kurzhaarkatzen können einfarbig weiß, schwarz, blau, rot, creme- und schokoladenfarben sowie lila sein. Während Katzen mit diesen Fellfarben orangefarbene – möglichst dunkle – Augen haben, dürfen weiße Individuen auch blaue oder verschiedenfarbige Augen aufweisen.
Die einfarbige Exotische Kurzhaar darf keine weißen Flecken und möglichst keine weißen Haare in ihrem Fell aufweisen. Jedes einzelne Haar soll vom Ansatz bis zur Spitze gleichmäßig durchgefärbt sein, in der Regel sind die Haare jedoch am Ansatz etwas hel-

Schwarz gestromte Exotische Kurzhaar im Profil

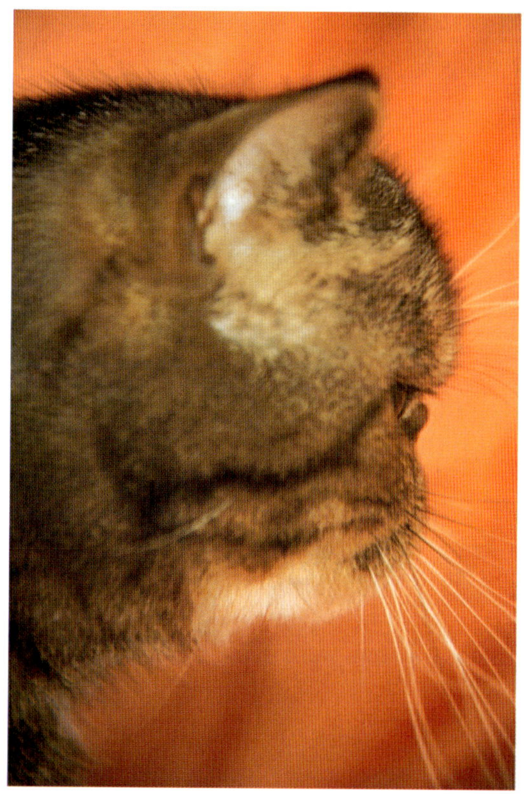

Exotische Kurzhaar, Blau

Exotische Kurzhaar, Schwarz-Schildpatt

ler. Jungtiere weisen häufig Geisterzeichnungen auf, die manchmal auch im Erwachsenenalter noch sichtbar sind. Wenngleich Geisterzeichnungen bei erwachsenen Tiere von den Preisrichtern nicht gerne gesehen werden, werden sie bei cremefarbenen und roten Varietäten nicht allzu streng beurteilt, da es äußerst schwierig ist, Exotische Kurzhaar in diesen Farben ohne jegliche Tabbyzeichnung zu züchten. Einfarbige Exotische Kurzhaarkatzen mit silberfarbenem Unterhaar werden als Smoke bezeichnet.

Parti-Colour

Die Bezeichnung Parti-Colour wird für Katzen verwendet, die außer der dominierenden Fellfarbe noch weiße Flecken aufweisen. Man unterscheidet verschiedene Formen, die mit eigenen Namen bezeichnet werden und vom Anteil der weißen Flecken sowie der Art der Zeichnung abhängen.

Van-Katzen sind exotische Katzen mit überwiegend weißem Fell, mit zwei Farbflecken auf dem Kopf und einem gefärbten Schwanz. Diesen Katzen sehr ähnlich sind die Harlekin-Katzen, die aber zusätzliche Farbflecken auf dem Körper aufweisen.

Bei der Bi-Colour ist ein Drittel bis die Hälfte des Haarkleids weiß. Für Ausstellungszwecke soll die Zeichnung möglichst symmetrisch sein. Weitere Pluspunkte bringt stets ein weißes, auf dem Kopf stehendes „V“ auf der Stirn.

Diese Richtlinien gelten auch für Tri-Colour-Katzen, anstelle einer einzigen Grundfarbe sowie der weißen Anteile weisen diese jedoch zwei Grundfarben in Form großer, regelmäßiger Flecken auf, die nicht ineinander verlaufen. Tri-Colour-Katzen mit schwarzer Grundfarbe werden auch als Schwarz-Schild-

Exotische Kurzhaar, Schwarz-Chinchilla

Exotische Kurzhaar, Rot gestromt

patt-Weiß bezeichnet. Wenn Blau als Grundfarbe vorherrscht, spricht man von Blau-Schildpatt-Weiß oder Blau-Creme-Weiß. Parti-Colour-Katzen haben immer orangefarbene Augen.

Exotische Kurzhaar, Schwarz gestromt

Exotische Kurzhaar, Blue-Point, im Profil

Schildpatt

Katzen mit verschiedenen Fellfarben ohne weiße Anteile werden als Schildpatt bezeichnet. Im Gegensatz zu den Schildpatt-Weiß, die große, klar abgegrenzte Farbbereiche aufweisen, sollen die Flecken bei Schildpatt-Katzen klein sowie gleichmäßig vermischt sein und keine weißen Bereiche aufweisen, sodass ein marmorierter Effekt entsteht.

Dominierende Farbe der Schildpatt ist stets Schwarz oder Abwandlungen dieser Farbe, wie Blau, Chocolate oder Lila. Ist die Grundfarbe Schwarz, kommt als weitere Farbe stets Rot hinzu. Den Grundfarben Blau, Chocolate oder Lila steht als zweite Farbe Creme gegenüber. Schildpatt-Katzen mit silberfarbenem Unterhaar werden als Smoke bezeichnet.

Tabbymuster

Man unterscheidet vier verschiedene Tabbyzeichnungen – gestichelt, getigert, getupft und gestromt. Es gibt schwarze, rote, cremefarbene, blaue, schokoladenfarbene oder lila Tabby-Katzen. Das Tabbymuster sollte möglichst deutlich gezeichnet sein. Eine getupfte Tabby muss dunkle, klar abgegrenzte, möglichst runde Flecken aufweisen, die nicht ineinander überlaufen. Tabby-Katzen mit silberfarbenem Unterhaar werden unter der Überschrift *Silber* abgehandelt.

Tabby-Exotisch-Kurzhaar sollen mit Ausnahme der schwarz, chocolate, blau und lilasilber gestromten Varietäten orangefarbene Augen aufweisen. Außerdem gibt es auch

Exotische Kurzhaar, Golden gestromt

Tortie-Tabby-Katzen. Das Fell dieser überwiegend weiblichen Tiere zeigt sowohl eine Schildpatt- als auch eine Tabbyzeichnung.

Colourpoint

Bei der Colourpoint-Exotisch-Kurzhaar muss ein möglichst ausgeprägter Kontrast zwischen der Körperfarbe und den gefärbten Abzeichen (Points) bestehen. Colourpoint-Katzen werden in allen Farben gezüchtet, die auch bei Colourpoint-Persern vorkommen. Ziel der Züchter ist es, eine Colourpoint-Exotisch-Kurzhaar mit besonders dunklen blauen Augen zu züchten.

Silber

Zu den Exotischen Kurzhaar mit silberfarbenem Unterhaar zählen (Schwarz-)Silber-Tabby, Cameo, Chinchilla und Smoke. Das silberne Unterhaar wird durch das Inhibitor-Gen verursacht, welches die Pigmentbildung am Haaransatz verhindert, sodass jedes Haar nur unvollständig pigmentiert ist – das menschliche Auge nimmt dies als silberfarbenes Unterhaar wahr, obwohl dort tatsächlich keinerlei Pigmente vorhanden sind.

Man unterscheidet zwischen Nicht-Agouti-Katzen (einschließlich einfarbigen Katzen sowie Schildpatt-Katzen) und Agouti- oder Tabby-Katzen. Einfarbige Katzen mit aktivem Inhibitor-Gen werden als Smoke bezeichnet. Bei Ausstellungen fordern die Preisrichter, dass jedes Haar etwa zur Hälfte pigmentiert sein muss. Bei Agouti- oder Tabby-Katzen variiert der Name in Abhängigkeit vom Pigmentanteil im Fell sowie der Farbe des Pigments.

Bei einer Shaded-Chinchilla weist jedes Haar etwa zu einem Drittel schwarze, blaue, schokoladenfarbene oder lila Pigmente auf, während bei der als Tipped-Chinchilla bezeichneten Farbe tatsächlich nur die Haarspitzen pigmentiert sind.

Eine Katze mit roten oder cremefarbenen Pigmenten wird als Cameo bezeichnet. Bei diesen Katzen sind die Haare zu einem Drittel gefärbt. Katzen mit diesen Fellfarben, deren Haare zu einem Achtel Pigmente auf-

Exotische Kurzhaar, Black-Shaded-Silver

weisen (also nur in den Haarspitzen), nennt man Shell. Bei diesen Katzen tritt die Tabbyzeichnung nicht mehr deutlich zu Tage, da die Farbe wie ein Schleier über der silbernen Farbe liegt.
Eine Tabby-Katze, deren Fell zur Hälfte pigmentiert ist, wird als Silber-Tabby bezeichnet. Bei diesen Katzen tritt die Tabbyzeichnung noch deutlich hervor.

Manx

Die Manx ist eine Jahrhunderte alte Rasse, die sich auf natürliche Weise entwickelt hat und noch heute von den Bauern auf der Isle of Man als Mäusefänger und geschätztes Haustier gehalten wird. Katzen dieser Rasse sind insofern nicht bemerkenswert, als ihr Aussehen dem einer gewöhnlichen Farmkatze ähnelt und all jene Menschen nicht beeindruckt, die Katzen mit einem exotischeren Aussehen schätzen. Auffallend ist jedoch ihr Schwanz, der entweder extrem kurz ist (Stumpy) oder völlig fehlt (Rumpy und Rumpyriser).
Die weit verbreitete Auffassung, dass Manxkatzen Schwierigkeiten beim Springen und Klettern haben, trifft nicht zu. Die Katze wird durch das Fehlen des Schwanzes nicht in ihrer Beweglichkeit behindert. Manxkatzen sind gesunde, intelligente Tiere mit einem freundlichen und liebevollen Charakter, was sie als hervorragende Haustiere auszeichnet.

Herkunft

Die Rasse stammt von der Isle of Man, die in der Irischen See vor der Westküste Großbritanniens liegt. Vermutlich fand dort vor 400 Jahren eine spontane Mutation statt, die die Geburt eines schwanzlosen Kätzchens zur Folge hatte. Dieses Tier überlebte und wuchs zu einer kräftigen Katze heran, die in der Lage war, sich fortzupflanzen, sodass allmählich immer mehr schwanzlose Katzen auf dieser Insel geboren wurden. Aufgrund der isolierten Insellage war es möglich, dass sich die schwanzlose Linie durchsetzte und sich schließlich mehr Katzen ohne Schwanz als mit Schwanz auf der Insel fanden.
Die Existenz dieser außergewöhnlichen Katzen erregte auch Aufsehen bei Katzenzüchtern in anderen Teilen der Welt. Bereits aus dem Jahr 1830 existieren schriftliche Aufzeichnungen über Importe, und 1890 erschienen die ersten Manxkatzen auf Ausstellungen in den Vereinigten Staaten und auf dem Festland. Auch heute noch besuchen interessierte Züchter die Isle of Man, um nach geeigneten Zuchttieren Ausschau zu halten.

'Golfsticks', eine schwarze Manx, um die Jahrhundertwende

Manx, Stumpy

Manx, Rumpyriser

Das ungeheure Interesse, das ausländische Katzenliebhaber an den Tag legten, führte schließlich dazu, dass die Regierung in den fünfziger Jahren eine offizielle Katzenzucht gründete, um der Ausfuhr der Katzen Einhalt zu gebieten. Zu dieser Zeit konnte sich jeder, der an einer Manxkatze interessiert war, an diese Zucht wenden. Anfang der neunziger Jahre wurde die Katzenzucht privatisiert und schließlich geschlossen, da sie unwirtschaftlich war. Das Touristenbüro in der Hauptstadt Douglas leitet heute Anfragen an private Züchter weiter. Noch heute hat die Rasse einen offiziellen geschützten Status auf der Isle of Man.

Manx, Rumpy

Während man schwanzlose Katzen in anderen Teilen der Welt als Kuriosität betrachtet, halten die Bewohner der Isle of Man hingegen Katzen mit Schwanz für außergewöhnlich. Eine bekannte europäische Manxzüchterin wurde während eines Gespräches mit einem alten Bauern gefragt, ob es tatsächlich stimme, dass Mäusefänger wie seine Manxkatzen als besondere Zuchtkatzen angesehen werden. Die Züchterin bejahte dies. Der Bauer fragte weiter, ob die Katzen anderswo auf der Welt ebenso gehalten werden wie bei ihnen und in völliger Freiheit auf dem Hof umherstreunen. Die Züchterin bejahte dies erneut. Abschließend stellte der Bauer die Frage, ob all diese Katzen tatsächlich einen Schwanz haben. Die Züchterin bestätigte auch dies. Der Bauer ließ seinen Blick in die Ferne schweifen und sagte dann: „Das muss wirklich komisch aussehen, all diese Katzen mit Schwänzen."

Charakter

Manxkatzen sind ruhige Katzen. In der Regel handelt es sich um liebevolle Tiere, die sich gut mit anderen Katzen sowie mit Hunden vertragen und sowohl mit Erwachsenen als auch mit Kindern zurechtkommen – obwohl sie gern eine besondere Bindung zu einem bestimmten Familienmitglied eingehen.
Man kann einer Manx beibringen Papierkügelchen zu apportieren und an der Leine zu

Manx, Rumpyriser

Manx sind freundliche Katzen.

laufen. Trotz ihres ruhigen und ausgeglichenen Charakters sind Manxkatzen äußerst verspielt und behalten diese Eigenschaft bis ins hohe Alter bei. Man sollte dafür Sorge tragen, dass für die Tiere ausreichend Spielsachen sowie ein stabiler Kratz- und Kletterbaum vorhanden sind.

Manxkatzen strafen all jene Lügen, die glauben, dass Katzen einen Schwanz zum „Steuern" brauchen, denn sie sind außerordentlich gewandte Kletterer und Springer.

Katzen dieser Rasse erfreuen sich normalerweise bester Gesundheit. Wenn sie richtig gepflegt werden, können sie ein hohes Alter erreichen.

Den Beweis für die Vitalität der Manxkatzen liefert ein weibliches Tier, die in den Niederlanden gehalten wird und im Jahr 1996 im Alter von $10^1/_2$ Jahren World Champion bei der World-Championship-Ausstellung wurde. Ausstellungskatzen sind in der Regel nicht älter als 1 bis 3 Jahre, und diese Manx war die einzige Katze weltweit, die einen derartigen Triumph in einem solch hohen Alter erreichen konnte.

Pflege

Das Fell einer Manx erfordert nur wenig Pflege. Es genügt, wenn man es einmal wöchentlich mit einer weichen Bürste aus Schweineborsten striegelt und anschließend mit einem grob gezähnten Kamm vorsichtig kämmt.

In der Zeit des Haarwechsels lassen sich lose, abgestorbene Haare schnell und einfach mit einer Gummibürste entfernen. Dabei ist jedoch Vorsicht geboten, da man das Fell leicht schädigen kann.

Die Ohren einer Manx sollte man regelmäßig inspizieren und gegebenenfalls mit einer speziellen Lotion für Katzen reinigen. Die scharfen Krallenspitze können gelegentlich mit einem Spezialclipper entfernen werden.

Manx, Rumpy

Bei Manxkatzen ist die Hinterhand höher als die Vorderhand.

Weiße Manx mit verschiedenfarbigen Augen

Körperliche Merkmale

KÖRPER

Die Manx ist eine robuste, mittelgroße Katze mit kräftigem Knochenbau, die rund und kompakt aussieht. Da die Hinterbeine deutlich länger als die Vorderbeine sind, ist der Rücken leicht nach oben geneigt. Die Beine sind muskulös.

Man unterscheidet fünf Schwanzlängen. Die schwanzlose Manx wird als Rumpy bezeichnet. Die Riser (oder Rumpyriser) hat höchstens drei Steißbeinwirbel (entspricht dem Schwanzfortsatz oder dem Steißbein beim Menschen) und keinen Schwanzwirbel. Die Stumpy hat einen kurzen Stummelschwanz, während die Longy eine Manxkatze mit einem normal aussehenden, aber extrem kurzen Schwanz ist. Die Tailed hat einen normal langen Schwanz. Die ersten drei mehr oder weniger schwanzlosen Varietäten werden auf Ausstellungen gezeigt, die beiden letzten werden nur zu Zuchtzwecken verwendet, wenn sie einen guten Typ aufweisen.

KOPF

Der Kopf ist rund, mit einer mittellangen Nase ohne Stopp. Die Ohren sind nicht allzu hoch angesetzt, am Ansatz breit sowie offen und leicht nach außen gedreht. Die Augen sind groß und rund.

FELL

Es existieren zwei anerkannte Manxvarietäten, die kurzhaarige und die langhaarige Manx (siehe Kapitel 9, Halblanghaarige Varietäten, Cymric). Die kurzhaarige Manx hat ein doppeltes Fell, das sich sehr weich und dick anfühlt, da das weiche, kurze Unterhaar das mittellange Deckhaar aufbauscht.

FARBEN

Manx werden nur in den natürlichen Farben der „Farmkatzen“ gezüchtet, in Farben also, die man auch bei der gewöhnlichen europäischen Hauskatze findet. Zu den nicht natürlichen Farben zählen Chocolate und die „Burmazeichnung“. Colourpoint und gesticheltes Tabbymuster werden ebenfalls nicht zu den natürlichen Fellzeichnungen gezählt. Folglich findet man diese Farben und Muster auch nicht bei dieser Rasse.

Gängige Manxfarben sind Rot, Schwarz und Blau, möglicherweise mit einem Tabbymuster und mit weißen Flecken, sowie reines Weiß.

Die Augenfarbe ist bei der Manx von geringerer Bedeutung. Sie kann Gelb, Grün oder Gelbrün sein, während weiße Katzen auch blaue oder verschiedenfarbige Augen haben können (ein blaues und ein gelbes Auge).

Manx, Rumpy

Amerikanische Stummelschwanzkatze (American Bobtail)

Die American Bobtail ist eine Rasse, die man nur selten außerhalb der USA, ihrem Ursprungsland, findet. Die Rasse ist das Ergebnis einer Mutation, die bei einigen heimischen amerikanischen Katzen aufgetreten ist. Die Tatsache, dass diese Katzen nur einen kurzen Schwanz aufweisen, beeinträchtigt ihre Beweglichkeit nicht. Die American Bobtail kann sehr gut klettern und jagen. In der Regel sind Tiere dieser Rasse eng mit ihrer menschlichen Familie verbunden, während sie Fremden gegenüber recht scheu sein können. Sie fühlen sich wohl in Gesellschaft anderer Katzen und vertragen sich auch gut mit Hunden. Die meisten American Bobtail genießen die Gesellschaft des Menschen und sind nicht gern allzu lange allein.

Körperliche Merkmale

Es handelt sich um eine mittelgroße bis große Rasse, deren Angehörige erst im Alter von ein bis zwei Jahren völlig ausgewachsen sind. Auf Ausstellungen sollten die Katzen einen geraden Schwanz aufweisen, der bis zur Hälfte der Hinterhand reicht. Eine leichte Krümmung des Schwanzes ist erlaubt.
Die American Bobtail hat einen muskulösen Körper sowie mittellange Beine, wobei die Hinterbeine länger als die Vorderbeine sind. Die Pfoten sind rund und groß. Das doppelte Fell kann halblanghaarig oder kurzhaarig sein. Beide Varietäten sind leicht zu pflegen (siehe auch Kapitel 9, Halblanghaarige Varietäten, Halblanghaarige American Bobtail).

Besonderheiten

Der Vererbungsmodus des Stummelschwanzes ist bislang nicht eindeutig geklärt. Bekannt ist jedoch, dass er durch ein dominantes Gen hervorgerufen wird. Paarungen mit geeigneten Hauskatzen können demnach Nachwuchs mit einem kurzen Schwanz zur Welt bringen. Die Länge und die Form des Schwanzes sind sehr variabel – angefangen vom völligen Fehlen des Schwanzes bis hin zu einem nahezu halblangen Schwanz mit einigen Knicken. Auf Ausstellungen wird ein ausgeprägter, nicht allzu langer Stummelschwanz gefordert.

American Bobtail

Bob Schwartz

Japanische Stummelschwanzkatze (Japanese Bobtail)

Mehr als tausend Jahre alte Schriften und Zeichnungen zeigen in China Katzen mit deformierten Schwänzen. Es gilt als bewiesen, dass die chinesischen Katzen die Vorläufer der Japanese Bobtail sind. Obwohl die Japaner bereits seit Jahrhunderten kurzhaarige Hauskatzen mit kurzen Stummelschwänzen oder sogar geknickten Schwänzen hielten, dauerte es lange, bis diese Tiere von den Katzenzüchtern in anderen Teilen der Welt entdeckt wurden. Die erste Japanese Bobtail, die außerhalb Japans gesichtet wurde, war 1968 in die USA exportiert worden. Die Rasse ist heute hauptsächlich bei amerikanischen und japanischen Katzenliebhabern gefragt. Die außerordentlich reizvollen und intelligenten Katzen sind in anderen Ländern der Erde nahezu unbekannt und nur selten auf Ausstellungen zu sehen.
Japanische Stummelschwanzkatzen haben einen ausgeprägt aktiven, extrovertierten und lebhaften Charakter. Da diese Katzen sehr neugierig sind, entgeht ihnen nur sehr wenig. Man kann den intelligenten Tieren einige Kunststücke beibringen, zum Beispiel das Apportieren eines Papierkügelchens. Die Rasse verträgt sich sehr gut mit anderen Katzen und ebenso mit Hunden.

Körperliche Merkmale

Die Japanese Bobtail hat ihren Namen nach ihrem kurzen Schwanz erhalten, der fünf oder acht Zentimeter lang und gerade, gekrümmt

Kurzhaarige Japanische Bobtail

Halblanghaarige Japanische Bobtail

Bob Schwartz

oder geknickt sein kann. Der Körper sowie die Beine sind muskulös, lang und schlank, die Pfoten sind oval. Der keilförmige Kopf weist hohe Wangenknochen auf, die Augen sind groß und oval. Die großen, aufrechten Ohren sollen weder zu hoch noch zu tief sitzen, sondern ungefähr in den „Ecken" des dreieckigen Gesichts. Das Fell liegt flach am Körper an und weist fast kein Unterhaar auf; es ist weich und glänzend. Auffälliges Merkmal der Japanese Bobtail ist ein nur sehr schwacher Haarwechsel.
Japanese Bobtail existieren als kurzhaarige und halblanghaarige Varietäten (siehe Kapitel 9, Halblanghaarige Varietäten, Halblanghaarige Japanese Bobtail).
Es sind zwar alle Fellfarben erlaubt, am beliebtesten sind jedoch überwiegend weiße Katzen mit einem schwarzen und roten, deutlich gezeichneten, dunklen Muster. Derart gezeichnete Katzen werden in Japan als „Mi-ke" bezeichnet, ihre Fellfarbe wird als Glücksfarbe betrachtet. Bei der Japanese Bobtail sind alle Augenfarben erlaubt, auch verschiedenfarbige Augen kommen vor.

Schottische Hängeohrkatze (Scottish Fold)

Die Schottische Hängeohrkatze zieht bei Katzenausstellungen stets die Blicke der Zuschauer auf sich, da sie wegen ihrer gefalteten Ohren und ihrem runden Schädel sehr auffällig ist. Diese Körpermerkmale verleihen ihr ein seltsames und manchmal ziemlich melancholisches Aussehen. Liebhaber vergleichen das Aussehen dieser Rasse mit dem einer Eule. Die Tiere haben einen freundlichen und ausgeglichenen Charakter.

Herkunft

Im Jahr 1961 tauchte eine weiße Katze mit gefalteten Ohren im Wurf einer gewöhnlichen Farmkatze im schottischen Perthshire auf. Der Kater, der den Namen „Snowball" erhielt, erregte schon bald die Aufmerksamkeit der Züchter. Mit Hilfe geeigneter heimischer Katzen und Britischer Kurzhaarkatzen gelang es, die für die gefalteten Ohren verantwortliche Mutation in einer neuen Rasse mit dem Namen Schottische Hängeohrkatze zu etablieren. Das Gen, welches das Falten der Ohren verursacht, wird als dominantes Merkmal vererbt.
Es stellte sich jedoch heraus, dass dieses Gen nicht nur die gefalteten Ohren hervorruft,

Schottische Hängeohrkatze, Blau gestromt

Schottische Hängeohrkatze, Schwarz getigert

sondern auch andere Deformationen im Körper bewirkt, insbesondere dann, wenn beide Elternteile gefaltete Ohren haben. Dies war einer der Gründe, warum der britische Verband die bewilligte vorläufige Anerkennung der Rasse zurückzog. Schottische Hängeohrkatzen wurden jedoch inzwischen in die Vereinigten Staaten exportiert, wo sie heute noch gezüchtet werden. Da das Gen in homozygoter (reinerbiger) Form zu Skelettanomalien führen kann, werden niemals zwei Katzen mit gefalteten Ohren gepaart. Stattdessen werden Hängeohrkatzen mithilfe von Katzen mit normalen Ohren aus Blutlinien mit gefalteten Ohren (Scottish Straights), Amerikanischen und Britischen Kurzhaar gezüchtet. Katzen, die aus den USA importiert wurden, und ihre Nachkommen findet man heute auch in einigen Ländern Europas.

Charakter

Die Schottische Hängeohrkatze weist einen freundlichen und gelehrigen Charakter auf. Im Allgemeinen sind die Tiere ruhig, wenngleich sie dem Spielen durchaus nicht abgeneigt sind. Sie vertragen sich gut mit anderen Katzen und sind im Umgang mit Hunden meist problemlos, sofern sie als junge Kätzchen positiven Kontakt mit Hunden hatten.
Schottische Hängeohrkatzen sind ruhig und ausgeglichen und daher als Haustiere für lebhafte Familien geeignet. Sie geben sehr gute Spielkameraden für Kinder ab. Wenn man eine Schottische Hängeohrkatze zu ungestüm behandelt, wird sie sich aus dieser unbequemen Situation befreien und sich zurückziehen. Von ihren Krallen macht sie nur im äußersten Notfall Gebrauch.
Schottische Hängeohrkatzen lassen nur selten ihre leisen Stimmen verlauten. Sie lassen sich zwar gerne hochheben und streicheln, ringen aber nicht penetrant um die Aufmerksamkeit ihres Besitzers.
Die Katzen dieser Rasse sind gesellig, können aber in der Regel problemlos einen Tag lang allein gelassen werden. Sie eignen sich für all jene Menschen als Haustier, die sich eine ruhige Katze wünschen und das seltsame Aussehen dieser aparten „Scotties“ mögen.

Schottische Hängeohrkatze

Junge Schottische Hängeohrkatze

Schottische Hängeohrkatze, Schwarz-Weiß

Schottische Hängeohrkatze, Blau

Pflege

Bei der Schottischen Hängeohrkatze ist nur wenig Fellpflege erforderlich. Während des Haarwechsels kann man lose, abgestorbene Haare mit einem Massagehandschuh aus Gummi entfernen. Zur Fellpflege sollte man entweder eine Borstenbürste oder einen grob gezähnten Kamm verwenden, um Schäden am Unterhaar zu vermeiden.

Viele Menschen glauben, dass die Schottische Hängeohrkatze aufgrund ihrer nach vorn gefalteten Ohren besonders anfällig für Ohrinfektionen ist – dies ist jedoch nicht der Fall. Die Ohrenpflege erfordert bei dieser Rasse nicht mehr Aufwand als bei anderen Katzen. Falls es nötig sein sollte, kann man die Ohren mit einer speziellen Lotion für Katzen reinigen. Auch die scharfen Krallenspitzen werden gelegentlich entfernt.

Körperliche Merkmale

KÖRPER

Die Schottische Hängeohrkatze ist mittelgroß und muskulös, mit einem ziemlich schweren Knochenbau. Der Rumpf ist rund, die Beine sind kurz bis mittellang im Verhältnis zum Körper. Die Pfoten sind rund.
Der Schwanz ist mittellang bis lang. Ein langer, spitz zulaufender Schwanz wird bevorzugt. Auf Ausstellungen wird eine Schottische Hängeohrkatze disqualifiziert, wenn sie Unregelmäßigkeiten (Knicke) am Schwanz aufweist oder der Schwanz außergewöhnlich kurz beziehungsweise versteift ist. Letzteres kann der Fall sein, wenn die Schwanzwirbel abnorm verdickt sind. Weiterhin werden Katzen disqualifiziert, die sonstige Skelettanomalien aufweisen.

KOPF

Der runde Kopf sitzt auf einem stämmigen, verhältnismäßig kurzen Nacken. Die Kiefer sind gut entwickelt, besonders ausgeprägt sind sie bei männlichen Tieren, welche dicke Katerbäckchen und ausgeprägte Schnurrhaarkissen aufweisen. Die Augen sind groß, rund sowie weit auseinander gesetzt und haben einen freundlichen, sanften Ausdruck. Die Nase ist relativ kurz mit einem leichten Stopp. Die Ohren sind wie eine Fischermütze nach vorn und unten gefaltet. Katzen mit kleinen, eng gefalteten Ohren haben auf Ausstellungen mehr Erfolg als Tiere mit größeren, weniger gefalteten Ohren. Die Ohren der Schottischen Hängeohrkatze sollen wie eine Mütze eng am Kopf anliegen, wodurch die runde Schädelform unterstrichen wird. Die Ohren weisen abgerundete Spitzen auf.

FELL

Die Schottische Hängeohrkatze hat ein doppeltes, dichtes Fell, das sich weich und elas-

Ein Wurf Schottischer Hängeohrkatzen kann sowohl Jungtiere mit gefalteten als auch mit normalen Ohren aufweisen.

tisch anfühlt. Es ist wichtig, dass das Fell vom Körper absteht. Auf Ausstellungen gibt es für ein anliegendes Fell Punktabzüge.

FARBEN

Die Schottische Hängeohrkatze kann in sämtlichen natürlichen Fellfarben gezüchtet werden. Die bei Siamesen vorkommende Siamfärbung ist bei Schottischen Hängeohrkatzen nicht erlaubt. Ebenfalls nicht erlaubt sind die Farben Chocolate, Zimt oder Lila. Zu den gängigsten Farben zählen Blau, Rot, Schwarz und Creme, manchmal mit weißen Flecken und einer Tabbyzeichnung, sowie reines Weiß. Die Augenfarbe soll mit der Fellfarbe harmonisieren, in der Regel haben die Tiere kupferfarbene oder orangefarbene Augen.

Besonderheiten

Schottische Hängeohrkatzen werden aus gesundheitlichen Gründen niemals miteinander gekreuzt. Im Allgemeinen werden sie in Europa mit Britischen Kurzhaar und in den USA mit Amerikanischen Kurzhaar gepaart. Die Nachkommen aus diesen Paarungen haben in den ersten Lebenswochen aufrecht stehende Ohren. Bei Kätzchen, die das Gen für gefaltete Ohren tragen, beginnen sich die Ohren im Alter von drei bis vier Wochen zu falten. Kätzchen ohne dieses Gen haben aufrechte Ohren. Man bezeichnet sie als Scottish Straights. Die halblanghaarige Schottische Hängeohrkatze wird auch Highland Fold genannt (siehe Kapitel 9, Halblanghaarige Varietäten, Highland Fold).

Schottische Hängeohrkatze

Eine Schottische Hängeohrkatze mit aufrechten Ohren wird als Scottish Straight bezeichnet.

American Curl

Die American Curl mit ihren nach hinten geklappten Ohren ist eine sehr charakteristische Katze. Die Rasse existiert erst seit verhältnismäßig kurzer Zeit und ist außerhalb der USA noch immer eine Rarität. Es gibt eine kurzhaarige und eine halblanghaarige Varietät. Bei dieser Rasse sind alle Farben anerkannt.

Herkunft

Im Juni 1981 fanden Joe und Grace Ruga in Lakewood, Kalifornien, eine halb verhungerte schwarze Kätzin mit seltsamen Ohren. Sie zogen das Kätzchen auf und gaben ihm den Namen „Shulamith“; sie wurde später die Mutter der American-Curl-Rasse. Shulamith gedieh prächtig und im Dezember des gleichen Jahres brachte sie vier Kätzchen zur Welt, wobei zwei der Jungen genau wie ihre Mutter nach hinten gewölbte Ohren hatten. Da Grace Ruga Näheres über den genetischen Hintergrund dieses Phänomens wissen wollte, wandte sie sich mit dieser Frage an einen Genetiker. Dieser kam zu dem Schluss, dass die Ohren Folge einer spontanen Mutation sind und es sich bei dem dafür verantwortlichen Gen um ein einziges dominantes Gen handelt.
Einige Katzenzüchter fanden die nach hinten geklappten Ohren derart reizvoll und interessant, dass sie ein Zuchtprogramm in die Wege leiteten, um diese Mutation zu etablieren. Die Rasse wurde in den Vereinigten Staaten Anfang der neunziger Jahren offiziell anerkannt.

Charakter

Auffälligstes Merkmal der American Curl ist ihre Anhänglichkeit gegenüber Menschen. Die Katzen sind neugierig und intelligent, sie nehmen an allem teil, was sich in ihrem Haushalt ereignet. Sie lassen sich gerne streicheln und genießen es, im Mittelpunkt zu stehen. Die Tiere sind ausgeglichen und nicht so schnell aus der Fassung zu bringen, was sie zu idealen Haustieren für lebhafte Familien mit kleinen Kindern macht. Für diese geben sie ausgezeichnete Spielkameraden ab. Man muss den Kindern jedoch strikt verbieten, die Katze an den Ohren zu ziehen oder diese nach vorne zu biegen. Selbstverständlich darf man dies bei keiner Katze tun, für die American Curl ist es jedoch besonders schmerzhaft. Angehörige dieser Rasse bleiben ihr ganzes Leben lang verspielt und abenteuerlustig. Man ist gut beraten, wenn man seiner Katze einen stabilen Kratz- und Kletterbaum kauft, an dem sie ihre überschüssige Energie abreagieren kann. Außerdem sollte man dafür Sorge tragen, dass reichlich Spielzeug vorhanden ist.
Die American Curl ist zwar nicht besonders „gesprächig“, kann aber ihre Wünsche auf besondere Weise mitteilen – sie setzt sich entweder vor ihren Besitzer und starrt ihn unentwegt an oder streicht ihm unablässig um die Beine.
Die Rasse verträgt sich außerordentlich gut mit anderen Katzen und auch das Zusammenleben mit Hunden ist völlig unproblematisch.

Pflege

Da die Tiere nahezu kein Unterhaar aufweisen, lässt sich das Fell problemlos in einem

American Curl, Red-Shaded-Silver

Bob Schwartz

guten Zustand halten. Es genügt, wenn man das Fell einmal wöchentlich bürstet und anschließend mit einem feinen Kamm kämmt. Man schneidet die Krallenspitzen regelmäßig und reinigt die Ohren bei Bedarf mit einer Lotion, die speziell für Katzen geeignet ist. Gelegentlich kann man die Katze auch baden, muss aber hierzu stets ein geeignetes Shampoo für Katzen verwenden.
Wer seine American Curl auf Ausstellungen zeigen will, sollte sie einige Tage zuvor baden, damit das Fell ausreichend Zeit hat, um sich wieder zu legen.

Körperliche Merkmale

KÖRPER
Die American Curl ist eine mittelgroße Katze mit einem langen, schlanken, eleganten Körper. Die Proportionen sämtlicher Körperteile müssen harmonisch aufeinander abgestimmt sein, zudem sollte die Katzen weder einen zu gedrungenen noch einen zu schlanken Körperbau aufweisen. Eine American Curl ist erst mit zwei bis drei Jahren vollkommen ausgewachsen.

KOPF
Der Kopf weist eine leichte Keilform auf und sollte länger als breit sein. Die Ohren sind das auffälligste Merkmal der American Curl. Sie fühlen sich weniger geschmeidig als bei anderen Rassen an. Sie stehen aufrecht am Rand des Kopfs, die Ohrenspitzen sind wellenförmig nach hinten gebogen und zeigen zur Mitte des Schädeldaches. Eine American Curl hat eine gerade Nase, ein kräftiges Kinn und walnussförmige Augen.

FELL
Das Fell der American Curl kann kurzhaarig oder halblanghaarig sein; es ist nahezu kein Unterhaar vorhanden. Das Fell sollte sich weich und seidenartig anfühlen. An der Innenseite der Ohren müssen stets Haare vorhanden sein, die sich nach außen kräuseln. Kleine Haarpinsel an den Ohrenspitzen werden als Pluspunkt gewertet.

FARBEN
Diese Rasse wird in jeder denkbaren Farbe gezüchtet. Ursache hierfür ist die Tatsache, dass die Ursprungskatzen mit Hauskatzen gekreuzt wurden, welche zahlreiche vererbliche Farbfaktoren aufwiesen. Deshalb entschieden die Züchter, möglichst viele Farbvarietäten beizubehalten.

Besonderheiten

Da das Gen, das bei der American Curl für die Krümmung der Ohren verantwortlich ist, keine nachteiligen Auswirkungen zur Folge hat, können Tiere dieser Rasse miteinander, oder mit Hauskatzen (ohne Stammbaum) gepaart werden. Letztere sollten mit Ausnahme der Ohren möglichst exakt dem Zuchtstandard der American Curl entsprechen. Da das Gen als dominantes Merkmal vererbt wird, weisen die meisten Jungtiere, die aus derartigen Paarungen hervorgehen, nach hinten gewölbte Ohren auf. Gleichzeitig tragen sie aber auch das Gen für normale Ohren in sich und können dieses an nachfolgende Generationen weitergeben.
Eine American Curl mit normalen Ohren wird als American Curl Straight Ear bezeichnet. Nach der Geburt ist zunächst kein Unter-

schied zwischen Tieren mit normalen und gewölbte Ohren feststellbar – die Ohren nehmen ihre endgültige Form erst an, wenn die Tiere ungefähr vier Monate alt sind (siehe auch Kapitel 9, Halblanghaarige Varietäten, Halblanghaarige American Curl).

Munchkin

Die Munchkin ist eine verhältnismäßig neue Entwicklung aus einer Katze mit mutierten, extrem kurzen Beinen. Die Existenz dieser neuen Katzenrasse erregte in den Vereinigten Staaten großes Aufsehen. Auch in Frankreich, wohin die erste Munchkin aus den USA exportiert wurde, wurde diese Rasse von den Katzenzüchterverbänden als Sensation aufgenommen.

Herkunft

In den Vereinigten Staaten wurden erstmals 1983 zwei Straßenkatzen mit extrem kurzen Beinen in Louisiana gesichtet. Eine der Katzen war trächtig und brachte kurze Zeit später vier Junge zur Welt, wovon zwei die gleiche Besonderheit wie die Mutter aufwiesen. Einige Züchter verwendeten diese Tiere zur Zucht und entwickelten daraus durch Paarungen mit geeigneten Hauskatzen eine eigenständige Rasse. Die Rasse erhielt inzwischen den Namen Munchkin und wurde 1995 von einem der amerikanischen Katzenverbände anerkannt. Derzeit werden Munchkinkatzen in den Vereinigten Staaten sowie in Frankreich gezüchtet und vor allem auch dort als Haustiere gehalten.

Munchkin

Bob Schwartz

Munchkin

Bob Schwartz

Charakter

Die Munchkin ist eine lebhafte und verspielte Katze. Sie kann wie jede andere Katze auch spielen und auf Bäume klettern, wenngleich sie wegen ihrer kurzen Beine nicht so hoch springen kann wie Katzen mit normalen Beinen. Eine Munchkin kann nur über zusätzliche „Kletterhilfen" auf einen Küchen- oder Esstisch gelangen.

Munchkinkatzen sind gesellige Haustiere, die sich außerordentlich gut mit anderen Katzen und Hunden vertragen. Sie sind sehr liebebedürftig und wollen an allem teilhaben, was sich in ihrer Familie ereignet.

Pflege

Bei der kurzhaarigen Munchkin ist nur wenig Fellpflege erforderlich. Es genügt, wenn man das Fell einmal wöchentlich bürstet und anschließend mit einem feinen Kamm kämmt.

Man schneidet die Krallenspitzen regelmäßig und reinigt die Ohren, allerdings nur bei Bedarf, mit einer Lotion, die speziell für Katzen geeignet ist.

Körperliche Merkmale

KÖRPER

Die Munchkin ist eine mittelgroße Katze mit einer breiten, tiefen Brust und einem mittellangen Schwanz, der an der Spitze leicht abgerundet ist. Die Beine sind gerade, muskulös und sehr kurz, wobei die Hinterbeine länger als die Vorderbeine sind.

Katzen mit nach innen gedrehten Sprunggelenken und einem übermäßig gedrungenem oder in die Länge gezogenem Körper sind für

Ausstellungen nicht geeignet. Da nach innen oder außen stehende Pfoten, eine deutliche Vertiefung am Rücken hinter den Schulterblättern und gekrümmte Beine als Fehler gewertet werden, können sich Munchkinkatzen mit einer dieser Eigenschaften nicht für Ausstellungen qualifizieren.

KOPF

Die Munchkin hat einen mittelgroßen, leicht keilförmigen Kopf und große, aufrecht stehende Ohren. Die großen, ausdrucksvollen Augen sind walnussförmig und leicht schräg gestellt.

FELL UND FARBEN

Munchkinkatzen können ein kurzes oder halblanges Fell aufweisen. Es sind sämtliche Fell- und Augenfarben erlaubt (siehe auch Kapitel 9, Halblanghaarige Varietäten, Halblanghaarige Munchkin).

Besonderheiten

Da die kurzen Beine dieser Rasse durch ein dominantes Gen verursacht werden, gehen aus der Paarung zwischen einer Munchkin und einer normalen Katze in der ersten Generation Munchkinkätzchen hervor.
Derzeit sind nur Kreuzungen mit gewöhnlichen kurzhaarigen und langhaarigen Hauskatzen erlaubt, die keiner anderen Zuchtrasse angehören.

Russisch Blau

Die Russisch Blau ist eine bestechend schöne Rasse mit einem eleganten Aussehen, einer außergewöhnlichen Fellfarbe und -textur sowie leuchtend grünen Augen. Die Russisch Blau bevorzugt ein ruhiges Leben und ist sehr auf einen engen Kontakt zum Menschen geprägt.

Herkunft

Wie der Name bereits vermuten lässt, stammt die Russisch Blau aus Russland. Im Gegensatz zu vielen anderen Rassen steht die Abstammung der Russisch Blau jedoch nicht mit Sicherheit fest.
Es liegen Anhaltspunkte vor, dass Katzen mit einem blauen Fell vor ungefähr 200 Jahren in

Junge Russisch Blau

der Gegend von Archangelsk, einem Hafen am Weißen Meer, vorkamen. Es waren englische Handelsleute, die die Katzen Mitte des 19. Jahrhundert nach England brachten, wo sie unter dem Namen Archangelsk-Katze oder Archangelsk Blau auf vielen Ausstellungen zu finden waren.
Während heute üblicherweise jede Rasse getrennt ausgestellt wird, war es gegen Ende

Russisch Blau

des 19. Jahrhunderts verbreitet, alle blauhaarigen Rassen in einer gemeinsamen Gruppe zu zeigen. Dieser Umstand hatte beinahe den Untergang der Russisch Blau zur Folge, da die Preisrichter in der Regel anderen kurzhaarigen Rassen, insbesondere den Britischen Rassen, den Vorzug gaben.

Die Russisch Blau verlor infolgedessen an Beliebtheit und wäre vermutlich ausgestorben, wenn man nicht im Jahr 1912 getrennte Klassen für ausländische Rassen eingeführt hätten. Da die britische Öffentlichkeit seit der Russischen Revolution eine sehr geringschätzige Meinung von allem hatten, was auch nur entfernt mit Russland zu tun hatte, wurde diese Rasse seit der Zeit der Revolution bis zum Jahr 1939 unter dem Namen Foreign Blue auf Ausstellungen gezeigt.

Als weitere Gefahr für die Russisch Blau stellte sich schließlich der Zweite Weltkrieg dar. Da es bei Kriegsende nur noch sehr wenige reinrassige Individuen gab, waren die Züchter gezwungen, auf ausländische Blutlinien zurückzugreifen, um ein Überhandnehmen von Inzucht zu verhindern. Die Züchter wählten zu diesem Zweck Blue-Point-Siamesen aus, was sicherlich dazu beitrug, dass sich diese Rasse wieder etablierte. Dies bedeutete aber gleichzeitig auch, dass der Typ der Russisch Blau allmählich immer zarter wurde und schließlich dem einer Blauen Orientalischen Kurzhaar glich. Die Folge war ein zu weiches und flach anliegendes Fell.

Russisch Blau

Russisch Blau

Mitte der sechziger Jahre entschlossen sich einige Züchter, gemeinsam an der Rückzüchtung des traditionellen Russischen Typs zu arbeiten. Ihre Bemühungen waren zum Glück erfolgreich.

Heute ist die Russisch Blau wieder eine einzigartige Rasse hinsichtlich Charakter und Aussehen, und die Ähnlichkeit mit den Orientalen ist deutlich geringer. Der Grundstein dafür wurde in Großbritannien gelegt, aber auch in Schweden und den Vereinigten Staaten wurden herausragende Russisch Blaue gezüchtet. Seit dem Fall des Eisernen Vorhanges sind authentische Blutlinien aus Russland und den früheren Ostblockstaaten erhältlich.

Charakter

Der Einfluss der Siamesen, welche zur Erhaltung der Rasse der Russisch Blau herangezogen wurden, lässt vermuten, dass die „Russen“ viele Charaktereigenschaften von ihren orientalischen Verwandten geerbt haben. Dies trifft jedoch in keiner Weise zu. Der Charakter der Russisch Blau ist mit keiner anderen Rasse zu vergleichen. Wenngleich sie manchmal sehr verspielt sein und diese Eigenschaft auch bis ins hohe Alter beibehal-

ten kann, handelt es sich im Wesentlichen um eine Rasse mit einem besonders ruhigen Naturell. Die Russisch Blau schätzt ein behagliches sowie ruhiges Leben und kann stundenlang auf ein und demselben Platz liegen, am liebsten auf dem Schoß eines Familienmitglieds. Da die meisten Russisch Blauen Lärm und Hektik hassen, kann für sie das Leben in einem Haushalt mit kleinen Kindern zur Qual werden.
Die Russisch Blau verhält sich Fremden gegenüber sehr scheu. In der Regel verkriecht sie sich, wenn Gäste im Hause sind. Außerdem schätzt sie es keineswegs, wenn sie von Fremden gestreichelt oder hochgehoben wird. Es ist äußerst unwahrscheinlich, dass sie ihre Krallen einsetzt, hierzu ist sie viel zu friedlich, sie bringt aber auf andere Art zum Ausdruck, dass sie diese Vertraulichkeiten nicht mag.
Angehörige dieser Rasse vertragen sich im Allgemeinen gut mit anderen Katzen und mit Hunden. Die Tiere haben sehr angenehme, ruhige Stimmen; selbst rollige Katzen machen nur wenig Lärm.

Pflege

Das außergewöhnliche Fell der Russisch Blau erfordert verhältnismäßig wenig Pflege. Es genügt, wenn man das Fell gelegentlich mit einer weichen Bürste striegelt. Außer in Zeiten des Haarwechsels kann zu häufiges Kämmen oder der Gebrauch einer Gummibürste dazu führen, dass das weiche Unterhaar geschädigt oder sogar aus der Haut herausgerissen wird. Man reinigt die Ohren bei Bedarf mit einer speziellen Ohrlotion und schneidet die scharfen Krallenspitzen regelmäßig mit einem Spezialclipper.

Körperliche Merkmale

KÖRPER

Der Körper ist verhältnismäßig lang. Er sollte weder zu gedrungen noch zu schlank sein und einen grazilen, eleganten Eindruck vermitteln. Die langen Beine weisen einen relativ zarten Knochenbau auf, die Pfoten sind zierlich und oval. Die Russisch Blau hat einen langen Schwanz, der an einer Spitze ausläuft und am Ansatz nicht zu breit sein darf.

KOPF

Der Kopf ist breit, leicht keilförmig und darf nicht zu lang sein. Die Ohren sind hoch am Kopf angesetzt, am Ansatz breit, ziemlich groß und am Ende spitz zulaufend.
Die Innenseite der Ohren ist völlig unbehaart. Das Nasenprofil sollte möglichst gerade sein und in den flachen Schädel ohne Stopp auslaufen.
Die mandelförmigen Augen stehen weit auseinander und dürfen nicht zu klein sein. Besonders auffällig sind das kräftige Kinn und die ausgeprägten Schnurrhaarkissen. Der Hals ist lang und kräftig.

FELL

Das Fell der Russisch Blau ist doppelt, kurz, seidig und von feiner Textur. Es fühlt sich außerordentlich weich, ähnlich wie Plüsch, an. Das Fell soll auf keinen Fall zu flach oder zu eng am Körper anliegen, sondern leicht anstehen, um den plüschigen Eindruck zu verstärken. Die Felltextur dieser Katze ist mit keiner anderen Rasse zu vergleichen.
Seit kurzem wird eine langhaarige Version der Russisch Blau gezüchtet, die als eigenständige Rasse mit dem Namen Nebelung

gehandelt wird (siehe Kapitel 9, Halblanghaarige Varietetäten, Nebelung).

FARBEN

Russisch Blaue werden in drei Farben gezüchtet. Blaugrau ist die älteste, bekannteste und beliebteste Farbe, in zunehmendem Maß werden heute aber auch Katzen dieser Rasse mit schwarzem oder weißem Fell geboren. Diese werden jedoch noch nicht von allen Verbänden anerkannt.

Das blaue Fell sollte gleichmäßig und möglichst rein blaugrau gefärbt sein und einen leichten Silberschimmer aufweisen. Geisterzeichnungen und weiße Haare im Fell werden auf Ausstellungen als Fehler gewertet.

Der Nasenspiegel und die Fußballen sind ebenfalls grau-blau, die Augen sollen intensiv grün sein. Ebenfalls als Fehler werden grüne Augen mit gelber Tönung bewertet. Es kann Jahre dauern, bis die Augen ihre endgültige, leuchtend grüne Farbe entwickeln.

Die Russisch Weiß ist eine einfarbig weiße Katze mit rosa Nasenspiegel und rosa Fußballen. Die Augen sind grün, verschiedenfarbig (ein grünes und ein blaues Auge) oder blau.

Die Russisch Schwarz ist einfarbig schwarz und weist einen dunklen Nasenspiegel sowie dunkle Fußballen auf. Auch diese Farbe hat die charakteristischen grünen Augen.

Korat

Die Korat ist eine schlanke, kurzhaarige Katze mit orientalischem Körperbau und blauem Fell. Da die Züchter der Korat diese Rasse möglichst rein halten wollen, sind Kreuzungen zwischen Korat und anderen Rassen strikt verboten. Die Korat ist eine seltene Rasse, die selbst in ihrem Ursprungsland Thailand nur selten zu finden ist.

Herkunft

Die Korat wurde nach der Provinz Cao Nguyen Khorat benannt, aus der diese Rasse stammt. In Thailand (dem früheren Siam) wird diese Katze als „Si-Sawat“ (Glücksbrin-

Korat

Bob Schwartz

gerin) bezeichnet. In einem alten siamesischen Gedicht wird die Korat als Katze „mit weichen Haaren, an den Wurzeln wie Wolken und an den Spitzen wie Silber, sowie Augen, die wie Tautropfen auf einem Lotusblatt leuchten“, beschrieben.
Die erste Korat wurde Ende des 19. Jahrhunderts von Thailand in die Vereinigten Staaten gebracht. Heute findet man diese Rasse auf der ganzen Welt, wenngleich sie noch immer – selbst in ihrem Ursprungsland – sehr selten ist.

Charakter

Die Korat ist eine außerordentlich liebevolle Katze mit einem besonderen Charakter. Sie bindet sich sehr eng an die Menschen in ihrer Umgebung und braucht ungeteilte Liebe sowie Aufmerksamkeit.
Im Allgemeinen vertragen sie sich gut mit anderen Katzen, wenngleich manche Korat eifersüchtig reagieren können, wenn die Familienmitglieder ihre Aufmerksamkeit anderen Haustieren zuwenden.
Es handelt sich um eine äußerst intelligente Rasse: Man kann den Tieren schnell lernen, zu apportieren und an der Leine zu laufen.
Koratkatzen haben eine sehr melodiöse Stimme und sind sehr „gesprächig“. Sie sind lebhaft, aktiv sowie verspielt und klettern leidenschaftlich gerne.

Pflege

Das Fell einer Korat erfordert nur wenig Pflege. Im Allgemeinen genügt es, wenn man das Fell einmal wöchentlich mit einer weichen Bürste aus Schweineborsten striegelt. Während des Haarwechsels lassen sich lose, abgestorbene Haare schnell und einfach mit einer Gummibürste entfernen. Dabei ist jedoch Vorsicht geboten, da man das Fell leicht schädigen kann.
Man sollte die scharfen Krallenspitzen regelmäßig mit einem Spezialclipper entfernen und die Ohren bei Bedarf mit einer speziellen Ohrlotion für Katzen reinigen.

Körperliche Merkmale

KÖRPER

Die Korat hat einen halborientalischen Körper, das heißt, er sollte geschmeidig und schlank, aber etwas gedrungener sein als bei den Siamkatzen.
Die Vorderbeine dieser reizvollen Katze sind kürzer als die Hinterbeine, der Rücken ist leicht gewölbt. Die Katze ist kräftig und muskulös, was bedeutet, dass sie schwerer ist, als es den Anschein hat.
Der mittellange Schwanz ist am Ansatz breit, wird langsam schmäler und endet in einer abgerundeten Spitze.

KOPF

Die Korat hat einen herzförmigen Kopf mit großen, hoch stehenden Augen. Die Nase ist im Verhältnis zum Schädel gut proportioniert und weist eine leichte Wölbung auf.
Die Augen sind im Verhältnis zum Gesicht übermäßig groß. Sie sind fast rund, wenn sie voll geöffnet sind, halb geschlossen zeigen sie aber dennoch unverwechselbar die orientalische Form.

FELL

Das glänzende, kurzhaarige Fell der Korat fühlt sich wie Seide an. Da kein Unterhaar vorhanden ist, liegt das Fell dicht am Körper an.

FARBEN

Der korrekte blaue Farbton wird bei Ausstellungen hoch bewertet. Das Haar ist am Ansatz heller und wird zur Spitze hin dunkler. Die Haarspitzen weisen einen Silberschimmer auf, wodurch ein sehr ungewöhnlicher Effekt entsteht.
Auf Ausstellungen werden Koratkatzen mit leuchtend grünen Augen bevorzugt, junge Tiere können jedoch einen Bernsteinschimmer aufweisen, da es zwei bis vier Jahre dauern kann, bis sich die Augenfarbe vollständig entwickelt hat.
Seit kurzem werden auch lilafarbene Koratkatzen gezüchtet. Der Chocolate-Faktor, der für diese Fellfarbe verantwortlich ist, wurde mit den Katzen aus Thailand eingeführt.

Siamkatze

Selbst Menschen, die nicht die geringste Ahnung von Katzenzucht haben, erkennen eine Siamkatze mit ihrer charakteristischen Fellzeichnung, ihren geheimnisvollen blauen Augen und ihrem langen, schlanken Körper.

Wenngleich Siamkatzen sehr lange Zeit eine beliebte Rasse waren, sind sie dennoch nicht für jedermann die beste Wahl. Siamkatzen sind sehr extrovertiert, und nicht jeder kann mit einer Katze zusammenleben, die derart fordernd ist wie diese. Wer jedoch eine Rassekatze sucht mit lebhaftem und sehr zugewandtem Charakter, deren Fell wenig Pflege erfordert, ist mit einer Siamkatze bestens beraten.

Herkunft

Herkunftsort der Siamkatze ist der Ferne Osten. Kein Mensch weiß genau, woher die erste Siamkatze stammte, diese Tiere waren jedoch bereits im 14. Jahrhundert in Thailand, dem früheren Siam, bekannt.

Gegen Ende des 19. Jahrhunderts wurden schließlich britische Reisende in Thailand auf diese Katzen aufmerksam. Die Briten kannten nur gewöhnliche Haus- und Farmkatzen sowie Angorakatzen, die zu jener Zeit sehr in Mode waren, und hatten niemals zuvor etwas

Siamkatze, Seal-Point

Siamkatze, Seal-Point

Siamkatze, Blue-Point

Ähnliches wie diese Katzen mit ihren langen Körpern, ihrer charakteristischen Zeichnung und ihrem kurzen, weichen Fell gesehen. Sie nahmen einige Siamkatzen mit nach Hause, wo sich ihre Ehefrauen Hals über Kopf in diese Tiere verliebten. Die meisten Frauen hielten ihre Katzen in beheizten Gewächshäusern mit tropischen Pflanzen, die ihre Ehemänner von früheren Reisen mitgebracht hatten.

Auch die Franzosen hatten inzwischen diese elegante Rasse entdeckt, und man fand diese exotischen Katzen häufig in der Anfangszeit der Katzenausstellungen.

Die Siamkatze jener Zeit unterschied sich hinsichtlich ihres Körperbaus beträchtlich von den Siamesen der Neuzeit. Die ersten Siamkatzen wiesen einen bedeutend kräftigeren Körperbau und ziemlich runde anstelle der heute üblichen dreieckigen Köpfe auf. Ein ausgeprägter schielender Blick und ein geknickter Schwanz waren Rassemerkmale, die zu dieser Zeit hoch geschätzt und Zeichen der Reinrassigkeit waren. In diesem Zusammenhang ist anzumerken, dass die in den Tempeln von Siam lebenden Siamkatzen diese Abnormitäten nicht an den Tag legten.

Obwohl die ersten importierten Tiere aus Thailand Seal-Points waren, gebaren diese Katzen später Kätzchen in anderen Farben – Blue-Point, Cholate-Point und Lilac-Point. Diese vier Farben stellen die reinen, klassischen Felltöne der Siamesen dar, während alle anderen Farben durch gezielte Kreuzungen mit anderen Rassen entstanden sind. Aus diesem Grund werden in den Vereinigten

Siamkätzchen um die Jahrhundertwende – man beachte die weißen Pfoten des rechten Tieres.

Staaten keine Katzen anerkannt, die nicht eine der klassischen vier Fellfarben tragen. Tabby- und Tortie-Points, Red-, Cream- und Cinnamon-Points werden unter dem Namen Colourpoint Kurzhaar als eigenständige Rasse klassifiziert.

Diese nicht klassischen Farben wurden in Großbritannien entwickelt. In den fünfziger und sechziger Jahren begannen britische Züchter, Siamesen in anderen Farben mithilfe von Russisch Blauen, Britischen Kurzhaar und anderen Rassen zu züchten. Durch den Einfluss dieser Rassen entstanden Tabby-

Mrs Roberts Locke mit ihren Katzen Calif, Siam und Bangkok

Siamkatze um die Jahrhundertwende

Point, Red-Point, Cream-Point und Tortie-Point, und vor nicht allzu langer Zeit wurden weitere neue Farben eingeführt, zu denen Cinnamon- und Fawn-Point zählen. Darüber hinaus gibt es auch Siamkatzen mit silberfarbenem Unterhaar an den gefärbten Abzeichen: die Silver-Tabby-Point und die Smoke-Point. Die neuesten Errungenschaften sind Bi- und Tri-Colourpoint-Siamesen.

Charakter

Wer die Anschaffung einer Siamkatze in Erwägung zieht, muss sich darüber im Klaren sein, dass diese Katzen einen sehr ausgeprägten Charakter haben und auf ihre Anwesenheit im Haus aufmerksam machen. Diese Tiere werden häufig als „Hunde“ innerhalb der Katzenwelt bezeichnet – und das aus gutem Grund. Siamkatzen sind für ihr „geschwätziges“ Naturell berühmt, stundenlang können sie eine unermüdliche Unterhaltung mit ihrem Menschen oder mit sich selbst führen. Sie können hungrig sein, mehr Auf-

Siamkatze, Chocolate-Point

merksamkeit auf sich lenken wollen oder irgendetwas in ihrer Umgebung missbilligen. Was auch immer der Anlass sein mag, stets lassen sie es ihren Besitzer mit schriller, heiserer Stimme wissen. Rollige Siamesinnen sind in dieser Hinsicht berüchtigt, da man ihre lauten Schreie kilometerweit hören kann. Siamkatzen sind äußerst gesellige Tiere, die hartnäckig um Aufmerksamkeit ringen, wenn sie sich nicht genug beachtet fühlen. Da sie Geselligkeit so sehr schätzen, kann man die Katzen nicht allzu lange allein lassen. Wer den ganzen Tag außer Haus ist, sollte sich entweder zwei Katzen anschaffen oder besser eine andere Rasse in Erwägung ziehen.
Siamesen vertragen sich sehr gut mit anderen Katzen und außerordentlich gut mit Hunden. Sie lieben es, im Mittelpunkt des Interesses zu stehen. Sie lassen sich mit Wonne streicheln und verwöhnen und können stundenlang auf dem Schoß ihres Menschen verbringen. Siamkatzen sind ideale Haustiere für Menschen, die gerne Gesellschaft mögen – diese Tiere können ihre Stimmung perfekt

Siamkatze, Blue-Tabby-Point

anpassen und sind fast immer lebhaft sowie unterhaltsam.
Siamkatzen sind verspielte Tiere, die Spielsachen, wie zum Beispiel Tischtennisbälle, Papierkügelchen oder Pelzmäuse, lieben. Die meisten Siamkatzen lernen schnell, Papierkugeln oder Bälle zu apportieren oder an der Leine zu laufen. Wer sich eine Siamkatze anschafft, holt sich nicht nur eine Katze, sondern eine echte Persönlichkeit ins Haus. Siamesen geben ein Vielfaches der Liebe und Aufmerksamkeit zurück, die sie erhalten.

Pflege

Das kurze Fell mit seiner seidigen Textur und wenig beziehungsweise keinem Unterhaar verschmutzt nur wenig. Bei Siamkatzen ist nahezu keine Fellpflege erforderlich.
Während des Haarwechsels kann man lose, abgestorbene Haare schnell und einfach mit einem feuchten Ledertuch entfernen und das

Junge Siamkatze

Fell anschließend mit einem fein gezähnten Kamm striegeln.
So mancher Besitzer, der seine Siamkatze auf Ausstellungen zeigen möchte, wird seiner Katze mit Hilfe eines Bades zu besonders gutem Aussehen verhelfen. Hierzu sollte man stets nur ein spezielles, für Katzen geeignetes Shampoo verwenden und die Katze einige Tage vor der Ausstellung baden, damit das Fell ausreichend Zeit hat, um sich wieder zu legen.
Man entfernt die scharfen Krallenspitzen der Siamkatze gelegentlich mit einem Spezialclipper und reinigt die Ohren – jedoch nur bei Bedarf – mit einer speziellen Ohrlotion für Katzen.

Siamkatze, Chocolate-Tortie-Point

Körperliche Merkmale

KÖRPER

Die Siamkatze ist ebenso wie die Orientalische Kurzhaar eine Rasse mit einem eleganten, grazilen Körperbau. Der schlanke Körper ist lang, geschmeidig und muskulös; alle Formen sind zart und fein.

Siamkatzen sind sehr gesellig (Chocolate-Tortie- und Cinnamon-Point).

Die Hinterbeine sind länger als die Vorderbeine. Die Beine sind lang und schlank, die Pfoten oval. Der Schwanz ist lang sowie dünn und läuft wie eine Peitsche zu einer feinen Spitze aus. Ein Knick im Schwanz wird auf Ausstellungen als Fehler gewertet.

KOPF

Der Kopf ist keilförmig. Im Idealfall bilden das Gesicht und die großen, diagonal stehenden Ohren ein perfektes, gleichseitiges Dreieck. Das Kinn darf nicht zu ausgeprägt, aber auch keinesfalls fliehend sein. Auf Ausstellungen wird zudem Wert auf eine korrekte Zahnstellung gelegt. Siamkatzen haben mandelförmige Augen, die ein tiefes Dunkelblau und eine leichte Schrägstellung aufweisen sollen. Sie dürfen nicht zu tief sitzen. Siamkatzen haben eine lange Nase, vergleichbar mit einem römischen Profil, die auf jeden Fall gerade bis zum Scheitel ohne Stopp verläuft.

FELL

Das Fell einer Siamkatze muss seidenweich, sehr kurz und von feiner Beschaffenheit sein. Siamkatzen haben verhältnismäßig wenig Unterhaar. Zu langes Haar, übermäßig viel Unterhaar oder eine gröbere Fellbeschaffenheit werden als Fehler gewertet.

FARBEN

Siamkatzen haben nach der Geburt ein rein weißes Fell, die gefärbten Abzeichen (Points)

Siamkatzen sind sehr „gesprächig".

Siamkatze, Chocolate-Tabby-Point

Siamkatze, Cream-Point

– an Gesicht (oder Maske), Ohren, Schwanz und Beinen – werden erst im Lauf der Zeit ausgebildet.

Siamesen sind Teilalbinos, bei denen nur die weniger erwärmten Körperpartien vollständig ausfärben. Im Alter von ungefähr drei Jahren hat das Fell der Siamesen seine endgültige Farbe ausgebildet. Die schwach gefärbten Stellen dunkeln im Lauf der Jahre als Folgen einer kalten Umgebungstemperatur sowie des häufigen Fellleckens nach. Das Haar kann auch an Stellen nachdunkeln, an denen die Haut beschädigt worden ist.

Siamkatzen, die sich selten oder gar nicht im Freien aufhalten oder in einer warmen Klimaregion leben, weisen im Allgemeinen eine hellere Fellfarbe auf. Auf Ausstellungen gibt es Punktabzüge für Katzen mit zu dunklem Fell.

Es ist außerordentlich schwierig, Katzen mit hell schattiertem Fell zu züchten, insbesondere bei Seal-Point und Blue-Point, da eine dunkle Schattierung bei diesen Farben sehr verbreitet ist und nur sehr schwierig herausgezüchtet werden kann. Ein weiteres Problem stellt die Züchtung von einheitlich gefärbten Red- und Cream-Points dar, denn bei diesen Farben tritt in der Regel die unerwünschte Tabbyzeichnung zu Tage, die als Ringe am Schwanz der Tiere sowie als Streifen an Maske und Beinen erscheint. Aus diesem Grund können rote und cremefarbene Siamkatzen mit einfarbigen Abzeichen (Red- und Cream-Point) nicht von Red- und Cream-

Siamkatze, Blue-Point

Siamkatze, Cream-Point

Tabby-Points unterschieden werden. Seal-, Blue-, Chocolate- und Lilac-Point sind die ursprünglichen Felltöne der Siamesen. Inzwischen sind auch Red- und Cream-Point sehr beliebt.
Seal-, Blue-, Chocolate- und Lilac-Point kommen auch bei Tortie- und Tortie-Tabby-Katzen vor. Bei diesen Katzen handelt es sich meist um weibliche Tiere.
Zu den neueren Farben zählen Cinnamon-, Fawn-, Silber- und Smoke-Tabby sowie Bi- und Tri-Colour-Point.

Besonderheiten

Manche Züchter sind dem „alten" Typ der Siamkatzen treu geblieben. Da diese jedoch nicht dem gegenwärtigen Zuchtstandard entsprechen, werden sie unter anderen Rassenamen gezüchtet. In den Vereinigten Staaten werden sie manchmal als Apple Head bezeichnet. Weiterhin gebräuchlich ist auch der Begriff Thai, um eine Siamkatze vom alten Typ zu benennen.

Foreign White (Weiße Siamkatze)

Die meisten weißen Katzen mit blauen Augen sind taub, und taube Kätzchen werden mit hoher Wahrscheinlichkeit geboren, wenn man zwei weiße Katzen miteinander paart. Bei der Foreign White ist dies jedoch nicht der Fall, da in dem weißen Kleid eine echte Siamkatze steckt. Während Siamkatzen immer mit weißem Fell geboren werden und sich die dunklen Abzeichen erst später ausbilden, bleibt die Foreign White stets so weiß wie am Tag ihrer Geburt. Die blaue Augenfarbe stammt folglich bei der Foreign White von den (Point-)Siamesen und nicht von dem Gen, das bei anderen weißen Katzen für die blauen Augen verantwortlich ist – und zudem die damit verbundene Taubheit verursacht.
Bezüglich des Charakters gleicht die Foreign White der Siamkatze. Es sind gesellige, „gesprächige", liebevolle und intelligente Tiere, die sich stark an den Menschen binden.
Das Fell der Foreign White erfordert keine spezielle Pflege. Während des Haarwechsels

Foreign White

Foreign White

lassen sich lose, abgestorbene Haare mit einem feuchten Ledertuch entfernen; anschließend kämmt man das Fell mit einem fein gezähnten Kamm. Das Fell ist weich, seidenartig und weist sehr wenig Unterhaar auf. Für Ausstellungen kann es manchmal erforderlich sein, die Katzen einige Tage vor dem Ausstellungstermin zu baden. Hierzu verwendet man ein speziell für Katzen geeignetes Shampoo. Man darf eine Foreign White niemals am Tag vor der Ausstellung baden, da das Fell einige Tage braucht, bis es sich wieder gelegt hat.

Körperliche Merkmale

Foreign White und Siamesen haben mit Ausnahme der Fellfarbe einen gemeinsamen Zuchtstandard, da es sich bei der Foreign White um eine weiße Siamkatze handelt.
Das Fell muss rein weiß sein und darf keine gelbe oder andersfarbige Schattierung aufweisen. Da die Foreign White keine dunklen Pigmente besitzt, sind die Fußballen, die Innenseite der Ohren und der Nasenspiegel stets rosa. Auf Ausstellungen werten die Preisrichter diejenige Foreign White am höchsten, die die leuchtendsten und lebhaftesten dunkelblauen Augen aufweist.

Orientalische Kurzhaar

Die Orientalische Kurzhaar (in Großbritannien auch als Foreign Shorthair bezeichnet) gleicht der Siamkatze hinsichtlich Typ und Charakter. Der Unterschied zwischen den

Orientalische Kurzhaar, Blau

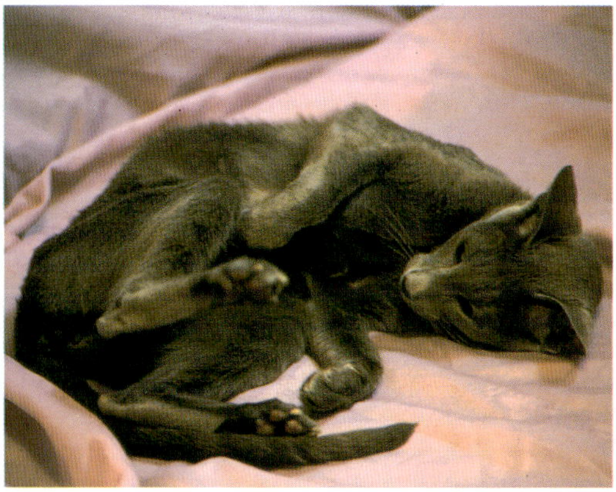

Junge Orientalische Kurzhaar, Chocolate

Rassen liegt insbesondere in der Fell- und Augenfarbe. Die Points der Siamkatze fehlen bei der Orientalischen Kurzhaar. Außerdem haben Orientalische-Kurzhaar-Katzen smaragdgrüne anstelle der blauen Augen.
In den vergangenen Jahren wurden diese Katzen in verschiedenen Farben und Farbkombinationen gezüchtet, derzeit arbeiten die Züchter an weiteren Farben, die man sicherlich in Zukunft sehen wird.

Herkunft

Die Orientalische Kurzhaar ist das Ergebnis von Kreuzungen zwischen Siamkatzen, gewöhnlichen Hauskatzen und anderen Rassen. Um 1950 beschlossen einige Züchter – die meisten von ihnen Briten – eine Siamkatze ohne die charakteristischen Abzeichen zu züchten. Um dies zu erreichen, wurden Siamesen mit gewöhnlichen Hauskatzen und mit anderen Rassen, zum Beispiel Abessiniern, gekreuzt.
Die erste Varietät der Orientalischen Kurzhaar war die Havana, deren Fellfarbe einer Havannazigarre glich. Inzwischen sind zahlreiche Farben hinzugekommen. Obwohl die

Zucht nicht allzu lange Zeit bestand, finden sich heute Züchter und Liebhaber dieser Katzen auf der ganzen Welt.

Charakter

Im Charakter ist die Orientalische Kurzhaar im Wesentlichen mit der Siamkatze vergleichbar. Es heißt zwar manchmal, dass die Orientalische Kurzhaar nicht so lautstark wie die Siamkatze ist, dies muss jedoch nicht immer zutreffen. Die Orientalischen Kurzhaar vertragen sich ebenso wie Siamesen außerordentlich gut mit anderen Katzen und können innige Freundschaft mit Hunden schließen. Auch im Umgang mit Kindern sind sie unproblematisch.
Da Orientalische-Kurzhaar-Katzen sehr gesellige Tiere sind, sollte man zwei Katzen anschaffen, wenn man häufig außer Haus ist, damit sich die Tiere gegenseitig Gesellschaft leisten können. Eine Orientalische Kurzhaar den ganzen Tag über allein zu Hause zu lassen oder in einem Zwinger zu halten, ist das Schlimmste, was man dieser Rasse überhaupt antun kann. Im schlimmsten Fall wird sie vor Gram vergehen, wahrscheinlicher ist jedoch, dass ein derart vereinsamtes Tier seinen Unmut kundtut und Möbel zerkratzt oder markiert.
Orientalische-Kurzhaar-Katzen sind liebebedürftig und schätzen es, gestreichelt und verwöhnt zu werden. Sie können sehr aufdringlich werden, wenn sie nicht genügend Aufmerksamkeit bekommen. Sie sind verspielt und behalten diese Eigenschaft bis ins fortgeschrittene Alter bei. Geeignete Spielsachen sind Tischtennisbälle, Papierkugeln und Pelzmäuse.
Da sie sehr intelligente Katzen mit einem geselligen Charakter sind, kann man ihnen sehr schnell verschiedene Tricks beibringen. Die meisten Tiere apportieren mit Freude Papierkugeln und gehen bereitwillig an der Leine. Dabei macht es ihnen nichts aus, wenn es manchmal beim Spielen etwas rauer zugeht. Die Orientalische Kurzhaar verzeiht gelegentliche Stöße und genießt ein „hartes Spiel“.

Junge Orientalische Kurzhaar, Blau gestromt

Junge Orientalische Kurzhaar

Orientalische Kurzhaar, Bi-Colour, Rot-Silber getigert mit Weiß

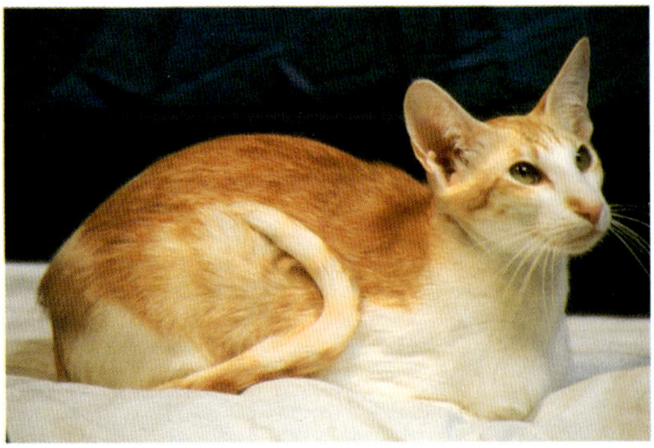

Orientalische-Kurzhaar-Katzen stehen gern im Mittelpunkt des Interesses; in der Regel werden sie fremde Besucher einer gründlichen Prüfung unterziehen und sie anschließend zum Streicheln auffordern.
Da Orientalische Kurzhaar sehr neugierig sind, entgeht ihnen fast nichts. Die Kombination von Neugier und Intelligenz kann manchmal zu Problemen führen, da die Katzen mühelos herausfinden, wie sich eine bestimmte Tür öffnen lässt. Unternehmungslustige Individuen werden auch sehr schnell die Geheimnisse von Wasserhähnen und Küchenschränken ergründen.
Orientalische Kurzhaar sind ideale Haustiere für Menschen, die extrovertierte, liebevolle und verspielte Katzen bevorzugen und vom eleganten, geschmeidigen Aussehen dieser Rasse begeistert sind. Man erhält von den Tieren ein Vielfaches der Liebe und Aufmerksamkeit zurück, das man ihnen entgegenbringt.

Fünf Tage alte Orientalische Kurzhaarkätzchen

Pflege

Die Orientalische Kurzhaar hat ein glänzendes, weiches, feines Fell, das wenig Pflege erfordert. Da das Fell nur wenig verschmutzt, genügt es in der Regel, wenn man es einmal wöchentlich mit einer weichen Bürste striegelt. Während des Haarwechsels kann man lose, abgestorbene Haare vorsichtig mit einem feuchten Ledertuch aus dem Fell entfernen. Wer seine Katze vor Ausstellungen baden möchte, sollte hierfür stets ein spezielles, für Katzen geeignetes Shampoo verwenden und die Katze bereits einige Tage vor der Ausstellung baden, damit das Fell ausreichend Zeit hat, um sich zu erholen.
Man entfernt die scharfen Krallenspitzen gelegentlich mit einem Spezialclipper und reinigt die Ohren mit einer speziellen Ohrlotion, die beim Tierarzt, im Heimtierbedarf oder auf Katzenausstellungen erhältlich ist.

Körperliche Merkmale

KÖRPER
Die Orientalische Kurzhaar ist eine mittelgroße Katze von graziler Gestalt und zartem

Orientalische Kurzhaar, Zimtfarben getupft

Orientalische Kurzhaar, Schwarz gestichelt

Knochenbau. Die Katze muss einen schlanken, geschmeidigen und eleganten Eindruck vermitteln.
Die Beine sind lang, schlank und feingliedrig, wobei die Hinterbeine länger als die Vorderbeine sind. Die Pfoten sind oval. Der Schwanz ist lang, dünn und spitz zulaufend.

KOPF

Der Kopf ist keilförmig. Das Gesicht sollte mit den großen, diagonal stehenden Ohren

Orientalische Kurzhaar, Chocolate-Silber gestichelt

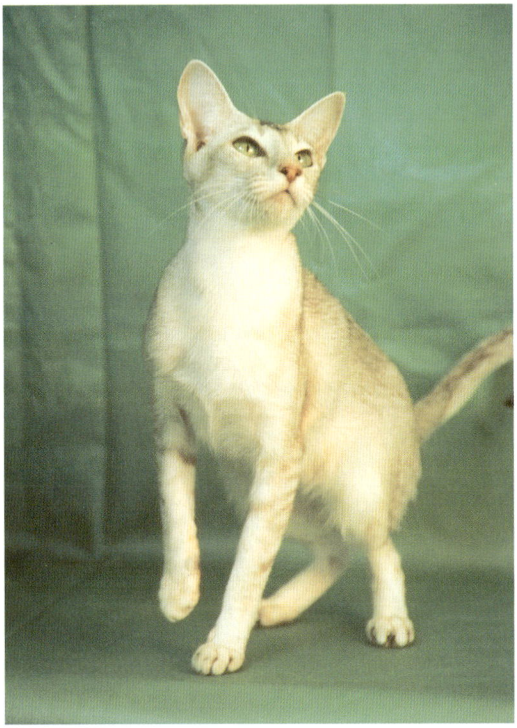

Junge Orientalische Kurzhaarkatzen, Lila gestichelt

ein gleichseitiges Dreieck bilden. Eine ausgeprägte Backenmuskulatur ist unerwünscht, da sie die gerade Linie des Kopfes stört. Das Kinn soll nicht zu ausgeprägt, aber auch nicht fliehend sein, da sonst der Eindruck entsteht, als ob die Tiere kein Kinn aufweisen.
Die Augen der Orientalischen Kurzhaar sind mandelförmig und leicht schräg gestellt mit

Junge Orientalische Kurzhaarkatze, Zimtfarben gestichelt

Orientalische Kurzhaar, Blau

Orientalische Kurzhaar, Schwarz

einem lebhaften, wachen Ausdruck. Die Nase ist lang und weist keine Wölbung auf.

FELL

Das Fell der Orientalischen Kurzhaar muss sich seidenweich anfühlen. Es ist sehr kurz und fein.

Orientalische-Kurzhaar-Katzen haben verhältnismäßig wenig Unterhaar. Zu langes Haar, übermäßig viel Unterhaar oder eine gröbere Fellbeschaffenheit werden als Fehler gewertet.

FARBEN

Orientalische Kurzhaar sollen grüne Augen aufweisen – vorzugsweise dunkelgrüne, ohne jegliche Beimengungen anderer Farben, wie Gelb oder Braun.

Die Rasse kann in unzähligen Farben und Mustern mit Ausnahme der Siamfärbung gezüchtet werden. Zu den beliebtesten Farben zählen Schwarz (auch Ebony genannt) und Blau, aber auch Tabby-Katzen sind sehr gefragt.

Einfarbig

Zu den bekanntesten einfarbigen Varietäten zählen Havana (Braun), Ebony (Schwarz), Rot, Creme, Cinnamon, Fawn, Lavendel (auch Lilac) und Blau.

Im Idealfall ist jedes einzelne Haar vom Ansatz bis zur Spitze gleichmäßig durchgefärbt. An keiner Stelle des Körper darf ein Tabbymuster zu sehen sein, wenngleich das Fell

Orientalische Kurzhaar, Schwarz getupft

Orientalische Kurzhaar, Lila gestichelt

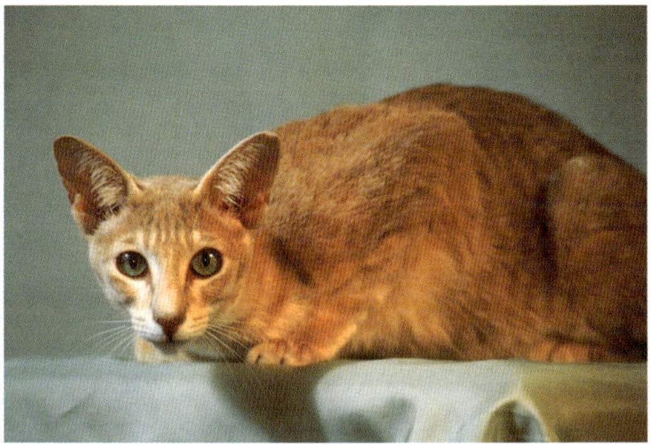

von jungen und halbwüchsigen Tieren in der Regel Geisterzeichnungen aufweist. Bei roten und cremefarbenen Katzen ist es praktisch unmöglich, eine völlig einheitliche Färbung des Fells zu erreichen, da die Geisterzeichnung bei diesen Farben stets sichtbar bleibt.

Eine einfarbige Katze mit silberfarbenem Unterhaar wird als Smoke bezeichnet. Weiterhin existiert eine weiße Varietät der Orientalischen Kurzhaar, die nicht mit der Foreign White verwechselt werden darf. Im Gegensatz zur Foreign White weist die weiße Orientalische Kurzhaar grüne oder verschiedenfarbige Augen auf.

Tabbymuster

Es gibt vier Tabbyzeichnungen: gestichelt (ticked), getigert (mackerel), getupft (spotted) und gestromt (blotched). Bei der Orientalischen Kurzhaar kommen all diese Muster vor. Außer der gestichelten Tabby, die am ganzen Körper verteilte Muster aufweist, sollten die restlichen Tabby-Varietäten klare Tabbyzeichnungen aufweisen. Das Tabbymuster sollte möglichst deutlich sein und wie aufgemalt aussehen. Besonders erwünscht sind deutlich abgesetzte, gleichmäßige Ringe am Schwanz sowie halsbandartige Streifen

Orientalische Kurzhaar, Zimtfarben gestichelt

Orientalische Kurzhaar, Chocolate-Silber gestromt

am Hals, die geschlossen sein sollen. Über den Augen soll ein deutliches, dunkles „M" stehen (auch Skarabäus-Zeichen genannt).
Tabby-Katzen gibt es in verschiedenen Farben, zum Beispiel Schwarz, Blau, Rot, Cinnamon und Chocolate, mit oder ohne silberfarbenem Unterhaar.

Schildpatt
Schildpatt-Varietäten sind in der Regel weiblich. Ihr Fell weist kleine, unregelmäßig geformte, verschiedenfarbige Flecken auf, die ineinander übergehen. Die Grundfarbe einer Schildpatt ist Schwarz, Blau, Chocolate oder Lila mit roten Flecken. Schildpattkatzen können auch silberfarbenes Unterhaar haben; sie werden als Smoke bezeichnet. Weiterhin gibt es Katzen, die sowohl ein Schildpattmuster als auch eine Tabbyzeichnung im Fell aufweisen. Sie werden als Tortie-Tabby oder Torby bezeichnet; auch hier findet man Katzen mit und ohne silberfarbenem Unterhaar.

Parti-Colour
Seit einigen Jahren werden auch Orientalische Kurzhaar mit weißen Flecken gezüchtet. Die Orientalische Parti-Colour kommt in Kombination mit jeder möglichen Farbe und Zeichnung vor. Der Anteil der weißen Farbe kann variieren, angefangen von Bi- oder Tri-Colour-Verteilung, bei der die weißen Bereiche nicht mehr als ein Drittel der gesamten Körperfläche und nicht wesentlich weniger bedecken dürfen, bis hin zu wenigen gefärbten Flecken auf einem ansonsten weißen Fell.

Havana Brown

Die Havana Brown ist ursprünglich eine britische Rasse, die aus Kreuzungen zwischen Siamesen, Russisch Blau und Hauskatzen hervorgegangen ist. Die Rasse wurde in den sechziger Jahren in die Vereinigten Staaten exportiert, wo sie sich rasch zu einer beliebten Rasse entwickelte.
Im Lauf der Jahren haben sich die Britische und Amerikanische Havana hinsichtlich ihres Typs so weit auseinander entwickelt, dass sie heute eigenständige Rassen darstellen. Die Britische Havana hat Siamesenmerkmale und ist eine schokoladenfarbene Orientalische

Havana Brown

Bob Schwartz

Snowshoe, Blue-Point

Bob Schwartz

Kurzhaar. Die Amerikanische Havana Brown dagegen gleicht vom Körperbau her eher einer Russisch Blauen. Sie hat keinen extrem langen Kopf und kein gerades Profil. Braun war zwar die ursprüngliche Farbe, da aber einige Katzen den Verdünnungsfaktor trugen, gibt es heute auch lilafarbene Varietäten. Im Charakter ist die Havana Brown Siamkatzen und Orientalischen Kurzhaar sehr ähnlich.

Snowshoe

Die Snowshoe ist eine amerikanische Rasse, die einer klassischen Siamkatze sehr ähnlich ist, jedoch weiße Flecken aufweist. Diese Rasse wurde aus Siamesen und Bi-Colour-Amerikanisch-Kurzhaar gezüchtet.
Die Snowshoe vereint die typischen Charaktereigenschaften beider Rassen in sich. Aus diesem Grund ist die Rasse hervorragend für Menschen geeignet, die zwar eine kurzhaarige Katze mit Siamfärbung wünschen, den lautstarken, fordernden Charakter sowie die extrem schlanke Körperform der Siamesen aber nicht besonders schätzen.

Herkunft

Die Snowshoe wurde im Norden der Vereinigten Staaten durch Kreuzung von Siamesen und Bi-Colour-Amerikanisch-Kurzhaar gezüchtet. Heute sind noch immer Kreuzungen zwischen Siamkatzen mit den klassichen Siamfärbungen Seal, Chocolate, Blau und Lila sowie Bi-Colour-Amerikanisch-Kurzhaar erlaubt.

Charakter

Die Snowshoe ist ein sehr liebevolles Haustier, das sich eng an die Menschen in ihrer Umgebung bindet. Hinsichtlich des Charakters trägt die Snowshoe die typischen Eigenschaften beider Rassen, aus denen sie gezüchtet wurde, in sich. Das bedeutet, dass sie nicht so lautstark und fordernd wie die Siamkatze, gleichzeitig aber lebhafter und „gesprächiger“ als die meisten Amerikanischen Kurzhaar ist. Die Snowshoe braucht einen stabilen Kratz- und Kletterbaum und viele Spielsachen, da sie sehr verspielt ist und diese Eigenschaft bis ins hohe Alter beibehält.
Sie verträgt sich gut mit anderen Katzen und ist im Umgang mit Hunden völlig problemlos. Diese zutraulichen und neugierigen Katzen geben auch ausgezeichnete Spielkameraden für Kinder ab.

Pflege

Das Fell einer Snowshoe erfordert sehr wenig Pflege. Da sich diese Katze nur wenig haart, genügt es in der Regel, wenn man das Fell einmal wöchentlich mit einer weichen Bürste aus Schweineborsten striegelt und anschließend mit einem fein gezähnten Kamm vorsichtig kämmt.
Man entfernt die scharfen Krallenspitzen regelmäßig mit einem Spezialclipper und reinigt die Ohren bei Bedarf mit einer speziell für Katzen geeigneten Ohrlotion.

Körperliche Merkmale

KÖRPER
Die Snowshoe ist eine mittelgroße Katze, deren Körper weder zu orientalisch noch zu gedrungen gebaut sein sollte. Die Länge des Körpers ist etwas größer als die Körperhöhe, was dem Tier ein rechteckiges Aussehen verleiht. Die Snowshoe ist relativ muskulös, die Muskeln dürfen jedoch nicht zu stark ausgeprägt sein. Die Beine sollen mit den Körperproportionen harmonisieren, die Pfoten sollen oval sein. Der Schwanz ist mittellang, am Ansatz breit und zur Spitze hin schmaler.

KOPF
Die Snowshoe hat einen kurzen, keilförmigen Kopf mit runden Linien sowie ein ausgeprägtes Kinn. Die nach vorne geneigten Ohren

Snowshoe, Seal-Point

sind am Ansatz breit, die Spitzen sind abgerundet. Die ovalen Augen sind schräg gestellt und liegen zwischen Nase und Ohren.

FELL
Das Fell fühlt sich weich an und weist praktisch kein Unterhaar auf.

FARBEN
Die Snowshoe wird in den klassischen Siamfarben gezüchtet – Seal-, Blue-, Chocolate- und Lilac-Point.
Es gibt zwei verschiedene Farbmuster. Bei beiden Mustern soll sich die Farbe der Abzeichen deutlich von der Körperfarbe abheben, wenngleich auf Ausstellungen die gesamte Statur und das Aussehen der Katze für die Preisrichtern wichtiger sind als eine perfekte Fellzeichnung. Die Augen sind immer blau.

Mitted
Bei Mitted-Katzen darf höchstens ein Drittel des Körpers weiß gefärbt sein. Sie haben ein dunkles, weißes oder weißgeflecktes Kinn und eine ebensolche Nase, einen weißen Ring um den Hals, einen weißen Fleck auf der Brust oder weiße Flecken an den Unterseiten. Weiße Flecken im Gesicht sind erlaubt, sofern sie kein umgekehrtes „V" bilden. Die Pfoten dürfen nicht allzu viele weiße Flecken aufweisen.
Mitted-Katzen werden als Seal-, Blue-, Chocolate- und Lilac-Point gezüchtet.

Bi-Colour
Bei Bi-Colour-Katzen dürfen höchstens zwei Drittel des Körpers weiß gefärbt sein. Diese Tiere haben einen oder mehrere weiße Flecken im Gesicht, die im Idealfall ein umgekehrtes „V" bilden.
Bi-Colour-Katzen werden als Seal-, Blue-, Chocolate- und Lilac-Point gezüchtet.

Besonderheiten

Wie bei allen anderen Rassen mit dunkler gefärbten Extremitäten ist auch die Snowshoe nach der Geburt völlig weiß; die Abzeichen dunkeln erst allmählich nach.

Burma

Die Burma unterscheidet sich von anderen Rassen durch die besondere Farbverteilung. Da die Grundfarbe einer Burma eine größere Intensität aufweist, sind diese Katzen an Kopf, Beinen und Schwanz etwas dunkler gefärbt. Die Ursache hierfür liegt darin, dass diese Rasse ein Gen für „Burmafärbung", der dunkelsten Version innerhalb der Albino-

Braune Burma mit Braun-Schildpatt-Kätzchen

Burma, Chocolate

serie, besitzt. Es handelt sich um eine äußerst beliebte Rasse, die auf der ganzen Welt gezüchtet wird.

Herkunft

Der wahre Ursprung der Burmakatzen ist in Rätsel gehüllt. In einem thailändischen Schriftstück, das weit vor dem Jahr 1700 datiert, wird jedoch eine Katzenrasse mit einem bemerkenswert glänzenden, braunen Fell erwähnt. Die Rasse wurde als Supalak oder Thon Daeng bezeichnet, und aller Wahrscheinlichkeit nach waren diese Katzen die Vorfahren der Burmakatze.

1930 brachte Dr. Joseph C. Thompson eine braune, weibliche Katze von Rangoon in Burma nach San Francisco mit und gab dem eleganten Wesen den Namen „Wong Mau". Da es nie zuvor eine Katze mit dieser Farbe in den Vereinigten Staaten gegeben hatte, glaubte man ursprünglich, dass es sich um eine dunkle Siamkatze handle. Im Lauf der Zeit stellte sich jedoch heraus, dass Wong Mau eine Tonkanesin war.

Sie wurde mit einem siamesischen Kater gepaart. Der daraus hervorgegangene Wurf wies einen braunen Kater auf, den man wiederum mit seiner Mutter kreuzte. Die Jungen dieses Wurfs stellten sich als eine bunte Mischung von Kätzchen mit siamesischem, tonkanesischem und burmesischem Aussehen heraus. In der Folge stellten die Züchter ein Zuchtprogramm auf, um den Typ und die Farbe der Mutterkatze zu etablieren. Man importierte zwar weitere Katzen mit burmesischem Aussehen, verwendete aber weiterhin gelegentlich Siamesen innerhalb des Zuchtprogramms, um ein Überhandnehmen von Inzucht zu vermeiden. In den fünfziger und sechziger Jahren wurden viele Burmesen aus den Vereinigten Staaten nach Großbritannien exportiert, von wo aus sich die Rasse schnell auf der ganzen Welt verbreitete.

Während die Burmesen anfangs braun (in den USA als „sable" bezeichnet) waren, entstanden schon bald schokoladenfarbene, blaue und lilafarbene Kätzchen. Es zeigte sich, dass die Katzen den Chocolate- und

Burma, Braun

Burma, Braun

Verdünnungsfaktor aus ihrem Ursprungsland mitgebracht hatten.
Neuere Errungenschaften sind Red-, Cream- und Tortie-Varietäten. Sie entstanden in Großbritannien durch Kreuzung von Red-Point-Siamesen und roten Hauskatzen. Die neuesten Farben sind Cinnamon und Fawn.

Charakter

Die meisten Liebhaber von Burmakatzen werden auf die Frage, was sie am meisten an dieser Rasse begeistert, deren Persönlichkeit angeben. Die Burma besitzt ein außergewöhnlich freundliches und liebenswertes Naturell. Sie liebt Gesellschaft und ist sehr neugierig.
Diese beiden Eigenschaften sowie der Umstand, dass die meisten Burmakatzen einen sehr ausgeglichenen Charakter haben, machen sie zu wunderbaren Gefährten, die die Anwesenheit des Menschen schätzen.
Die meisten Burmakatzen folgen ihrem Menschen den ganzen Tag auf Schritt und Tritt. Sie können stundenlang auf dem Schoß sitzen oder auf der Zeitung liegen, die man gerne lesen möchte. Der Kontakt mit dem Menschen ist für diese Katzen besonders wichtig. Eine Burmakatze in einem separaten Raum zu halten, ist das Schlimmste, was man dieser Rasse antun kann. Wer häufig außer Haus ist, sollte von der Anschaffung einer Burmakatze daher besser Abstand nehmen.
Fast alle Burmakatzen sind gesellig. Kätzinnen ziehen ihre Jungen gern gemeinsam groß, und die Kater kämpfen nur selten miteinander.
Im Allgemeinen vertragen sich Burmesen gut mit Hunden. Da sie ruhig, ausgeglichen und nicht so leicht aus der Fassung zu bringen sind, sind sie auch ausgezeichnete Spielkameraden für Kinder.
Burmakatzen haben leisere Stimmen als Siamesen und sind vielleicht nicht ganz so lautstark. Die Vorstellung, dass eine Burmakatze am liebsten den ganzen Tag schnurrend und zusammengerollt auf dem Sofa gemeinsam mit ihrem Menschen verbringt, ist jedoch nur

Burma, Blau

Burma, Blau

zum Teil richtig. Obwohl die Tiere eine innere Ruhe und Ausgeglichenheit ausstrahlen – was sie zu etwas Besonderem macht –, sind sie gleichzeitig sehr lebhaft sowie verspielt und behalten diese Eigenschaft auch im Alter bei.
Burmesen sind verspielt, und auch kastrierte Tiere bewahren ihren „Spaß an der Freunde“. Sie sind zudem für ihre Intelligenz bekannt und können ziemlich eigenwillig sowie hartnäckig sein, wenn sie sich etwas in den Kopf gesetzt haben.

Pflege

Da die Burmesen nur wenig oder kein Unterhaar aufweisen, ist nur ein geringer Pflegeaufwand erforderlich. Wenn man die Katze regelmäßig streichelt und gelegentlich mit einer weichen Bürste striegelt, behält das Fell seinen natürlichen Glanz.
Man entfernt die scharfen Krallenspitzen regelmäßig mit einem Spezialclipper und reinigt die Ohren bei Bedarf mit einer speziell für Katzen geeigneten Ohrlotion.

Körperliche Merkmale

KÖRPER

Die Burma ist eine mittelgroße Katze. Weiblich Tiere weisen ein durchschnittliches Körpergewicht von ca. 3,5 Kilogramm auf. Kater sind in der Regel etwas größer und schwerer.
Der Körper ist muskulös und kräftig mit geradem Rücken und einer tiefen Brust. Die Beine sind im Verhältnis zum Körper schlank, die Pfoten oval. Der Schwanz ist mittellang und verjüngt sich leicht zu einer abgerundeten Spitze. Körper und Kopf der Burmesen sollen weder einen zu orientalischen noch zu gedrungenen Typ aufweisen.

KOPF

Die Burma hat einen im Wesentlichen keilförmigen Kopf mit runden Konturen, einen breiten, kräftigen Unterkiefer und ein ausgeprägtes Kinn. Die Nase zeigt am Ansatz eine deutliche Einbuchtung. Die Ohren sind leicht nach vorn geneigt, mittelgroß, weit auseinander gesetzt, am Ansatz breit und haben eine gerundete Spitze. Die Augen sind groß und stehen ebenfalls weit auseinander. Die untere Augenlinie ist gerundet, die obere Augenlinie verläuft hingegen gerade.

Junge Burma, Rot

Junge Burma, Cinnamon

FELL

Die Burmakatze hat ein sehr kurzes, eng anliegendes Fell und praktisch kein Unterhaar. Das Haar hat eine feine, seidenartige Beschaffenheit. Das Fell der Burma weist einen wunderschönen, dunklen Schimmer auf.

FARBEN
Das Fell der Burmesen weist eine bemerkenswerte Farbe sowie Schattierungen auf, die man bei keiner anderen Rasse findet. Der Unterkörper ist stets etwas heller als der Rücken und die Beine, und die Schattierungen sind fein aufeinander abgestuft. Gesicht und Ohren dürfen sich farblich vom Körper absetzen, Zeichnungen, weiße Haare und Ringe sind nicht erlaubt. Bei Jungtieren und Halbwüchsigen bis zum Alter von sechs Monaten ist eine schwache Geisterzeichnung erlaubt.
Die Körperfarbe ist bei der Geburt der Jungen ziemlich hell und dunkelt mit zunehmendem Alter nach. Es dauert ein bis zwei Jahre, bis das Fell seine endgültige Farbe und seinen Glanz ausgebildet hat.
Bei den Burmesen gibt es zahlreiche Fellfarben: Braun, Blau, Chocolate, Lila, Rot, Creme und Cinnamon. Vor kurzem wurde auch der Silberfaktor eingeführt. Burmesen werden weiterhin als Braun-, Blau-, Chocolate- und Lilac-Tortie gezüchtet.
Unabhängig von der Fellfarbe werden auf Ausstellungen Katzen mit goldgelben Augen ohne Beimischungen von Blau oder Grau von den Preisrichtern gut bewertet. In der Praxis ist es jedoch sehr schwierig, dieses Ideal zu verwirklichen. Die Augenfarbe kann mit zunehmendem Alter verblassen. Bei Ausstellungen werden Form und Ausdruck der Augen höher gewertet als ihre Farbe.

Besonderheiten

Wer auf Katzenausstellungen in den Vereinigten Staaten, Großbritannien und auf dem europäischen Festland geht, wird dort verschiedene Typen von Burmakatzen finden, da der amerikanische Zuchtstandard einen runderen, gedrungeneren Typ fordert als der britische. Letzterer bevorzugt einen schlankeren, mehr orientalisch ausgeprägten Typ.
Der augenfälligste Unterschied zwischen den beiden Typen liegt in der Kopfform. Die Amerikanische Burma hat einen extrem kurzen Kopf und große, hervortretende Augen,

Burma, Cinnamon

Burma, Lila

Burma, Creme-Silber

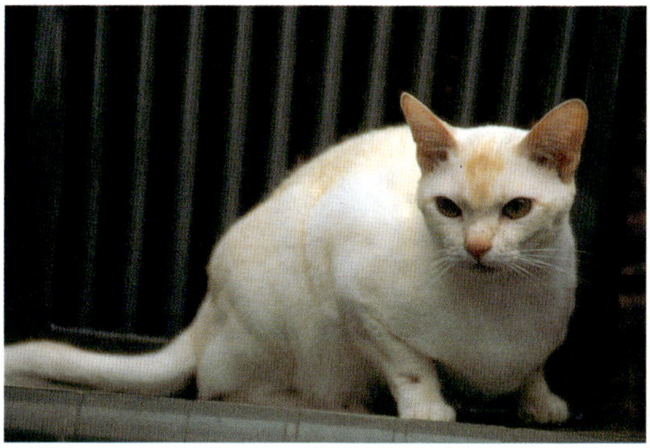

Junge Burma, Chocolate-Schildpatt

während die Kopfform der Britischen Burma gemäßigter ist. Auf dem Kontinent findet man einen Typ, der überwiegend der Britischen Form entspricht.
In den vergangenen Jahren wurde mit Hilfe der Burma eine neue Rasse, die Burmilla, gezüchtet. Es handelt sich um eine silberfarbene Katze vom Burmatyp. Die silberne Färbung stammt von Chinchilla-Persern. Verschiedene Farben und Muster entstehen durch Kreuzungen von Burmillakatzen. Katzen ohne silber gesticheltes Fell werden als Asiaten bezeichnet.

Bombay

Die Bombay ist eine schwarze Katze mit glänzendem Fell, einem der Burmakatze sehr ähnlichen Körperbau, jedoch mit einem etwas runderen Kopf. Da die Bombayzucht, insbesondere in Europa, nicht weit verbreitet ist, findet man diese Rasse verhältnismäßig selten. Nur wenige Züchter auf der ganzen Welt haben sich auf die Zucht dieser herrlichen Rasse spezialisiert.

Herkunft

Gegen 1960 versuchte eine amerikanische Züchterin, eine schwarze Bombay mit Hilfe von Amerikanischen Kurzhaar zu züchten. Durch ständiges Rückkreuzen in Richtung Burmatyp gelang es ihr, eine überragende, tiefschwarze Variante dieser Rasse zu züchten. Heute werden Bombaykatzen untereinander und mit Burmakatzen gepaart.

Charakter

Hinsichtlich ihres Charakters gleichen sich Bombay und Burma im Wesentlichen. Bombaykatzen sind ideale Haustiere, die sich gut mit anderen Katzen und mit Hunden vertragen. Auch im Umgang mit Kindern sind sie völlig problemlos.
Die Bombay ist in der Regel eine ruhige Katze mit einem ausgeglichenen, freundlichen Naturell. Sie ist sehr gesellig, braucht viel Zuwendung und leidet darunter, wenn man

Bombay

sie längere Zeit alleine lässt. Nur selten sind Katzen dieser Rasse besonders lautstark. Sie haben angenehme, leise Stimmen, die sie nur selten hören lassen.

Pflege

Das Fell der Bombay ist unproblematisch und erfordert nur wenig Pflege. Es sollte pechschwarz und hochglänzend sein. Um den Glanz zu erhalten, genügt es, wenn man die Katze regelmäßig streichelt und das Fell gelegentlich mit einem feuchten Ledertuch abreibt.

Körperliche Merkmale

KÖRPER
Der Körperbau der Bombay gleicht dem der Burma in hohem Maße, der Einfluss der Amerikanischen Kurzhaar hat jedoch dazu geführt, dass die Bombay einen wesentlich kräftigeren Körper und einen runderen Kopf hat. Der Körper ist mittelgroß und muskulös. Er sollte weder zu gedrungen noch zu grazil sein. Die Beine und der Schwanz sind mäßig lang. Der Schwanz darf keine Knicke oder andere Abweichungen aufweisen.

KOPF
Der Kopf ist rund und breit. Die Schnauze ist ziemlich kurz, die Nase zeigt am Übergang zur Stirn eine deutliche Wölbung. Die Augen sind weit auseinander stehend und rund. Die Ohren sind verhältnismäßig klein, leicht nach vorne geneigt, am Ansatz breit und haben gerundete Spitzen.

FELL
Das sehr kurze, eng anliegende Fell hat einen intensiven, lacklederartigen Glanz. Die Bombay hat praktisch kein Unterhaar. Das Fell sollte eine möglichst pechschwarze Farbe zeigen, es darf keine weißen Haare oder andere Muster aufweisen.
Das Fell der Jungtiere kann eine rostbraune Schattierung haben, die mit zunehmendem Alter verschwindet.

FARBEN
Die Katzen sind in der Regel schwarz, wenngleich sich im Wurf einer Bombay auch Kätzchen mit verschiedenen Farbschlägen finden können. Die Tiere können schwarz sein oder die typische Burmafärbung und Farbschattierung aufweisen. Jungtiere vom Burmatyp werden normalerweise nicht für Zuchtzwecke verwendet.
Weiterhin können einfarbige Kätzchen in den Farben Chocolate, Blau oder Lilac geboren werden. Sie werden jedoch nicht anerkannt. Begehrteste Augenfarbe ist Kupfer, aber auch goldgelbe Augen werden akzeptiert.

Tonkanese

Es ist bedauerlich, dass die Tonkanese eine verhältnismäßig seltene Rasse ist, da diese Katze einen wunderbaren Charakter und ein bestechendes Aussehen vereinigt – eine Kombination, die viele Menschen anspricht.

Herkunft

Seltsamerweise war Wong Mau, die Mutter der modernen Burmalinie, die erste bekannte Tonkanesin. Wong Mau wurde 1930 in Rangoon (Burma) von dem Amerikaner Dr.

Tonkanese mit aquamarinblauen Augen

Tonkanese mit aquamarinblauen Augen

Joseph C. Thompson entdeckt. Dieser war von ihrem Aussehen so begeistert, dass er sie mit nach San Francisco nahm. Da man in den Vereinigten Staaten niemals zuvor eine derartige Katze gesehen hatte, hielt man Wong Mau anfangs für eine dunkle Siamkatze. Im Lauf der Zeit stellte sich jedoch heraus, dass Wong Mau tatsächlich eine Tonkanesin war. Sie wurde mit einem siamesischen Kater gepaart. Der daraus hervorgegangen Wurf wies einen braunen Kater auf, den man wiederum mit seiner Mutter zurückkreuzte. Die Jungen dieses Wurfs stellten sich als eine bunte Mischung von Kätzchen mit siamesischem, tonkanesischem und burmesischem Aussehen heraus. Sämtliche Tiere mit Tonkanesenmerkmalen kamen für das Zuchtprogramm nicht in Frage, da die Amerikaner vorrangig an der Züchtung von Kätzchen interessiert waren, die den Burmatyp aufwiesen. In den achtziger Jahren begannen jedoch britische Züchter erneut, Siamkatzen mit Burmakatzen zu kreuzen, um das attraktive Aussehen der Tonkanesen wieder zu erhalten. Die Rasse ist heute in Großbritannien anerkannt.

Charakter

Tonkanesen sind ideale Haustiere für Menschen, die Gesellschaft mögen. Die Katzen sind sehr auf den Menschen fixiert und stehen gerne im Mittelpunkt des Interesses. Da die Tiere neugierig und intelligent sind, kann man ihnen problemlos die verschiedensten Dinge beibringen, zum Beispiel zu apportieren oder an der Leine zu laufen. Diese Qualitäten haben jedoch gleichzeitig zur Folge, dass eine Tonkanese mühelos Türen und Küchenschränke öffnen kann, wenn sie glaubt, dass sich dahinter etwas Interessantes verbirgt.

Tonkanesen haben eine positive Einstellung und sind fast immer ausgeglichen. Sie vertragen sich gut mit Kindern, anderen Katzen und auch mit Hunden.

Wer viel außer Haus ist, sollte besser von der Anschaffung einer Tonkanese Abstand nehmen. Da die Tiere viel Zuwendung und Aufmerksamkeit verlangen, sollte man sie keinesfalls in einem separaten Zimmer oder in einem Zwinger im Freien halten. Man muss sie wie ein Familienmitglied behandeln. Sie sind zwar nicht so lautstark wie Siamkatzen, aber dennoch sehr „gesprächig“.

Pflege

Das kurze Fell der Tonkanesen erfordert nur sehr wenig Pflege. In der Regel genügt es, wenn man das Fell einmal wöchentlich mit einer Bürste aus Schweineborsten striegelt und anschließend mit einem feuchten Ledertuch abreibt.

Man entfernt die scharfen Krallenspitzen regelmäßig mit einem Spezialclipper und reinigt die Ohren nur bei Bedarf mit einer speziell für Katzen geeigneten Ohrlotion.

Körperliche Merkmale

KÖRPER

Vom Typ her liegen die Tonkanesen zwischen der langen, schlanken Siamkatze und der kräftigeren Burma. Die Katze ist muskulös und unerwartet schwer.

KOPF

Tonkanesen haben einen keilförmigen Kopf mit einer stumpfen Schnauze und ausgeprägten Schnurrhaarkissen mit anschließender Einbuchtung.

FELL

Das Fell ist kurz und eng anliegend; es sollte sich weich und seidig anfühlen.

FARBEN

Die Fellfarbe der Tonkanesen liegt zwischen Siam- und Burmafärbung, das heißt, die Katzen weisen deutliche Abzeichen auf, und die Körperfarbe ist wesentlich dunkler als bei

Tonkanese mit blauem Fell

Bob Schwartz

den Siamesen. Tonkanesen werden in allen Farben und Mustern gezüchtet, die auch bei den Siamkatzen vorkommen. In den Vereinigten Staaten werden alle anerkannten Farben als „Mink" bezeichnet. Die Augenfarbe wird als Aquamarinblau beschrieben. Tatsächlich ist sie eine Mischung aus den blauen Augen der Siam und den gelben der Burma.

Besonderheiten

Die Fellfarbe neugeborener Kätzchen ist zwar anfangs hell, beginnt aber nach wenigen Tagen nachzudunkeln und wird mit zunehmendem Alter immer dunkler. Das Fell der Tonkanesen ist um so dunkler, je älter die Tiere sind.

Die Färbung der Tonkanesen kann niemals zuverlässig gezüchtet werden, da sie eine Zwischenform zwischen zwei Albinogenen darstellt, die für die Siam- bzw. Burmafärbung verantwortlich sind. Das bedeutet, dass aus der Paarung zweier Tonkanesen Siam-, Burma- oder Tonkanesenkätzchen hervorgehen können.

Singapura

Die Singapura ist eine Rasse, die erst vor verhältnismäßig kurzer Zeit anerkannt wurde. Sie wird nur in geringem Maße von eingefleischten amerikanischen Katzenliebhabern gezüchtet.

Herkunft

Der Rassename stellt das malaiische Wort für Singapur dar. Hal und Tommy Meadows wurden 1975 während eines Aufenthaltes in Singapur auf kleine, schlanke Katzen mit einer außergewöhnlichen Fellfarbe und einer gestichelten Tabbyzeichnung aufmerksam, die in den Straßen von Singapur umherstreiften. Die Meadows waren so beeindruckt von diesen Katzen, dass sie beschlossen, einige Tiere mit in die Vereinigten Staaten zu nehmen und dort ein Zuchtprogramm aufzustellen, um die außergewöhnlichen Merkmale dieser Katzen zu züchten.

Die Singapura wurde gegen Ende der achtziger Jahre von den meisten Katzenverbän-

den anerkannt. Seitdem wird die Rasse in geringem Maße von überzeugten Liebhabern gezüchtet. Außerhalb der Vereinigten Staaten sind diese Katzen allerdings eher unbekannt und somit auch nicht so weit verbreitet.
Singapurakatzen findet man auch heute noch in den Straßen und Häusern von Singapur, wenngleich diese Individuen wahrscheinlich nicht die warme, dunkelbraune, gestichelte Tabbyzeichnung auf einem warmen elfenbeinfarbenem Untergrund – die einzige Farbe, die im Westen anerkannt ist – aufweisen, die gezüchtete Individuen zeigen.
Singapurakatzen werden nur untereinander gekreuzt, um die Rasse möglichst rein zu erhalten.

Charakter

Singapurakatzen sind freundliche, liebevolle Tiere, die in der Regel eine enge Verbindung zu ihrer menschliche Familie benötigen. In Gegenwart Fremder können sie manchmal jedoch äußerst scheu sein. Die meisten Angehörigen dieser Rasse sind zudem überaus neugierig.
Singapurakatzen erfreuen sich in der Regel bester Gesundheit und weisen meist ein recht ruhiges Naturell auf. Sie sind dennoch verspielt und behalten diese Eigenschaft auch als erwachsene Tiere bei.

Pflege

Das Fell der Singapura erfordert nur sehr wenig Pflege. In der Regel genügt es, wenn man das Fell einmal wöchentlich kämmt und anschließend vorsichtig mit einem feuchten Ledertuch abreibt, um es auf Hochglanz zu bringen.
Man entfernt die scharfen Krallenspitzen regelmäßig mit einem Spezialclipper und reinigt die Ohren bei Bedarf mit einer speziell für Katzen geeigneten Ohrlotion.

Körperliche Merkmale

KÖRPER

Die Singapura ist eine mittelgroße Katze mit muskulösen Beinen und kleinen, ovalen Pfoten. Der Körper ist kompakt und darf nicht zu untersetzt sein. Der schlanke Schwanz ist mittellang bis lang mit leicht gerundeter Schwanzspitze.

KOPF

Der Kopf sitzt auf einem ziemlich kurzen, muskulösen Hals. Er weist gerundete Linien auf.
Die Ohren sind auffallend groß, aufrecht und verleihen der Katze ein wachsames Aussehen.
Die großen, mandelförmigen Augen sind grün mit dunkelbraunen Umrandungen. Auch der Nasenspiegel weist derartige Konturen auf.

FELL

Das Fell der Singapura ist kurz, weich und eng anliegend.

FARBEN

Bei den Singapurakatzen ist als einzige Fellfarbe ein sealbraunes, gesticheltes Tabbymuster auf einem elfenbeinfarbenen Untergrund anerkannt. Während eine Streifung an den Innenseiten der Beine erlaubt ist, führen Streifen am Schwanz zur Disqualifikation bei Ausstellungen. Besonderes Augenmerk werden auf die korrekte Fellfarbe und die Stichelung gelegt.

Singapura

Bob Schwartz

Abessinier

Abessinier sind kurzhaarige, elegante Katzen mit einer ausgeprägten Persönlichkeit. Vermutlich zählen sie zu den ältesten Hauskatzen auf der ganzen Welt. Manche Katzenfreunde glauben sogar, dass die Abessinier direkte Nachfahren der altägyptischen Katzen sind.

Herkunft

Manche Katzenliebhaber glauben, dass Abessinier am Hof der altägyptischen Pharaonen gehalten wurden, da eine auffallende Ähnlichkeit in Bezug auf Aussehen und Körperbau zwischen den modernen Abessinierkatzen und mumifizierten Katzen besteht, die man bei Ausgrabungen in Ägypten entdeckte. Außerdem stimmen viele Illustrationen und Statuen von Katzen, die aus der Zeit des alten Ägypten datieren, in vielen Punkten mit den heutigen Abessinierkatzen überein.
Andererseits werden bei all diesen Funden jedoch ausnahmslos Katzen mit einer schlan-

Junge Abessinier, Wildfarben

Junge Abessinier, Sorrel

Abessinier, Sorrel

ken, orientalischen Gestalt, einem keilförmigen Kopf und schräg gestellten, mandelförmigen Augen beschrieben, die ebenso gut die Vorfahren der Siamkatze oder einer heimischen ägyptischen Katze, die inzwischen ausgestorben ist, sein könnten. Es gibt jedoch für diese Theorien keinen unumstrittenen, geschichtlichen Beweis.
Im Gegensatz dazu steht jedoch fest, dass die erste Abessinier 1868 von Äthiopien (Abessinien) nach Großbritannien exportiert wurde. Diese Katze, die auf den Namen „Zula“ getauft wurde, hatte zwar die typische gestichelte Fellzeichnung, wies aber ansonsten wenig Ähnlichkeit mit den heutigen Abessinierkatzen auf. Zula gilt heute als Gründerin der Abessinierlinie.
Abessinier wurden 1882 in Großbritannien als eigenständige Rasse anerkannt und tauchten seitdem regelmäßig, wenn auch in geringem Maße, auf Katzenausstellungen auf. Der Zweite Weltkrieg und der verheerende Ausbruch der infektiösen Leukämie haben jedoch dazu geführt, dass die Rasse beinahe aus-

Abessinier, Schwarz-Silber

Eine der ersten Abessinierkatzen zusammen mit zwei Manx

gestorben wäre. Erst Anfang der sechziger Jahre begann die Abessinierpopulation allmählich, sich wieder zu erholen. Heute ist die Abessinier eine der bekanntesten und beliebtesten Kurzhaarrassen.

Charakter

Abessinier sind extrovertierte, eigenwillige und intelligente Katzen. Sie sind zwar nicht übermäßig aufdringlich, haben aber ihre eigene besondere Art und Weise, um dem Menschen ihre Wünsche mitzuteilen. Im Großen und Ganzen sind Abessinierkatzen nicht sehr „gesprächig", und nur selten hört man ihre leisen Stimmen.

Abessinier oder „Abys", wie sie liebevoll von ihren Anhängern bezeichnet werden, sind ausgeprägte Persönlichkeiten mit einem sehr starken Charakter. Sie brauchen engen Familienanschluss, um glücklich zu sein. Wenn man sie den ganzen Tag sich selbst überlässt, vergehen sie vor Kummer oder tun ihren Unmut kund. Sie wollen wie ein Familienmitglied behandelt werden und an allem teilhaben, was in ihrer Umgebung geschieht.

In der Regel vertragen sie sich gut mit anderen Katzen und können innige, lebenslange Freundschaften mit Hunden schließen. Im Allgemeinen sind Kater gelassener als Kätzinnen, die manchmal im Umgang mit anderen Katzen etwas komplizierter sein können.

Abessinier wird man vermutlich nicht in überfüllten Großzwingern finden, da diese Tiere sehr viel Freiraum benötigen. Sie verlangen zudem viel Aufmerksamkeit, und deshalb werden die meisten Züchter nur einige Abessinier halten. Eine Abessinier in einen separaten Raum einzusperren, ist das Schlimmste, was man ihr antun kann.

Abessinier sind für ihre Intelligenz und ihre Neugier bekannt. Alles Neue, das ins Haus kommt, wird ausgiebig untersucht und erforscht; dabei spielt es keine Rolle, ob es sich nun um eine Einkaufstasche aus dem Supermarkt oder ein neues Möbelstück handelt. Die meisten Angehörigen dieser Rasse sind aber trotz ihrer neugierigen Natur nicht leichtsinnig. Abessinier sind sensible Katzen, die kein unnötiges Risiko eingehen.

Sie sind außerdem verspielt und unternehmungslustig. Man kann seiner Katze zum Spielen einen stabilen Kratz- und Kletterbaum sowie viele Spielsachen oder eventuell sogar ein Freigehege mit Baumstämmen zum Klettern zur Verfügung stellen. Wenn die Katze ihr Spiel beendet hat (in das sie in der

Diese Abessinier hat ein besonders reizvolles Profil.

Sohlen einer Abessinier

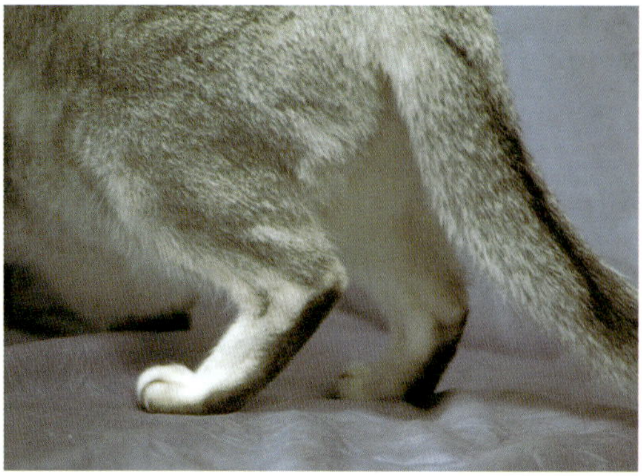

Regel mindestens ein Familienmitglied einbezieht), wird sie sich glücklich und zufrieden auf dem Schoß ihres Menschen zusammenrollen, um sich liebkosen und streicheln zu lassen.

Pflege

Das Fell der Abessinier erfordert nur wenig Pflege. Während des Haarwechsels können lose, abgestorbene Haare mit einem Massagehandschuh aus Gummi aus dem Fell entfernt werden. Ansonsten genügt es, wenn man das Fell gelegentlich mit einer Bürste aus Schweineborsten striegelt, mit einem fein gezähnten Kamm kämmt und anschließend mit einem feuchten Ledertuch abreibt, damit es richtig glänzt.
Die scharfen Krallenspitzen entfernt man regelmäßig mit einem Spezialclipper. Ebenso sollte man die Ohren regelmäßig kontrollieren. Sie werden bei Bedarf mit einer speziell für Katzen geeigneten Ohrlotion gereinigt.

Körperliche Merkmale

KÖRPER

Der muskulöse, kräftige, geschmeidige Körper der Abessinier ist von mittlerer Länge und mäßig orientalischem Typ. Er darf weder zu groß noch zu grob und keinesfalls gedrungen sein.
Die Beine sind im Verhältnis zum Körper schlank und weisen einen zarten Knochenbau auf. Die eleganten Pfoten sind klein und oval. Die Abessinier hat einen ziemlich langen Schwanz, der am Ansatz breit ist und spitz zuläuft.

Zwei junge wildfarbene Abessinier

KOPF
Der Kopf ist breit und leicht keilförmig mit einer leichten Nasenwölbung und einem sehr ausgeprägten Kinn. Im Profil sollen Nase und Kinn im Idealfall eine gerade senkrechte Linie bilden. Die mandelförmigen Augen sind schräg gestellt und haben einen lebhaften Ausdruck. Die relativ großen Ohren sind tief angesetzt, am Ansatz breit und an der Spitze abgerundet. Die Innenseite der Ohren ist unbehaart, kleine Haarpinsel an den Spitzen werden aber als Pluspunkte gewertet.

FELL
Das elastische Fell der Abessinier ist kurz, fein und eng anliegend. Auf Ausstellungen werden ein grobes, ein zu langes oder ein zu weit vom Körper abstehendes Fell als Fehler gewertet.

FARBEN
Die Originalfarbe (Wildfarben) der Abessinier wird in Großbritannien als „Usual" und in den USA als „Ruddy" bezeichnet. Im Lauf der Jahre wurden aus dieser Farbe weitere reizvolle Farben entwickelt, die aber stets die gleiche Musterung des Fells beibehalten haben. Bei sämtlichen Farben sind die Sohlen der Hinterbeine sowie die Fußballen dunkler gefärbt als am übrigen Körper.
Alle Abessinier haben ein auffällig gesticheltes Fell („Ticking"). Bei jedem einzelnen Haar wird – ähnlich wie bei Wildhasen – die Grundfarbe des Fells von zwei oder drei dunkleren Bändern unterbrochen. Die Haarspitzen müssen immer dunkler pigmentiert sein. Die Bänderung sollte möglichst deutlich sein, Ringe oder Streifen im Fell (insbesondere geschlossene Halsringe und Streifen an den Beinen) sind auf Ausstellungen unerwünscht.
Alle Farben dürfen an Kinn und Schnurrhaarkissen wenige weiße Haare aufweisen, die sich jedoch keinesfalls zu weit ausdehnen dürfen. Abessinier ohne silberfarbenes Unterhaar können manchmal einen grauen Farbeinschlag des Fells aufweisen, welcher durch einen grau gefärbten Haaransatz hervorgerufen wird. Diese graue Abweichung bringt, ebenso wie zu viel Weiß, Punktverluste auf Ausstellungen.
Die Augen sind unabhängig von der Fellfarbe bernsteinfarben, grün oder gelb; sie sollten möglichst leuchtend sein.

Abessinier, Sorrel

Wildfarben
Wildfarben oder „Ruddy" ist die bekannteste und beliebteste Fellfarbe. Das Fell weist ein warmes rötliches Braun und eine ausgeprägte schwarze Stichelung auf. Bei wildfarbenen Abessinierkatzen sind die Fußballen und die Sohlen der Hinterbeine stets schwarz. Bauch und Innenseite der Beine sind dunkelorange bis aprikosenfarben. Die feine, dunkle Linie auf dem Rücken soll von einem tieferen Farbton sein.

Sorrel (Rotbraun)
Sorrel ist eine weitere beliebte Farbe. Die Haarbasis hat ebenso wie bei der Wildfarbe einen warmen rötlich-braunen Ton, Bänderung, Fußballen und Sohlen der Hinterbeine sind aber im Gegensatz dazu nicht schwarz, sondern eher zimtfarben.

Blau
Blaue Abessinier erfreuen sich seit einigen Jahren zunehmender Beliebtheit. Das Fell weist als Grundfarbe ein helles Beige auf, die Bänderung, die Fußballen und die Sohlen sind stahlblau. Blau ist die Verdünnung der Wildfarbe.

Fawn (Beigebraun)
Beigebraune Abessinierkatzen sind noch immer relativ selten. Das Fell weist als Grundfarbe ein helles Creme auf, getickt mit einem dunkleren Creme. Auch die Sohlen und Fußballen zeigen einen warmen, dunklen Cremeton. Fawn ist die Verdünnung von Sorrel.

Silber
Silberfarbene Abessinier stellen unter den Abessinierkatzen eine gesonderte Gruppe

Abessinier, Schwarz-Silber

dar. Obwohl diese äußerst reizvolle Farbe seit Jahrzehnten existiert, wird sie von der CFA, der größten amerikanischen Organisation, nicht anerkannt.
Das Unterhaar silberfarbener Tiere weist stets ein reines silbergetöntes Weiß auf. Die Zeichnung kann Schwarz (Schwarz-Silber), Blau (Blau-Silber), ein warmes, dunkles Creme (Fawn-Silber) und Zimtfarben (Sorrel-Silber) sein.
Die Züchtung silberfarbener Abessinier ist schwierig, da manchmal unerwünschte gelbbraune Flecken im Fell auftreten. Außerdem heben sich Ringe auf einem silberfarbenen Fell deutlicher ab. Eine perfekte silberne Abessinierkatze ist jedoch eine vollendete Schönheit.

Schildpatt, Rot und Creme
Diese seltenen Farben werden, wenn auch in geringem Maße, in den Niederlanden und in Großbritannien gezüchtet. Es ist nicht einfach, bei einem Schildpattmuster und gleichzeitiger Stichelung einen guten Kontrast zu erzielen.
Die gezüchteten Roten Abessinierkatzen haben jedoch eine außergewöhnliche leuchtende Farbe, auch cremefarbene Tiere sind sehr elegant. In den Niederlanden und in Großbritannien werden auch schokoladenfarbene und lila Varietäten gezüchtet.

Besonderheiten

Abessinierkätzchen werden mit einem dunklen Fell geboren, das allmählich heller wird. In der Regel dauert es mehrere Monate, bis das Fell seine endgültige Färbung angenommen hat. Da Abessinierkatzen das Gen für langes Haar tragen, können in einem Wurf zweier Abessinier auch Somalikatzen vorkommen (siehe Kapitel 9, Halblanghaarige Varietäten, Somali).

California Spangled

Auffälligstes Merkmal der California Spangled sind die ungewöhnliche getupfte Tabbyzeichnung und die federnde, schwungvolle Gangart, die Assoziationen mit einem Leoparden hervorrufen. Das Aussehen der Katze verleitet zu der Annahme, dass deren Vorfahren Wildkatzen gewesen sein müssen, tatsächlich wurden jedoch nur Hauskatzen innerhalb des Zuchtprogramms verwendet.

Herkunft

Die California Spangled ist eine Schöpfung des Amerikaners Paul Casey. Er verfolgte ein spezielles Ziel: die Entwicklung einer neuen Rasse mit einem dem Leoparden sehr ähnlichen Fell und dem Temperament einer Hauskatze.
Um dieses Ziel zu verwirklichen, verwendete er für sein Zuchtprogramm verschiedene Zuchtrassen sowie gewöhnliche Hauskatzen, zum Beispiel Abessinier, Manx, Siamkatzen, Perserkatzen und gewöhnliche Hauskatzen aus den Vereinigten Staaten, Asien und Afrika. Wildkatzen wurden nicht verwendet.
Durch ständige Selektion der Tiere, die den richtigen Körperbau, eine kräftige Muskulatur und die gewünschte Fellzeichnung aufwiesen, gelang es Casey schließlich, den Typ herauszuzüchten, den er sich seit Jahren vorstellte – die California Spangled, eine in vielerlei Hinsicht außerordentlich erfolgreiche Rasse.
Die Einführung der California Spangled 1986 rief deutliche Proteste bei den Katzenliebhabern hervor. In der Weihnachtsausgabe

eines berühmten Versandhauses wurden die Kunden aufgefordert, ein California-Spangled-Kätzchen als Geschenk für ihre Lieben zu kaufen. Die Käufer konnten ein Kätzchen für einen ungeheuer hohen Preis bestellen – im Preis inbegriffen war eine wunderschöne Geschenkschachtel, die mit Schleifen und Bänder verziert war ...
In den Vereinigten Staaten gibt es nur wenige Züchter. In anderen Ländern der Erde findet man diese Rasse nicht.

Charakter

Die California Spangled ist eine intelligente, lebhafte Katze, die gerne spielt, läuft und klettert. Für die Tiere empfiehlt sich die Anschaffung eines stabilen Kletterbaumes und eines Kratzpfostens. Auch mit diversen Spielsachen, zum Beispiel Fellmäusen und Tischtennisbällen, können sich die Katzen stundenlang beschäftigen.
Die California Spangled ist eine gesellige Katze, die sich gut mit andern Katzen verträgt. Auch im Umgang mit Hunden treten in der Regel keine Probleme auf. Da die Katzen verspielt und unermüdlich sind, geben sie gute Spielkameraden für Kinder ab.

Pflege

Das kurzhaarige Fell der California Spangled erfordert nur wenig Pflege. Im Allgemeinen genügt es, wenn man das Fell einmal wöchentlich mit einer Bürste aus Schweineborsten striegelt. Während des Haarwechsels lassen sich abgestorbene Haare mit einer speziellen Gummibürste aus dem Fell entfernen. Man muss dabei jedoch vorsichtig vorgehen, damit man dem Fell keinen Schaden zufügt.
Wenn man das Fell mit einem feuchten Ledertuch abreibt, kann man es auf Hochglanz bringen. Man entfernt die scharfen Krallenspitzen regelmäßig mit einem Spezialclipper und reinigt die Ohren bei Bedarf mit einer speziellen Ohrlotion für Katzen.

Körperliche Merkmale

KÖRPER

Die California Spangled ist eine mittelgroße Katze mit einem langen, schlanken, muskulösen Körper. Ein auffälliges Merkmal dieser Rasse ist die lange, kantige Form, die den

California Spangled, Goldfarben

Bob Schwartz

California Spangled, Snow

Bob Schwartz

Tieren ihre geschmeidigen und federnden Bewegungen ermöglicht.
Die Beine sind lang und kantig, was sie kürzer erscheinen lässt, als sie tatsächlich sind. Der mittellange Schwanz ist gleichmäßig dick und weist eine abgerundete Spitze auf.
Ein übermäßig langer Schwanz, der zur Spitze hin schmaler wird, ein gedrungener Körperbau, eine schwach ausgeprägte Muskulatur und eine schmale Brust werden auf Ausstellungen als Fehler gewertet.

KOPF

Der Kopf ist mittelgroß und weist breite, ausgeprägte Wangenknochen auf. Die Schnauze ist üppig und gut entwickelt, mit einem kräftigen, festen Kinn. Die Ohren haben abgerundete Spitzen und sind hoch am Kopf angesetzt. Die Augen sind in der Regel mandelförmig.

FELL

Das Fell der California Spangled ist kurz, weich und an Rücken und Flanken eng anlie-

gend. Die Unterseiten und der Schwanz sind länger behaart.
Diese Rasse wird ausschließlich in einem getupften Muster gezüchtet, welches klar und deutlich gezeichnet sein und einen möglichst starken Kontrast aufweisen soll. Halsringe oder Flecken im Fell sind bei dieser Rasse nicht erlaubt, zudem werden weiße Muster und ein zu langes Fell auf Ausstellungen als Fehler gewertet.

FARBEN

Die California Spangled wird in verschiedenen Farben gezüchtet, zum Beispiel Schwarz-Silber, Charcoal (schwarze Flecken auf sandgrauem Untergrund), Bronze, Gold und Braun. Die Augen sind stets bernsteinfarben bis braun. Tiere mit schwarzen Flecken weisen sandfarbene bis gelbgraue Augen auf. Die rot und blau getupften Typen sollten graubraune Augen haben.
Die „Schneeleopard“ kann sämtliche dieser Fellfarben aufweisen; diese Varietät macht die siamesischen Einflüsse deutlich erkennbar. Die Schneeleopard hat immer blaue Augen. Graue Augen sind bei keiner Farbe erlaubt und werden auf Ausstellungen als Fehler bewertet.

Ägyptische Mau

Die Ägyptische Mau ist nach Meinung ihrer Anhänger ein direkter Nachkomme der heiligen altägyptischen Katzen. Besonders auffällig an dieser lebhaften Rasse ist ihre wundervolle getupfte Fellzeichnung.

Herkunft

Im Gegensatz zu allen anderen Hauskatzen ist das getupfte Muster der Ägyptischen Mau nicht durch gezielte Kreuzungen entstanden, sondern existiert in dieser Form seit jeher.
Anhänger dieser Rasse glauben, dass die Ägyptische Mau zu den ältesten Katzen auf der Welt zählt – und eine Katze ist, die im Alten Ägypten verehrt wurde. Das Aussehen von Katzen, welche bei Ausgrabungen in Ägypten zum Vorschein kamen, weist große Ähnlichkeit mit dem der Ägyptischen Mau auf.
Andere beharren jedoch auf der Meinung, dass die meisten Hauskatzen und Zuchtrassen direkte oder indirekte Nachkommen der ersten domestizierten ägyptischen Katzen sind und die Ägyptische Mau in dieser Beziehung keine Ausnahme darstellt.
Es steht fest, dass die ersten Vertreter dieser Rasse in den fünfziger Jahren von Ägypten nach Italien und von dort aus in die Vereinigten Staaten gelangten. Besitzerin dieser Katzen war die russische Prinzessin Nathalie Troubetskoy. Sie wanderte in die USA aus und züchtete dort Ägyptische Mau in den Farben Silber, Bronze und Smoke unter dem Züchternamen Fatima. Die Rasse wurde 1968 in den Vereinigten Staaten offiziell anerkannt, während sie in Europa erst 1993 die Anerkennung erlangte.

Charakter

Die Ägyptische Mau ist eine lebhafte, aktive Katze, die sowohl im jungen als auch im fortgeschrittenen Alter gerne spielt und herumtollt. Wenn man eine Ägyptische Mau ausschließlich im Haus hält, muss man dafür sorgen, dass ausreichend Spielsachen und Klettermöglichkeiten vorhanden sind, damit sich die Katze wohl fühlt.

Ägyptische Mau, Silber

Ägyptische Mau, Silber

Diese Rasse ist nicht nur verspielt, sondern braucht auch viel Zuwendung und Aufmerksamkeit. Man sollte sie deshalb niemals längere Zeit alleine lassen.
Die Katzen lassen sich mit Vorliebe streicheln und liebkosen und sind außerordentlich liebevoll – manchmal binden sie sich besonders eng an ein bestimmtes Familienmitglied. Sie schließen nicht mit jedermann Freundschaft und sind Fremden gegenüber eher zurückhaltend. Im Allgemeinen haben Ägyptische Mau leise, melodiöse Stimmen.

Pflege

Das Fell der Ägyptischen Mau erfordert nur sehr wenig Pflege. Im Allgemeinen genügt es, wenn man das Fell einmal wöchentlich mit einer Bürste aus Schweineborsten striegelt, mit einem fein gezähnten Kamm kämmt und anschließend mit einem feuchten Ledertuch abreibt, damit es glänzt.
Man entfernt die scharfen Krallenspitzen regelmäßig mit einem Spezialclipper und kontrolliert die Ohren. Sie werden nur bei Bedarf mit einer speziell für Katzen geeigneten Ohrlotion gereinigt.

Körperliche Merkmale

KÖRPER

Die Ägyptische Mau weist einen ähnlichen Körperbau wie die Abessinierkatze auf. Der Körper ist orientalisch und grazil, muss aber gut muskulös und etwas stämmiger als bei den Orientalischen Kurzhaar sein. Die schlanken, eleganten Beine sind im Verhältnis zum Körper lang, die Pfoten sind klein und kompakt. Da die Hinterbeine höher als die Vorderbeine sind, bildet der Rücken eine zum Schwanz hin aufsteigende Linie. Der Schwanz ist mittellang mit einer abgerundeten Spitze. Ein Knick im Schwanz wird als Fehler gewertet.

KOPF

Die Ägyptische Mau hat einen leicht gerundeten, keilförmigen Kopf sowie verhältnis-

Ägyptische Mau, Bronze

Die Ägyptische Mau liebt Gesellschaft.

Ägyptische Mau, Smoke

mäßig große Ohren, die am Ansatz breit und an den Spitzen abgerundet sind. Die Nase ist gerade und weist keine Wölbung auf. Die Oberlider der großen Augen sind mandelförmig, im Gegensatz zu den Unterlidern, die rund sind.

FELL

Das kurze Fell ist seidig glänzend und weist eine auffällige Tüpfelung auf. Die runden Flecken sollten klar sowie deutlich gezeichnet sein und sich kontrastreich von der blassen Grundfarbe abheben. Ringe, die durch ineinander übergehende Flecken verursacht werden, werden auf Ausstellungen als Fehler gewertet.

FARBEN

Die Ägyptische Mau wird in vier verschiedenen Farben gezüchtet – Pewter (Zinn), Bronze (mit braunen Tupfen), Silber (Schwarz-Silber getupft) und Smoke. Die Augen sind grün oder bernsteinfarben. Die Farben können bei jungen Tiere noch unvollständig ausgebildet sein. Es gibt auch rote und blaue Varietäten, diese sind jedoch sehr selten.

Besonderheiten

„Mau" ist das ägyptische Wort für Katze. Die Ägyptische Mau wird gelegentlich mit einer Rasse verwechselt, die in Großbritannien aus Orientalischen Kurzhaar und Siamkatzen entwickelt wurde und viele Jahre unter diesem Namen geführt wurde. Diese britische Rasse hat nichts mit der ursprünglichen Ägyptischen Mau zu tun; sie wird heute als getupfte Orientalische Kurzhaar bezeichnet.

Ocicat

Bei der Ocicat handelt es sich um eine amerikanische Rasse, deren Aussehen in vielen Punkten mit der Ägyptischen Mau übereinstimmt. Augenfälligster Unterschied zwischen beiden Rassen ist die Kopfform.
Die Ocicat ist eine freundliche, lebhafte Rasse, die noch immer verhältnismäßig selten und außerhalb ihres Ursprungslandes USA nicht oft zu finden ist.

Herkunft

Der Name Ocicat ist von Ozelot abgeleitet, einer Wildkatze, die in Mittel- und Südamerika bis Paraguay verbreitet ist. Sie ist für ihr auffällig getupftes Fell bekannt
Die Ocicat ist eine äußerst reizvolle amerikanische Rasse, die 1964 als Ergebnis einer – vermutlich unbeabsichtigten – Paarung zwischen einem Chocolate-Point-Siamkater und einer Kätzin mit Siam- und Abessinier-vorfahren entstanden ist. Eines der Jungtiere in dem daraus hervorgegangenen Wurf zeigte ein außergewöhnlich interessantes Tupfenmuster.
Die Züchterin Virginia Daly aus Michigan, arbeitete mit anderen Züchtern zusammen, um dieses spezielle Muster herauszuzüchten. Später wurden auch Amerikanische Kurzhaarkatzen in das Zuchtprogramm aufgenommen, um den Silberfaktor in die Rasse einzuführen.
Die Ocicat wurde bereits 1987 von den großen amerikanischen Verbänden anerkannt. Man kann die Rasse zwar regelmäßig auf amerikanischen Katzenausstellungen bewundern, in Europa findet man sie jedoch nur selten.

Charakter

Die Ocicat hat ein offenes, impulsives Naturell. Sie ist lebhaft, verspielt sowie intelligent und braucht sehr viel Gesellschaft, Zuwendung und Aufmerksamkeit. Die Tiere schätzen es keineswegs, wenn man sie längere Zeit alleine lässt.
Sie vertragen sich sehr gut mit anderen Katzen. Im Umgang mit Hunden gibt es in der Regel keine Probleme, vorausgesetzt, sie hatten als junge Kätzchen positiven Kontakt mit Hunden.

Bob Schwartz

Pflege

Das Fell der Ocicat erfordert nur sehr wenig Pflege. Im Allgemeinen genügt es, wenn man das Fell einmal wöchentlich mit einer Bürste aus Schweineborsten striegelt, mit einem fein gezähnten Kamm kämmt und anschließend mit einem feuchten Ledertuch abreibt, damit es richtig glänzt.
Man entfernt die scharfen Krallenspitzen regelmäßig mit einem Spezialclipper und reinigt die Ohren bei Bedarf mit einer speziell für Katzen geeigneten Ohrlotion.

Körperliche Merkmale

KÖRPER

Die Ocicat ist eine ziemlich große, muskulöse, gleichzeitig aber elegante und grazile Katze. Der Körperbau sollte weder zu orientalisch noch zu gedrungen sein. Eine ausgewachsene Katze kann zwischen fünf und sieben Kilogramm wiegen. Die Beine sind lang, die mittelgroßen Pfoten sind oval. Der Schwanz ist im Verhältnis zum Körper lang und läuft zu einer Spitze aus.

KOPF

Der Kopf hat eine mittelmäßig ausgeprägte Keilform. Die orientalischen Augen dieser Katze sind groß, mandelförmig und ziemlich weit auseinander gesetzt.
Die Ohren sind am Ansatz breit, und die Außenkanten der Ohren bilden mit dem Profil der Wangen eine fließende Linie.

FELL

Das glänzende, eng anliegende Fell ist ziemlich kurz und fühlt sich weich an. Auffälligstes Merkmal des Fells ist seine typische Tüpfelung.

FARBEN

Katzen dieser Rasse werden in vielen verschiedenen Farben gezüchtet, zum Beispiel Schwarz, Chocolate, Cinnamon, Blau, Lila und Fawn getupft, mit oder ohne silberfarbenes Unterhaar. Die Tupfen müssen möglichst deutlich sein und dürfen nicht ineinander übergehen.
Die Augen sind normalerweise bernsteinfarben, es werden aber auch alle anderen Farben – außer Blau – akzeptiert.

Bengalkatze

Die Bengalkatze ist eine verhältnismäßig junge Rasse, die durch Kreuzung von Wild- und Hauskatzen entstanden ist. Die Katze weist ein auffälliges getupftes Muster auf, das sehr stark an das der Wildkatzen im Dschungel erinnert.
Die Rasse wurde in den Vereinigten Staaten entwickelt und wird heute vor allem dort gezüchtet, inzwischen findet man aber auch in Europa einige Individuen dieser Rasse.

Herkunft

Die Bengalkatze wurde um 1950 in den Vereinigten Staaten entwickelt, indem man asiatische Leopardenkatzen *(Felis bengalis)* und Hauskatzen, einschließlich gewöhnlicher Katzen sowie Rassekatzen, wie Siam- und Burmakatzen, miteinander kreuzte. Die ersten Kreuzungen dienten keineswegs dem Zweck, eine neue Rasse zu züchten, sondern waren Teil eines wissenschaftlichen Untersuchungsprogrammes über das Feline-Leukämie-Virus, den Erreger der infektiösen Leukämie. Erst in jüngster Zeit haben amerikanische Züchter gezielt mit dem Einkreuzen von *Felis bengalis* begonnen, um eine Rasse mit dem auffallenden Tupfenmuster der wilden Vorfahren zu züchten.

Asiatische Leopardenkatze

Asiatische Leopardenkatze

Getupfte Bengalkatze

Aus den ersten Kreuzungen gingen manchmal unfruchtbare Tiere hervor. Die Züchtung wurde mit den fruchtbaren Bengalkatzen weiterbetrieben, welche mit verschiedenen anderen Katzenrassen gekreuzt wurden, zum Beispiel Abessinier, Burmakatzen, Siamkatzen und gewöhnliche Hauskatzen.
Der Anteil an Wildkatzenblut ist inzwischen auf zehn Prozent gesunken. Dies war erforderlich, da die wilden Vorfahren dieser Rasse neben ihrem getupften Fell auch weniger erwünschte Eigenschaften, wie zum Beispiel eine unberechenbare Stimmung, aufwiesen. Heute ist die Bengalkatze eine relativ gutmütige Rasse.

Charakter

Bengalkatzen sind neugierige, lebhafte Tiere, die viel Platz beanspruchen, was jedoch nicht bedeutet, dass man ihnen ein Freigehege zur Verfügung stellen muss. Man darf die Tiere aber niemals in einem separaten Zimmer einsperren und sich selbst überlassen. Bengalkatzen können auch problemlos in einer Wohnung gehalten werden, sofern sie ausreichend Spielmöglichkeiten und genügend Freiraum haben. Man sollte ihnen stets den

Gestromte Bengalkatze

Zugang zu einem großen und stabilen Kratzbaum ermöglichen.
Obwohl Bengalkatzen Geselligkeit schätzen und gelegentlich ihren Abend auf dem Schoß ihres Besitzers verbringen, sind die meisten Tiere dieser Rasse keine ausgesprochenen Schmusekatzen. Ihre Herkunft hat zur Folge, dass sie sehr eigenwillig sein können und auch heute noch Eigenschaften an den Tag legen, die sehr stark an ihre wilden Vorfahren erinnern. Sie sind ausgezeichnete Jäger, die eine aufregende Jagd schätzen und nicht für ein ruhiges, faules Dasein geeignet sind.
Bengalkatzen sind im Allgemeinen sehr gesellige Tiere, die sich gut mit anderen Katzen vertragen. Vorsicht ist jedoch geboten, wenn bereits andere Katzen im Haus sind, die Ruhe und Frieden schätzen. Da die Bengalkatze überaus verspielt und gesellig ist, wird die Ankunft dieses Wildfangs erhebliche Aufregung verursachen. Mit lebhaften Katzen verstehen Bengalkatzen sich dagegen besser, und sie vertragen sich auch gut mit Hunden. Sie lieben sowohl die Gesellschaft von Artgenossen als auch die des Menschen. Bengalkatzen müssen als junge Kätzchen inmitten der Familie aufgewachsen und an den Menschen gewöhnt sein. Kätzchen, die mit ihrer Mutter in einem separaten Raum aufgewachsen sind, zeigen als erwachsene Tiere nur wenig Interesse am Menschen und am Familienleben.
Wer viel außer Haus ist, sollte sich zwei oder mehr Katzen anschaffen, damit sich diese gegenseitig Gesellschaft leisten können und ein einzelnes Tier nicht vor Einsamkeit vergeht.
Eine erstaunliche Eigenschaft dieser Katzen ist, dass sie – mit wenigen Ausnahmen – Wasser lieben. Deshalb wird man Bengalkatzen häufig im Badezimmer antreffen. Die Besitzer einer Bengalkatze dürfen sich also nicht wundern, wenn ihre Katze bei jeder sich bietenden Gelegenheit ein Bad nimmt.

Pflege

Das Fell der Bengalkatze erfordert nur wenig Pflege. Tatsächlich ist es nicht ratsam, diese Tiere allzu häufig zu bürsten oder zu käm-

Snow-Bengalkatze

Getupfte Snow-Bengalkatze

men, da das Fell dabei sehr leicht Schaden nehmen kann.
Man entfernt die scharfen Krallenspitzen regelmäßig mit einem Spezialclipper und gewöhnt die Kätzchen frühzeitig in einer positiven Weise an diese Prozedur, damit sie später nicht ständig in einen Ringkampf ausartet. Die Ohren werden bei Bedarf mit einer speziellen Ohrlotion für Katzen gereinigt.

Getupfte Snow-Bengalkatze

Gestromte junge Snow-Bengalkatze

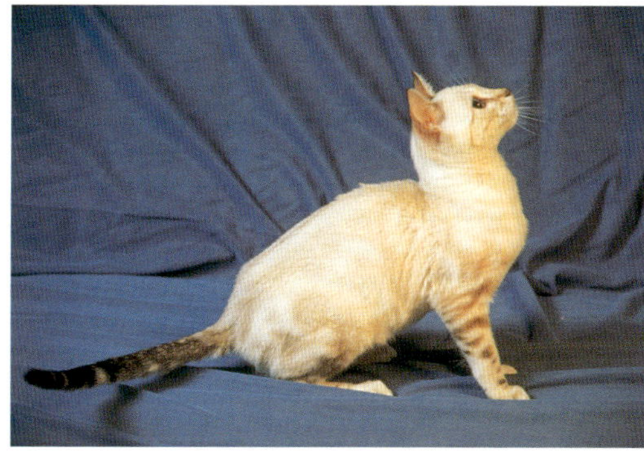

Körperliche Merkmale

KÖRPER

Die Bengalkatze hat einen ziemlich langen, muskulösen, gut entwickelten Körper und einen schweren Knochenbau. Die Hinterbeine sind etwas länger als die Vorderbeine, die Pfoten sind ziemlich groß und rund. Der Schwanz ist mittellang, kräftig, mit abgerundeter Spitze.

KOPF

Der keilförmige Kopf ist im Verhältnis zum Körper klein und etwas länger als breit. Die recht kleinen Ohren sind leicht nach vorne geneigt; sie sind weit auseinander gesetzt und sollten keine Haarbüschel aufweisen. Die Nase ist lang und breit, mit einem leichten Stopp. Die Augen sind groß und mandelförmig bis rund. Ausgeprägte Schnurrhaarkissen sind überaus erwünscht.

FELL

Das dichte Fell ist kurz bis mittellang, zart sowie außergewöhnlich weich und seidig. Es ist bei Jungtieren etwas länger als bei erwachsenen Tieren.
Bengalkatzen können zwei verschiedene Fellmuster aufweisen: getupft oder getigert. Das wichtigste Merkmal dieser Rasse ist jedoch die schwarze Schwanzspitze, welche bei sämtlichen Fellfarben und -mustern vorkommt.

FELLZEICHNUNG

Getupft

Bei einem getupften Fell ist es äußerst wichtig, dass sich die Flecken deutlich von der helleren Grundfarbe abheben. Das Fell einer getupften Bengalkatze soll „Kleiderknopf"-Flecken, ein deutliches „M" auf der Stirn sowie Ringe am Schwanz aufweisen.

Getigert
Das getigerte Fell gleicht in hohem Maße dem gestromten Muster bei Orientalischen Kurzhaarkatzen, es sollte jedoch keine runden Flecken, sondern eine längliche Zeichnung aufweisen. Die getigerte Bengalkatze trägt zudem an den Unterseiten kleine, runde Flecken. Ein deutlicher Kontrast und eine klare Zeichnung sind erwünscht.

FARBEN

Sorrel
Das Fell weist eine gelbliche bis dunkelorange-rote Grundfarbe sowie eine schwarze, braune, schokoladenfarbene oder zimtfarbene Zeichnung auf. Ein deutlicher Kontrast zwischen Zeichnung und Grundfarbe ist erwünscht. Die Augen sind gelb bis grün.

Seal-Lynx-Point
Diese Farbvariante entstand durch Kreuzung mit Siamesen. Die Schnauze, die Ohren und die Pfoten sind stets dunkler als der restliche Körper. Die Abzeichen dürfen jedoch nicht zu ausgeprägt sein; erwünscht ist ein geringer Kontrast zwischen den Abzeichen und der Körperfarbe. Die Augen sind blau.

Sepia-Seal-Mink-Tabby
Diese Farbvariante entstand durch Kreuzung mit Siamesen und Burmesen. Die Sepia-Seal-Mink-Tabby ist eine relativ seltene Farbe. Die Grundfarbe ist Elfenbeinfarben, Creme oder helles Gelbbraun. Die Zeichnung kann rostbraun bis dunkelbraun gefärbt sein. Die Seal-Lynx-Point und die Sepia-Seal-Mink-Tabby werden manchmal auch als Schnee-Bengalkatze bezeichnet. Kätzchen dieser Varietäten kommen in der Regel mit einem helleren Fell zur Welt. Nach einigen Wochen tritt eine undeutliche Zeichnung zu Tage. Es

Getupfte junge Bengalkatze

Gestromte junge Bengalkatze

Gestromte junge Bengalkatzen

kann achtzehn Monate dauern, bis das Fell seinen endgültigen Farbton angenommen hat. Die Augenfarbe variiert von Grün bis Blaugrün.

Besonderheiten

Da das Aussehen dieser Rasse noch nicht so konstant wie bei vielen anderen Rassen ist, kommt man nur schwer an ein korrekt gezeichnetes Tier. Beim Kauf eines Kätzchen sollte man daher die Eltern in Augenschein nehmen. Wenn diese ausgeprägte Zeichnungen aufweisen, werden auch ihre Nachkommen mit größerer Wahrscheinlichkeit ähnliche Musterungen entwickeln. Bengalkatzen können zudem sehr unterschiedliche Charaktereigenschaften haben, welche in hohem Maße vererbt werden. Wer ein liebevolles Kätzchen sucht, sollte daher ein Tier wählen, dessen Eltern diese Eigenschaft zeigen.

Sokoke

Die Sokoke ist eine bemerkenswerte Rasse. Hinsichtlich ihres Aussehens ist sie eine Zwischenform zwischen einer Wildkatze und einer gewöhnlichen Hauskatze. Sie hat ein ungestümes, gleichzeitig aber auch liebevolles Naturell, was sie zu einem idealen Haustier für Kenner dieser Rasse macht. Die Sokoke ist eine relativ seltene Rasse, die noch nicht lange anerkannt ist.

Herkunft

Die Sokoke stammt aus dem Sokoke Waldgebiet in Kenia. Sokokekatzen lebten jahrzehntelang in dieser Region, bevor sie entdeckt wurden. Das Sokoke Waldgebiet erstreckt sich über einen Bereich von 400 Quadratkilometern in der Nähe der Küstenstädte Malindi und Kalifi, ungefähr sieben

Sokoke

Kilometer vom Indischen Ozean entfernt. Das Waldgebiet ist sehr isoliert und beheimatet viele außergewöhnliche Pflanzen- und Tierarten.

Jeni Slater und ihr Ehemann David bewohnten ein Haus in Watamu in der Nähe des Sokoke Waldgebietes. Jeni wurde in Kenia geboren und wuchs dort auf, war aber britischer Abstammung. Als Jeni's Gärtner eines Tages die Bäume beschnitt, stieß er auf eine Wildkatze, die gerade ihre Jungen säugte. Die Wildkatze ergriff zwar die Flucht, Jeni hatte sie aber genau gesehen. Es handelte sich um eine kleine Katze, die den gewöhnlichen in Großbritannien oder anderswo vorkommenden Katzen glich, aber dennoch einige auffallenden Unterschiede zeigte. Die Katze hatte längere Beine und einen längeren Körper, große Ohren und sehr große, ausdrucksvolle Augen. Sie erinnerte Jeni an einen Geparden in Miniaturform. Der Gärtner zeigte Jeni die Kätzchen des Wurfs, woraufhin sich Jeni entschloss, einen Kater und eine Kätzin aufzuziehen.

Die beiden Kätzchen wuchsen heran und gewöhnten sich schnell an das Leben als Hauskatzen. Sie machten keinen Versuch, zurück in den Wald zu fliehen. Jeni war von ihren Katzen begeistert und entdeckte einige außergewöhnliche Eigenschaften an ihnen. Sie verbrachten zwar den ganzen Tag auf den Bäumen in der Umgebung des Hauses, zeigten aber keinerlei Interesse an den Vögeln oder ihren Nestern – stattdessen entpuppten sie sich als unersättliche Insektenjäger. Manchmal sah sie abends ihre Katzen ähnlich wie Kühe auf dem Rasen weiden.

Ein Tierarzt berichtete Jeni eines Tages bei seinem Besuch, dass er häufig Katzen wie diese im Sokoke Waldgebiet antreffe und bereits mehrmals vergeblich versucht habe, eines dieser Tiere zu fangen. Laut seiner

Sokoke

Sokoke

Aussage waren sie als weißschultrige Katzen bekannt, die auf Bäumen lebten. Von den im Sokoke Waldgebiet lebenden Stämmen wurden die Katzen als „Khadzonzo“ bezeichnet, während Hauskatzen in Kenia üblicherweise mit dem Wort „Paka“ bezeichnet werden. Dies bestätigte Jeni in ihrem Glauben, dass sie im Besitz von zwei sehr außergewöhnlichen Katzen war.

Schließlich fasste sie den Entschluss, diese Katzen zu züchten. Ihrer kanadischen, in Dänemark lebenden Freundin, Gloria Moldrup,, verschlug es während eines Besuches beim Anblick dieser außergewöhlichen Katzen die Sprache. Jeni gab ihr zwei Kätzchen aus verschiedenen Würfen mit nach Dänemark, wo diese daran arbeitete, dass die Sokoke als eigenständige Rasse anerkannt wurde. Sie stellte zusammen mit anderen Katzenfreunden ein Zuchtprogramm auf und importierte regelmäßig Skokokekatzen aus Jeni's Zucht, um Inzucht zu vermeiden.

1983 wurde die Rasse unter dem Namen Afrikanische Kurzhaar als eine „Versuchsrasse“ anerkannt. 1992 wurde die Rasse schließlich offiziell anerkannt und erhielt den heute üblichen Namen Sokoke.

Um Inzucht zu verhindern, importieren die Züchter auch heute noch Katzen aus Kenia.

Charakter

Obwohl Skokokekatzen viele Generationen hindurch für sich selbst gesorgt haben, haben sie sich außerordentlich gut an das Leben als Haustiere gewöhnt. Sokokekatzen behalten ihre Würde und Unabhängigkeit bis zu einem gewissen Maße bei, und ein neuer Besitzer muss erst das Vertrauen eines neuen Kätzchens erlangen.

Sokokekatzen sind intelligente, verspielt und lebhafte Tiere. Sie halten sich gerne im Freien auf und haben auch vor Regen keine Scheu. Sie sind ausgezeichnete Schwimmer, die oft nicht zögern, nach Fischen in einem Teich zu tauchen. Sokokekatzen sind sehr gesellig und schätzen die Gesellschaft von Menschen, anderen Katzen sowie Hunden. Wer das Vertrauen einer Sokoke erlangt hat, kann ihr einige Tricks beibringen, zum Beispiel Papierkügelchen zu apportieren. Die Katzen finden aber auch von alleine heraus, wie sich Türen öffnen lassen.

Man kann diese Tiere zwar an die Wohnungshaltung gewöhnen, es ist jedoch besser, wenn sie sich im Garten oder in einem großen Freigehege aufhalten können.

Pflege

Das Fell der Sokoke erfordert wenig Pflege. Im Allgemeinen genügt es, wenn man das

Sokoke

Fell einmal wöchentlich mit einer Bürste aus Schweineborsten striegelt, mit einem feinzahnigen Kamm kämmt und anschließend mit einem feuchten Ledertuch abreibt, damit es glänzt.
Man entfernt die scharfen Krallenspitzen regelmäßig mit einem Spezialclipper. Die Ohren sollten ebenfalls regelmäßig kontrolliert und bei Bedarf mit einer speziell für Katzen geeigneten Ohrlotion gereinigt werden.

Körperliche Merkmale

KÖRPER

Die Sokoke ist eine mittelgroße Katze mit einem langen, geschmeidigen Körper und einer gut entwickelten Brust. Die Beine sind lang und schlank, die Pfoten sind oval. Die Hinterbeine sind länger als die Vorderbeine. Der Schwanz ist mittellang und verjüngt sich zur Spitze hin. Der schwere Knochenbau bewirkt, dass die Katzen im Verhältnis zur Größe recht schwer sind.

KOPF

Der Kopf ist keilförmig und klein im Verhältnis zum Körper. Die Nase ist gerade, das Kinn kräftig. Die Ohren sind mittelgroß, mit gerundeten Spitzen und hoch am Kopf angesetzt, was der Katze einen wachsamen Ausdruck verleiht. Die ovalen bis mandelförmigen Augen sind weit auseinander gesetzt und ausdrucksvoll.

FELL

Das Fell der Sokoke ist elastisch, sehr kurz, glänzend und eng am Körper anliegend. Es weist wenig oder kein Unterhaar auf.

FARBEN

Es existieren nur Sokokekatzen mit gestromter Fellzeichnung. Die Zeichnung ist stets schwarz auf einem grauen bis warmen, goldbraunen Untergrund. Agouti-Bänder an den schwarzen Haaren werden auf Ausstellungen von den Preisrichtern gern gesehen.
Die Sokoke hat bernsteinfarbene bis hellgrüne Augen.

8 Halblanghaarige Rassen

Maine Coon

Weiße Maine Coon mit blauen Augen

Diese beliebte amerikanische Rasse ist die größte Rasse unter allen Hauskatzen. Vor allem Kater können zu beachtlichen Exemplaren von sechs bis sieben Kilogramm Körpergewicht heranwachsen, vereinzelt können sie auch ein Gewicht von mehr als zehn Kilogramm erreichen. Wichtige Rassemerkmale der Maine Coon sind der sehr lange Schwanz mit seinem fließenden Fell und die dicht behaarten Ohren. Sie zählt zu den natürlichen Rassen. Während die Züchter bei vielen anderen Rassen bemüht sind, einen perfekten Zuchtstandard zu erarbeiten, soll bei der Maine Coon hauptsächlich der ursprüngliche Typ erhalten bleiben. Daher werden diese Katzen auch nicht in Farben gezüchtet, die nicht von Natur aus vorkommen – wie beispielsweise den bei Siamkatzen vorkommenden Farben. Die Maine Coon braucht trotz ihres üppigen, halblangen Fells viel weniger Fellpflege als eine kurzhaarige Katze.

Herkunft

Den ersten Teil ihres Namens hat die Maine Coon nach dem Staate Maine erhalten, wo sie ursprünglich vorkam. „Coon“ ist die Kurzform von „racoon“ (Waschbär) und bezieht sich auf den buschigen, gestreiften Schwanz, der einem Waschbärenschwanz sehr ähnlich sieht. Man erzählt sich, dass die Einwohner von Maine früher glaubten, die Maine-Coon-Katzen seien das Ergebnis einer Kreuzung zwischen Katzen und Waschbären. Heute weiß man natürlich, dass derartige Kreuzungen aus genetischen Gründen völlig unmöglich sind.

Viel wahrscheinlicher ist hingegen die Erklärung, dass die Vorfahren der Maine Coon von Seeleuten eingeführt wurden. Es war üblich, Katzen auf eine Schiffsreise mitzunehmen, damit diese das Schiff von Ratten und Mäusen freihielten. Es ist denkbar, dass halblanghaarige Katzen mit Seeleuten aus England (Angorakatzen und die Vorläufer der Perserkatzen) oder Norwegen (Norwegische Waldkatzen) nach Nordamerika gekommen sind und sich nach ihrer Ankunft mit den einheimischen kurzhaarigen Katzen gepaart haben. Demnach ist es möglich, dass die Maine Coon vielleicht mit der Norwegischen Waldkatze und mit großer Wahrscheinlichkeit mit der Türkischen Angora, einem der Vorfahren der Persischen Langhaar, verwandt ist.

Die ersten Maine Coon traten bereits 1895 auf Katzenausstellungen in den Vereinigten Staaten in Erscheinung. Die Maine Coon war damals eine sehr beliebte Rasse, bevor die Perserkatzen zusammen mit den Engländern nach Amerika kamen. Da diese Katzen viel exotischer aussahen, wandten sich die Katzenliebhaber dieser neuen Rasse zu, sodass die Maine Coon auf Ausstellungen viel seltener vertreten war. Ihre Beliebtheit als Haus-

Links: *Maine Coon, Schwarz-Silber gestromt*

Maine Coon, Schwarz-Gold gestromt

Maine Coon, Creme gestromt mit Weiß

tier und Schädlingsvernichter blieb jedoch vor allem im Staate Maine und dessen Umgebung unvermindert erhalten.
1951 nahmen verschiedene Züchter und Katzenliebhaber den Faden wieder auf, und noch im selben Jahr wurde der erste Maine-Coon-Club – der Central Maine Cat Club – gegründet. In der Folgezeit wurden spezielle Ausstellungen für Maine-Coon-Katzen organisiert. Die Menschen anderer Länder zeigten schon bald Interesse an dieser Rasse, sodass die Maine Coon ein beliebter und gern gesehener Gast auf europäischen Katzenausstellungen wurde. In den Anfangsjahren waren es vor allem deutsche Züchter, die eine große Rolle bei der Zucht der Maine Coon spielten.

Maine Coon, Rot gestromt

Maine Coon, Schwarz-Silber gestromt

Trotz ihrer Bemühungen war der Zuchtstandard erst 1967 ausgearbeitet, und es dauerte weitere zehn Jahren, bis die Rasse von den meisten Katzenverbänden anerkannt wurde. Heute genießt die Maine Coon große Beliebtheit sowohl bei Ausstellern und Züchtern als auch bei der allgemeinen Öffentlichkeit.

Charakter

Maine-Coon-Katzen sind unkomplizierte, freundliche und ausgeglichene Katzen. Im Allgemeinen vertragen sie sich gut mit anderen Katzen, und auch im Umgang mit Hunden treten keine Probleme auf, sofern man sie bereits frühzeitig mit Hunden vertraut macht. Maine-Coon-Katzen verhalten sich sowohl Erwachsenen als auch Kindern gegenüber äußerst freundlich. Da sie sehr anpassungsfähig sind, fühlen sie sich sowohl in einem Haus auf dem Land als auch in einer Mansardenwohnung in der Stadt wohl. Wer eine Maine Coon in der Wohnung halten möchte, muss dafür sorgen, dass sie stets ausreichend Spielmöglichkeiten hat. Ansonsten wird sie sich sehr schnell langweilen.

Maine-Coon-Katzen sind in jungen Jahren sehr verspielt und neugierig. Sie behalten diese Eigenschaften auch als erwachsene Tiere bei. Da sie gern klettern und springen, lohnt sich in jedem Fall die Anschaffung eines stabilen Kratz- und Kletterbaums. Obwohl die Maine Coon gerne spielt und tobt, kann sie manchmal sehr ruhig und sogar faul sein und den Abend mit Vorliebe zusammengerollt auf dem Schoß ihres Menschen verbringt. Die meisten Maine-Coon-Katzen lassen sich gerne streicheln und kraulen und betrachten die wöchentlichen „Sitzungen“ zur Fellpflege als willkommene Abwechslung. Maine-Coon-Katzen sind nicht sehr laut, gebrauchen ihre Stimmen aber, um sich mitzuteilen.

Maine-Coon-Kätzchen

Pflege

Die Maine Coon hat ein halblanges Fell, das sich selbst reinigt. In der Regel bleibt das Fell in einem ausgezeichneten Zustand, wenn man es einmal wöchentlich bürstet. Hierfür verwendet man am besten Bürsten aus reinen Schweineborsten, da sich synthetische Borsten elektrostatisch aufladen können. Man kann einen grob gezähnten Kamm für Bereiche nehmen, die dichter behaart sind und sich nur schwer mit einer Bürste bearbeiten lassen. Da das Fell sehr leicht Schaden nehmen kann, muss man dabei jedoch sehr vorsichtig vorgehen. Im Frühjahr und Sommer findet ein Haarwechsel statt, bei dem die Katze vor allem die langen Haare der Halskrause verliert. Während dieser Zeiten muss man mehr

Maine Coon, Red-Shaded-Cameo

Maine-Coon, Blau-Schildpatt-Weiß

Ungefähr vier Wochen alte Maine-Coon-Kätzchen

Zeit für die Fellpflege aufbringen, damit die Katze nicht zu viele Haare bei ihrer persönlichen täglichen Fellpflege aufnimmt. Gute Dienste kann eine Gummibürste leisten, sofern man sie vorsichtig einsetzt, wohingegen übermäßiger Eifer zu Schäden am Fell führen kann.

Viele Halter, die ihre Maine Coon auf Ausstellungen zeigen, striegeln, die Katze während des Haarwechsels häufiger als sonst mit einer weichen Bürste. Eine Maine Coon, die regelmäßig an Ausstellungen teilnimmt, benötigt mehr Fellpflege als ein reines Haustier. Bei Ausstellungskatzen ist es manchmal erforderlich, das Fell eine Woche oder früher vor der Ausstellung zu baden. Pflegemaßnahmen, wie sie zu Ausstellungszwecken bei Persern üblich und notwendig sind, sind bei der Maine Coon aber nicht angebracht. Es empfiehlt sich nicht, die Katzen unmittelbar vor einer Ausstellung zu baden, da sich das Fell erst nach einiger Zeit wieder erholt hat. Man darf stets nur ein speziell für Katzen geeignetes Shampoo verwenden, denn zu scharfe Stoffe können die natürlichen Hautfette zerstören. Manche Halter ziehen es vor, das Fell mit einem unparfümierten Puder einen oder zwei Tage vor der Ausstellung zu reinigen. Hierzu wird etwas Puder im Fell verteilt und gründlich einmassiert. Schmutz und überschüssiger Talg werden an den Puder gebunden, welcher anschließend mit einer weichen Bürste wieder aus dem Fell entfernt wird.

Maine-Coon-Kätzchen

Maine Coon, Schwarz-Schildpatt-Weiß gestromt

Maine Coon, Blau-Schildpatt-Smoke

Man reinigt die Ohren bei Bedarf mit einer speziellen Ohrlotion für Katzen, die man vorsichtig in das Ohr einmassiert und anschließend mit einem weichen Tuch wieder entfernt. Zum Reinigen kann man zwar auch Wattestäbchen verwenden, man muss sich jedoch darüber im Klaren sein, dass der Schmutz unter Umständen tiefer in den Gehörgang hineingeschoben werden kann –

Maine Coon, Blau gestromt

Ungefähr vier Wochen alte Maine-Coon-Kätzchen

was unerfreuliche Folgen haben kann. Derartige Hilfsmittel erfordern stets ein besonderes Maß an Vorsicht.

Einige Aussteller entfernen die scharfen Krallenspitzen unmittelbar vor der Ausstellung mit einem Spezialclipper.

Körperliche Merkmale

KÖRPER

Die Maine Coon ist die größte aller Hauskatzen – insbesondere Kater können sehr groß werden. Der muskulöse Körper ist länger als hoch, die Brust sitzt tief. Die muskulösen Beine sind mittellang, die großen, runden Pfoten weisen zwischen den Zehen Haarbüschel auf.

Ein weiteres typisches Merkmal der Maine Coon ist der lange Schwanz, der mindestens bis zum Nacken reichen muss, wenn man ihn auf den Rücken legt.

KOPF

Der Kopf ist durchschnittlich breit, mit hoch angesetzten Wangenknochen. Das kräftige Kinn bildet eine gerade Linie mit der Nase und der Oberlippe. Im Profil zeigt die Nase eine leichte Wölbung, aber keinen ausgeprägten Stopp.

Die Ohren sind groß und am Ansatz breit. Sie sind hoch am Kopf angesetzt, weit auseinander stehend und spitz zulaufend. Typisches Merkmal sind die Haarbüschel, die sich von der Innenseite der Ohren nach außen kräuseln. Luchspinsel (Haarpinsel an der Ohrenspitze) sind sehr erwünscht. Die großen Augen sind leicht oval geformt und schräg gestellt.

FELL

Die Maine Coon hat ein dichtes, halblanges Fell, das an den Unterseiten, den Flanken und dem Schwanz deutlich länger ist. Eine Halskrause ist erwünscht. Die Beschaffenheit des fließenden Fells hängt von der Farbe ab – Katzen mit Silberfaktor, Nicht-Agouti-Katzen sowie verdünnte Farben haben ein weicheres Fell. Ein kurzes oder am ganzen Körper gleichmäßig langes Fell bringt Punktabzüge auf Ausstellungen. In der Regel ist das Fell im Sommer bedeutend kürzer als im Winter, während das Schwanzfell das ganze Jahr hindurch lang und fließend ist. Man erkennt bei Jungtieren bereits frühzeitig das halblange Fell, wenngleich es weniger üppig als bei den Eltern ist. Das Fell einer Katze ist erst im Alter von achtzehn Monaten vollständig ausgebildet – in Ausnahmefällen kann es sogar noch länger dauern.

FARBEN

Die Maine Coon wird nur in den natürlichen Farben gezüchtet, die auch bei gewöhnlichen Hauskatzen vorkommen. Demzufolge findet man Katzen mit vielen verschiedenen Fellfarben und -zeichnungen, zum Beispiel in Schwarz, Blau, Rot und Creme, manchmal mit weißen Flecken, einer Tabbyzeichnung oder silberfarbenem Unterhaar.
Die Farbverteilung – der bei anderen Rassen eine wichtige Bedeutung zukommt – spielt bei der Maine Coon nur eine untergeordnete Rolle. Die Züchter können sich darauf konzentrieren, Katzen mit einem korrekten Typ und einem Fell der richtigen Beschaffenheit und Länge zu züchten. Eine Katze mit einem überragenden Typ und einer weniger attraktiven Farbverteilung wird auf Ausstellungen besser abschneiden als ein Tier mit wunderschönen, symmetrischen Zeichnungen, aber schlechterer Fellqualität sowie Gestalt.
Auch die Augenfarbe wird nicht als besonders wichtig angesehen – Maine-Coon-Katzen können grüne, gelbgrüne, kupferfarbene und sogar verschiedenfarbige Augen haben. Weiße Maine-Coon-Katzen mit blauen Augen sind eine Seltenheit. Zu den gängigsten Farben zählen Schwarz gestromt und Schwarz-Weiß getigert.

Maine Coon, Blau-Schildpatt-Weiß gestromt

Besonderheiten

Die Maine Coon entwickelt sich langsam und ist frühestens im Alter von drei Jahren völlig ausgewachsen.

Norwegische Waldkatze

Die Norwegische Waldkatze, die in ihrem Heimatland als „Norsk Skaukatt" bezeichnet wird, ist der Maine Coon sehr ähnlich und wird daher häufig mit ihr verwechselt. Wichtigstes Unterscheidungsmerkmal zwischen beiden Rassen ist die Kopfform. Während die Maine Coon eine längere, kantigere Schnauze und ein gewölbtes Profil zeigt, hat die Norwegische Waldkatze einen eher dreieckigen Kopf und eine gerade Nase. Die Norwegische Waldkatze hat in der Regel ein etwas grobes und fettiges Fell. Auch hinsichtlich des Charakters bestehen kleine Unterschiede. Die Maine Coon ist im Allgemeinen ausgeglichener. Da die Norwegische Waldkatze, ebenso wie Maine Coon und Türkische Angora, zu den natürlichen Rassen zählt, wird sie nur in den Farben gezüchtet, die von Natur aus

Weiße Norwegische Waldkatze

vorkommen. Die Siamfärbung, die man bei Siamesen oder Burmakatzen findet, sowie die Farben Lila und Chocolate werden bei diesen Rassen nicht anerkannt. Die zunehmende Beliebtheit der Maine Coon hat gleichzeitig auch das Interesse an der Norwegischen Waldkatze geweckt. Während diese Rasse vor einigen Jahrzehnten noch nahezu unbekannt war, ist sie heute regelmäßig auf Katzenausstellungen vertreten. Zudem befassen sich immer mehr Züchter mit der Norwegischen Waldkatze.

Herkunft

Die Wissenschaftler stimmen darin überein, dass die Wurzeln der langhaarigen Katzen in Südrussland, in der Türkei und im Iran (dem früheren Persien) liegen. Da früher außerhalb dieser Regionen nur kurzhaarige Rassen vorkamen, können die Vorfahren der Norwegischen Waldkatze nur durch menschliches Zutun in Norwegen Einzug gehalten haben. Man vermutet, dass langhaarige Katzen aus der Türkei und anderen Ländern im 19. Jahrhundert mit den seefahrenden Wikingern nach Skandinavien kamen. Verantwortlich hierfür war sicherlich nicht der Umstand, dass diese Katzen von den Wikingern wegen ihres besonderen Aussehens bewundert wurden. Vielmehr sollten sie einen rein praktischen Zweck erfüllen, da nämlich auf den langen Schiffsreisen ein Überhandnehmen von Schädlingen nur mit Hilfe von Katzen verhindert werden konnte.

Aus diesem Grund liegt der Schluss nahe, dass die Norwegische Waldkatze ein entfernter Nachkomme der Rasse ist, die heute als Türkische Angora bezeichnet wird. Diese Theorie klingt recht plausibel, da beide Rassen einen keilförmigen Kopf und eine gerade Nase haben. Die Norwegische Waldkatze ist zwar gedrungener gebaut und hat ein gröberes Fell, dies könnte jedoch das Ergebnis einer mehr oder weniger natürlichen Selektion und auf den Einfluss kurzhaariger Katzen zurückzuführen sein, die bereits in Skandinavien lebten.

Die Katzen mit einem dickeren Pelz und einem kräftigeren Körperbau hatten offensichtlich bessere Chancen, die harten skandinavischen Winter zu überleben als ihre zarter

Norwegische Waldkatze, Schwarz gestromt mit Weiß

gebauten Verwandten mit ihrem weniger dichten Fell.
In Anbetracht zahlloser Hinweise auf langhaarige Katzen mit dicht behaarten Schwänzen – „Huldrekatten" – in alten Nordischen Legenden glaubt man, dass die Vorfahren der heutigen Norwegischen Waldkatze seit mehreren Jahrhunderten in den Wäldern von Norwegen gelebt haben. Wenn die Katzen im Winter Schwierigkeiten hatten, ausreichend Nahrung zu finden, zog es sie in die Nähe des Menschen. Da sie sich in und um Häusern und Bauernhöfen äußerst nützlich machten und Schädlinge vernichteten, wurden sie von den Menschen dieser Zeit sehr geschätzt.
Die erste Norwegische Waldkatze trat 1912 auf einer Katzenausstellung in Erscheinung. Dabei handelte es sich um eine Katze mit einem schwarz-silberfarbenen Fell und dem eindrucksvollen Namen Gabriel Scott Solvfaks. Einige Katzenliebhaber legten daraufhin Interesse an der inländischen Zucht an den Tag und gründeten eine Vereinigung, die sich die Stabilisierung dieser Rasse zum Ziel gesetzt hatte. Das Zuchtprogramm wurde mit wechselndem Erfolg umgesetzt, und die Norwegische Waldkatze wurde erst 1977 von den internationalen Katzenverbänden offiziell anerkannt.
Heute ist diese Rasse ein vertrauter Anblick auf Ausstellungen in der ganzen Welt, während gleichzeitig noch immer wilde Katzen dieser Rasse in den menschenleeren Wäldern und ländlichen Regionen Norwegens leben.

Charakter

Die Norwegische Waldkatze hat ein gelassenes, geduldiges und geselliges Naturell. Sie ist eine freundliche, ausgeglichene, aber dennoch recht lebhafte Katzen. Auch wenn der Name die Vermutung nahelegt, handelt es sich nicht um eine wilde Freilandkatze. Viele ihrer Vorfahren waren bereits vor einigen Jahrhunderten beliebte Haustiere in den ländlichen Regionen Norwegens.
Wenngleich heute viele Norwegische Waldkatzen glücklich und zufrieden als reine

Norwegische Waldkatze, Schwarz gestromt mit Weiß

Stubentiger leben, ist es natürlich für jede Katze ein besonderes Vergnügen, wenn für sie auch ein großes Freigehege zur Verfügung steht. Wenn man die Norwegische Waldkatze jedoch von Geburt an in der Wohnung hält, wird sie es auch nicht vermissen, dass sie nicht im Freien herumstromern kann, da sie niemals etwas Anderes kennen gelernt hat.
Dies bedeutet jedoch nicht, dass Norwegische Waldkatzen träge Tiere sind: Sie sind lebhaft und verspielt und müssen die Möglichkeit haben, ihre überschüssige Energie abzureagieren. Da Norwegische Waldkatzen sehr gut klettern können und ihr Können gerne unter Beweis stellen, ist die Anschaffung eines stabilen Kratz- und Kletterbaums dringend erforderlich. Großen Gefallen finden sie auch an verschiedenen Spielsachen, wie Fellmäusen und Tischtennisbällen.
Diese intelligenten Katzen verhalten sich dem Menschen gegenüber sehr freundlich. Sie lassen sich zwar gerne streicheln und kraulen, sind aber nicht so geduldig wie andere langhaarige oder halblanghaarige Rassen und bringen es deutlich zum Ausdruck, wenn ihnen etwas nicht behagt. Norwegische Waldkatzen haben die Neigung, sich besonders eng an ein Familienmitglied zu binden. Obwohl sie gerne im Mittelpunkt stehen, sind sie in der Regel weder lautstark noch lästig. Im Umgang mit Hunden treten nur selten Probleme auf – es gibt sogar viele Beispiele von lebenslangen Freundschaften zwischen Hunden und Norwegischen Waldkatzen. Da Norwegische Waldkatzen ein sehr ausgeprägtes

Norwegische Waldkatze, Schwarz getigert mit Weiß

Norwegische Waldkatze, Creme

Norwegische Waldkatze, Schwarz getigert mit Weiß

Norwegische Waldkatze, Schwarz gestromt

Norwegische Waldkatze, Schwarz-Weiß

Territorialverhalten an den Tag legen, vertragen sich Kater nicht besonders gut miteinander. Bei kastrierten Katern treten gewöhnlich nicht allzu viele Probleme auf. Im Allgemeinen vertragen sich sowohl kastrierte als auch nicht kastrierte Kätzinnen gut, sofern jedem Tier ausreichend Platz zur Verfügung steht. Dies steht in deutlichem Gegensatz zu den Siamkatzen, die gerne gemeinsam, eng aneinander gekuschelt, schlafen.

Die Norwegische Waldkatze zeichnet eine große Neugier aus: Sie will genau wissen, was in ihrer Umgebung vor sich geht und wird alles Neue – angefangen von einer Einkaufstüte bis hin zu einem fremden Besucher – einer gründlichen Untersuchung unterziehen.

Da das wasserabweisende, kälteisolierende Fell der Norwegischen Waldkatze außerordentlich gut an ein raues, nasses Klima angepasst ist, kann man die Tiere sowohl im Sommer als auch im Winter in einem Freigehege halten, sofern man ihnen genügend Aufmerksamkeit entgegenbringt. Die meisten Norwegischen Waldkatzen bleiben bis ins hohe Alter verspielt.

Norwegische Waldkatzen vertragen sich sehr gut mit anderen Tieren.

Pflege

Das für die Rasse typische, fettige, wasserabweisende Fell erfordert keine besonders intensive Pflege und gleicht damit den Pflegeanforderungen der anderen natürlichen halblanghaarigen Rassen. Außerhalb der Zeiten des Haarwechsels genügt es, wenn man das Fell hin und wieder mit einem grob gezähnten Kamm oder einer Bürste in Ordnung bringt. Um keinen Schaden am Unterfell zu verursachen, muss man jedoch sehr vorsichtig vorgehen. Man verwendet am besten Bürsten aus Naturborsten, da sich synthetische Borsten elektrostatisch aufladen können.
Die Norwegische Waldkatze weist einen relativ kurzen und heftigen Haarwechsel auf, nach dem sie wie eine kurzhaarige Katze mit einem langen, buschigen Schwanz aussieht. Man wird zwar überall in der Wohnung lose, abgestorbene Haare finden, die abgestorbenen Haare des Unterfells können sich jedoch in den gröberen Haaren des Deckfells verfangen. In der Folge kann das Fell verfilzen und nur schwer wieder in Ordnung gebracht werden. Außerdem nimmt die Katze beim Lecken des Fells unzählig viele Haare auf. Um dies zu verhindern, sollte man das Fell während des Frühjahrs jeden Tag kämmen oder bürsten.
Während es bei vielen langhaarigen und halblanghaarigen Rassen üblich ist, die Tiere vor einer Ausstellung zu baden, empfiehlt sich diese Maßnahme bei der Norwegischen Waldkatze keinesfalls. Durch das Bad wird das Fell weicher und glänzender, und der rassetypische fettige Glanz geht dabei für sehr lange Zeit verloren. Da durch das Shampoo die schmutzabweisende Schicht entfernt wird, verschmutzt das Fell zudem schneller als zuvor.
Man reinigt die Ohren bei Bedarf mit einer speziellen Ohrlotion für Katzen, die man vorsichtig in das Ohr einmassiert und anschließend mit einem weichen Tuch entfernt. Zum Reinigen kann man zwar auch Wattestäbchen verwenden, man muss sich jedoch darüber im Klaren sein, dass dadurch der Schmutz tiefer in den Gehörgang geschoben werden kann – was unter Umständen unangenehme Folgen hat. Derartige Hilfsmittel erfordern stets ein besonderes Maß an Vorsicht.
Einige Aussteller entfernen die scharfen Krallenspitzen unmittelbar vor der Ausstellung mit einem Spezialclipper.

Körperliche Merkmale

KÖRPER
Die Norwegische Waldkatze ist eine ziemlich große, kräftige Katze mit einem schweren

Norwegische Waldkatze, Blau getigert

Vier Wochen alte Norwegische Waldkätzchen

Junge Norwegische Waldkatze, Schwarz-Weiß

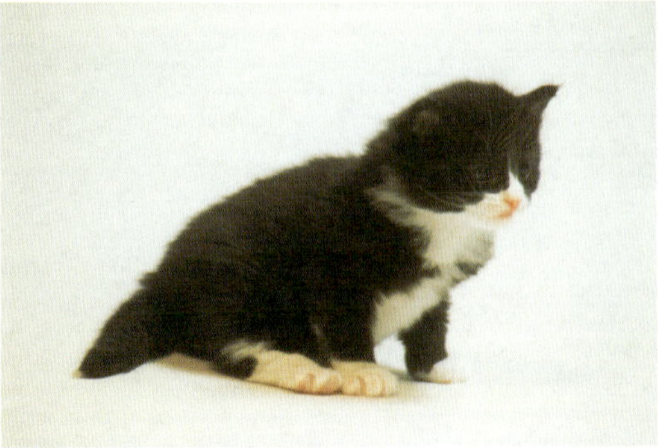

Knochenbau und einem langen Körper. Da die Hinterbeine etwas länger als die Vorderbeine sind, steigt der Rücken zum Schwanz hin leicht an. Die Pfoten sind groß, rund sowie kräftig und weisen Haarbüschel zwischen den Zehen auf. Die Hinterbeine sind völlig gerade, während die Vorderpfoten leicht nach außen stehen dürfen. Der Schwanz ist lang, dick und dicht behaart. Er sollte bis an die Einbuchtung zwischen den Schulterblättern reichen, wenn man ihn auf den Rücken legt.
Ein zu kleiner, zu schlanker oder zu langer Körper, ein kurzer Schwanz oder kurze Beine werden auf Ausstellungen als Fehler gewertet. Kater sollten etwas größer und untersetzter sein als Kätzinnen.

KOPF

Von vorn betrachtet bildet der Kopf ein gleichseitiges Dreieck. Die Nase ist gerade und ohne Stopp. Das Kinn ist kräftig, jedoch weniger ausgeprägt als bei der Maine Coon. Die mandelförmigen Augen sind sehr ausdrucksvoll. Die Ohren sind am Ansatz breit, hoch am Kopf angesetzt und spitz zulaufend. Von vorne betrachtet soll der äußere Rand der

Junge Norwegische Waldkatze, Schwarz getigert mit Weiß

Junge Norwegische Waldkatze

Ohren in einer Linie mit der Schädelform verlaufen, sodass die Ohren und das Gesicht ein Dreieck bilden.
Es befinden sich meist Luchspinsel an den Ohrenspitzen sowie längere, leicht nach hinten gekrümmte Haarbüschel an den Innenseiten der Ohren. Die Luchspinsel sind nicht zwingend vorgeschrieben.

FELL

Die Beschaffenheit des Fells ist bei der Norwegischen Waldkatze von größter Wichtigkeit. Der Pelz ist halblang und weist ein dichtes, wolliges Unterfell auf. Die weichen, glänzenden Deckhaare sind wasserabweisend und machen die Katze wetterunempfindlich. Die Katze sollte, außer im Sommer, eine üppige Halskrause, „Knickerbockerhosen" an den Hinterläufen sowie stets einen langen, dicht behaarten Schwanz aufweisen. Katzen, die sich viel im Freien aufhalten, sowie Kater haben ein dickeres, dichteres Fell als Tiere, die in der Wohnung gehalten werden. Ein trockenes oder verfilztes Fell wird auf Ausstellungen als Fehler gewertet.

Junge Norwegische Waldkatze, Rot getigert mit Weiß

FARBEN

Die Norwegische Waldkatze wird nur in den natürlichen Farben anerkannt, die auch bei gewöhnlichen Hauskatzen vorkommen. Ebenfalls nicht anerkannt werden die Siamfärbung, die man bei Siamesen oder Burmakatzen findet, sowie die nicht natürlichen Farben Lila, Cinnamon und Chocolate.
Im Gegensatz zu anderen Rassen, wie den Persern, spielt die Farbverteilung bei der Norwegischen Waldkatze nur eine untergeordnete Rolle. Da die Farbverteilung und die Farben an sich zweitrangig sind, können sich die Züchter darauf konzentrieren, gesunde Katzen mit einem reizvollen Typ zu züchten.
Zu den gängigsten Farben zählen Schwarz gestromt sowie Schwarz oder Schwarz-Weiß getigert. Die Augenfarbe kann beliebig sein, sie reicht von Grün und Gelb bis hin zu Kupfer und Blau. Norwegische Waldkatzen mit verschiedenfarbigen Augen sind sehr selten.

Besonderheiten

Die Kätzchen sind zwar frühzeitig als halblanghaarige Rasse zu erkennen, ihr Fell ist jedoch keineswegs so üppig wie das ihrer Eltern. Es kann zwei oder mehr Jahre dauern, bis das Fell einer Norwegischen Waldkatze voll entwickelt ist. Ihre endgültige Größe erreichen die Tiere frühestens im Alter von drei Jahren.

Sibirische Katze

Sibirische Katzen gleichen hinsichtlich ihres Aussehens und ihres Charakters den Norwegischen Waldkatzen und den Maine-Coon-

Katzen. Die Rasse ist weniger bekannt und beliebt, als sie es vielleicht verdient hätte. Man findet sie nur selten außerhalb Russlands und den früheren Ostblockstaaten. Charakteristische Merkmale dieser Rasse sind die Ohrbüschel und das glänzende, halblange Fell. Der Kopf ist deutlich runder und kürzer als bei der Norwegischen Waldkatze und der Maine Coon.

Herkunft

Über die Herkunft der Sibirischen Katze ist nur wenig bekannt. Vermutlich lebten diese reizvollen halblanghaarigen Katzen jahrhundertelang in Sibirien. Vor nicht allzu langer Zeit wurden sie schließlich von Katzenliebhabern entdeckt.
Als Vorfahren der Sibirischen Katze kommen Angorakatzen oder Norwegischen Waldkatzen in Frage, die sich mit einheimischen, kurzhaarigen Bauernkatzen gepaart haben.

Charakter

Der Charakter der Sibirischen Katze ist dem der Norwegischen Waldkatze sehr ähnlich. Sibirische Katzen sind zudem ebenfalls begeisterte und geschickte Kletterkünstler. Aus diesem Grund lohnt sich die Anschaffung eines stabilen Kratz- und Kletterbaums, wenn man sich eine Katze dieser Rasse zulegt. Sibirische Katzen lassen sich zwar gerne streicheln und bürsten, in der Regel sind sie aber keine ausgeprägten Schmusetiere. Sie bewahren ihre Würde in jeder Situation. Im Allgemeinen vertragen sie sich gut mit anderen Katzen und mit Hunden. Außerdem geben sie hervorragende Spielkameraden für Kinder ab.

Sibirische Katze, Blau-Schildpatt-Weiß

Sibirische Katze, Rot-Weiß

Pflege

Die Fellpflege nimmt bei einer Sibirischen Katze nicht viel Zeit in Anspruch, da die Katze ein wasser- und schmutzabweisendes Fell hat, das sich selbst wirkungsvoll reinigt. Außerhalb der Zeiten des Fellwechsels genügt es, wenn man das Fell einmal wöchentlich bürstet und anschließend die Bereiche kämmt, die gerne verfilzen. Dazu zählen die Stellen hinter den Ohren, zwischen den Vorder- und Hinterbeinen sowie an der Brust. Man muss dabei sehr vorsichtig vorgehen, damit man nicht zu viele Haare aus dem Unterfell herausreißt.
Ebenso wie die Norwegische Waldkatze findet auch bei der Sibirischen Katze im Frühjahr und Frühsommer ein kurzer, aber heftiger Haarwechsel statt. Die Katzen verlieren in-

nerhalb kurzer Zeit eine beträchtliche Menge an Haaren, wobei die abgestoßenen Haare des Unterfells sehr leicht mit den festeren Deckhaaren verfilzen können. Während dieser Phase sollte man daher das Fell häufiger bürsten und kämmen.
Es empfiehlt sich nicht, die Katzen vor Ausstellungen zu baden, da dadurch die wasser- und schmutzabweisende Schicht – ein typisches Rassemerkmal – aus dem Fell entfernt wird. Besser ist es, das Fell mit einem unparfümierten Puder zu reinigen und diesen anschließend wieder gründlich herauszubürsten, bis keinerlei Reste mehr im Fell sind. Dieser Puder ist im gut geführten Heimtierbedarf und auf Katzenausstellungen erhältlich.
Man reinigt die Ohren bei Bedarf mit einer speziellen Ohrlotion für Katzen und entfernt die scharfen Krallenspitzen regelmäßig mit einem Spezialclipper.

Körperliche Merkmale

KÖRPER
Die Sibirische Katze ist eine mittelgroße, muskulöse Katze. Der Körper ist etwas länger

Sibirische Katze, Schwarz getigert mit Weiß

als hoch. Der Hals ist kurz und muskulös, die kräftigen Beinen sind mittellang. Die Zwischenräume der Zehen müssen stets Haarbüschel aufweisen. Der Schwanz ist breit und am Ansatz kräftig, mit einer leicht abgerundeten Spitze. Er soll mindestens bis zu den Schulterblättern reichen, wenn man ihn auf den Rücken legt. Deutlich längere Hinter- als Vorderbeine sowie ein gleichmäßig langer wie hoher Körper bringen auf Ausstellungen Punktabzüge. Ebenfalls wenig Chancen haben

Sibirische Katze, Schwarz-Silber gestromt

Junge Sibirische Katze, Schwarz-Silber getupft

Sibirische Katze, Blau-Weiß

Tiere mit einem zarten Knochenbau, einem langen, dünnen Hals oder fehlenden Haarbüscheln zwischen den Zehen.

KOPF

Das Ideal bei dieser Rasse ist ein kurzer, stumpfer Kopf. Die Nase ist breit und leicht konkav, ein Stopp darf jedoch nicht vorhanden sein. Die Wangen sind kräftig und massiv, das Kinn sollte kräftig und ausgeprägt sein. Die Ohren sind mittelgroß, der Abstand zwischen den Ohren sollte mindestens eine Ohrbreite betragen. Die Spitzen der Ohren sind abgerundet und weisen Luchspinsel auf, die Innenseiten der Ohren sind deutlich behaart. Diese Katzen haben große, ovale, weit auseinander stehende Augen.

FELL

Die Sibirische Katze hat ein halblanges Fell mit dichtem Unterhaar und langem, wasserabweisendem, fettigem Deckhaar. Normalerweise ist das Fell zwischen den Schulterblättern deutlich kürzer.

FARBEN

Die Sibirische Katze kann viele verschiedene Fellfarben aufweisen. Die Rasse ist nicht auf die natürlichen Farben beschränkt, welche bei der Norwegischen Waldkatze und der Maine Coon vorgeschrieben sind. Man findet bei der Sibirischen Katze auch die Siamfärbung sowie die Farben Chocolate und Lila, wenngleich diese Farben nicht von allen Katzenverbänden anerkannt werden.
Das Vorliegen beziehungsweise Fehlen von weißen Flecken im Fell sowie die Symmetrie der Zeichnung sind bei der Sibirischen Katze von untergeordneter Bedeutung. Mehr Gewicht wird auf die Körperform, die Kopfform und die Beschaffenheit des Fells gelegt.

Junge Sibirische Katze, Schwarz-Schildpatt-Weiß

Junge Sibirische Katze, Schwarz-Schildpatt-Weiß

Gängige Farben sind Rot, Schwarz sowie die verdünnten Formen dieser beiden Farben (Creme und Blau), sowohl mit als auch ohne silberfarbenes Unterfell.
Das Fell kann einfarbig sein oder eine Tabbyzeichnung aufweisen, die gestromt, getigert und getupft sein kann. Ebenfalls erlaubt sind Schildpatt sowie Schildpatt mit Tabbyzeichnung (Tortie-Tabby). Nur selten kommen Sibirische Katzen mit einem Vanmuster oder rein weiße Tiere vor.
Sibirische Katzen haben bernsteinfarbene oder grüne Augen. Eine Ausnahme hiervon bilden Sibirische Katzen mit Vanmuster oder rein weiße Individuen, da diese blaue oder verschiedenfarbige Augen haben. Katzen dieser Rasse mit einer Himalayazeichnung werden als „Neva Masquerade" bezeichnet.

Türkische Angora

Die Türkische Angora ist nach der türkischen Hauptstadt Ankara benannt, welche früher Angora hieß. Die Angora zählt zu den ältesten Katzenrassen und ist vermutlich die älteste aller halblanghaarigen Rassen. Daher ist es verwunderlich, dass diese Rasse erst seit relativ kurzer Zeit wieder an Bedeutung gewinnt. Diese halblanghaarigen, anziehenden Katzen finden allmählich immer mehr Anhänger unter Katzenliebhabern und Züchtern. Es sind außerordentlich reizvolle Tiere mit einem intelligenten Ausdruck. Sie werden zwar in vielen Farben gezüchtet, Weiß ist jedoch die traditionelle Farbe. Charakteristisches Rassemerkmal ist das glänzende, halblange Fell.

Die Türkische Angora zählt neben der Norwegischen Waldkatze, der Maine Coon und der Sibirischen Katze zu den natürlichen halblanghaarigen Rassen.

Herkunft

Vermutlich gelangte die erste Türkische Angora mit italienischen Handelsleuten Anfang des 17. Jahrhunderts nach Europa. Diese halblanghaarigen, eleganten Katzen hatten meist ein weißes Fell und entweder blaue oder gelbe Augen.
Wegen ihres exotischen Aussehens – das in deutlichem Gegensatz zu den kurzhaarigen Bauernkatzen stand, die damals in Europa verbreitet waren – wurden die Tiere häufig als kostbares Geschenk an adelige Schutzherren überreicht. Die Türkische Angora dieser Zeit wurde mit großem Respekt behandelt und war bei wohlhabenden Europäern äußerst beliebt. Auch am französischen Hof war man von dieser Rasse begeistert und hielt viele Angorakatzen.

Türkische Angora, Weiß

Junge Türkische Angora, Weiß

Gegen Ende des 19. Jahrhunderts wurden die ersten Türkischen Angora mit anderen Katzen gekreuzt. Die Tiere, die aus diesen Kreuzungen hervorgingen, waren noch eleganter als ihre Eltern. Diese Kreuzungen, die Vorläufer der Perserkatzen, verdrängten langsam aber sicher die Türkischen Angora von ihrer zuvor scheinbar unangreifbaren Führungsposition. Die Rasse wurde in zunehmendem Maße in den Hintergrund gedrängt und stand kurz vor dem Aussterben. Zwischen 1910 und 1920 war die Rasse an ihren Tiefpunkt gelangt, da nur noch wenige reinrassige Tiere existierten – selbst in der Türkei.

Da die Türken ihre weißen Katzen sehr schätzten, wurde in den Zoos von Ankara und Instanbul ein Zuchtprogramm in die Wege geleitet, das die Rasse vor dem Aussterben bewahren sollte. Obwohl die Ausfuhr von Angorakatzen streng verboten war, gelang es einigen Ausländern, hin und wieder auf illegalem Weg an eine reinrassige Katzen zu gelangen. In den fünfziger Jahren gelangten einige amerikanische Züchter in den Besitz

Junge Türkische Angora, Weiß

weniger Katzen, die den Grundstock für alle Katzen darstellten, die heute in Europa und den Vereinigten Staaten gezüchtet werden. Selbst heute noch importieren die Züchter Tiere aus dem Ursprungsland. Die ersten Importe umfassten fast ausschließlich weiße Tiere, welche natürlich auch farbige Nachkommen hervorbrachten.

Die weiße Varietät wurde als erste in den Vereinigten Staaten und später auch in Europa anerkannt. Wie bei allen anderen Rassen auch, empfiehlt es sich nicht, weiße Katzen miteinander zu paaren, da diese taube Nachkommen haben können.

Charakter

Türkische Angora sind lebhafte, extrovertierte Tiere, die die Gesellschaft des Menschen sehr schätzen. Ihre Intelligenz kommt deutlich zum Ausdruck, wenn sie sich etwas in den Kopf gesetzt haben: So finden sie sehr schnell heraus, wie sich ein Küchenschrank öffnen lässt. Wahrscheinlich ist dies auch die Folge

Türkische Angora, Schwarz-Schildpatt-Harlekin

Türkische Angora, Schwarz-Schildpatt-Weiß

ihres außerordentlich neugierigen Naturells. Alles Neue – angefangen von einer Einkaufstüte bis hin zu einem fremden Besucher – wird gründlich beschnüffelt und untersucht. Türkische Angora sind verspielte und unternehmungslustige Tiere, die Tischtennisbälle und andere Spielsachen lieben.
Da diese Katzen die Gesellschaft des Menschen überaus schätzen, können sie sich besonders stark an eine bestimmte Person binden. Die Tiere entwickeln häufig die Angewohnheit, ihr auserwähltes Familienmitglied mit einem leisen, freundlichen Schrei zu begrüßen.
Angora können zwar ihrem Menschen viel Liebe und Treue entgegenbringen, erwarten aber im Gegenzug ebenso viel Aufmerksamkeit. Deshalb sollte man eine Türkische Angora niemals längere Zeit allein in einem abgetrennten Raum oder einem Freigehege lassen. Wer häufig außer Haus ist, sollte vom Kauf einer Türkischen Angora Abstand nehmen – oder sich zwei Tiere anschaffen, damit sich diese gegenseitig Gesellschaft leisten können.
Im Allgemeinen vertragen sich Türkische Angora sehr gut mit anderen Katzen, und nur selten treten Probleme im Umgang mit Hunden auf. Manche Tiere dieser Rasse sind jedoch so sehr auf ihre Menschen fixiert, dass sie diese nur ungern mit anderen Katzen teilen möchten. Dies ist jedoch keineswegs die Regel.
Die eleganten Katzen haben ein unkompliziertes sowie ausgeglichenes Naturell und vertragen sich in der Regel gut mit Kindern. Wenn man sie allerdings zu unsanft behan-

Türkische Angora, Schwarz-Schildpatt

delt, tun sie ihren Unmut deutlich kund. Dennoch erwehren sie sich Kindern gegenüber nicht allzu heftig ihrer Haut.
Man kann einer Türkischen Angora beibringen, an der Leine zu laufen. Manche Tiere lernen auch, Papierkügelchen oder kleine Spielsachen zu apportieren.

Pflege

Die Fellpflege nimmt bei einer Türkischen Angora nur wenig Zeit in Anspruch, da das Fell nicht zum Verfilzen neigt. Da Türkische Angora, wie die meisten anderen Katzen auch, sehr reinlich sind, genügt es, wenn man das Fell einmal wöchentlich mit einer Bürste striegelt. Nach Belieben kann man das Fell auch gelegentlich mit einem grob gezähnten Kamm reinigen.
Während des Haarwechsels lassen sich lose, abgestorbene Haare mit einer Gummibürste entfernen. Übermäßiger Eifer ist jedoch nicht angebracht, da man dem Fell damit unbeabsichtigt Schaden zufügen kann. Türkische Angora haben ein relativ kurzes Sommerfell, sodass sie von Laien mit Kurzhaarrassen verwechselt werden können.
Bei Ausstellungskatzen kann ein Bad erforderlich sein – insbesondere bei weißen Tieren. Man sollte ein spezielles Shampoo verwenden und das Bad mindestens eine Woche vor dem Ausstellungstermin ansetzen, damit

Türkische Angora, Creme getigert

Türkische Angora

Türkische Angora, Blau-Schildpatt-Weiß

Türkische Angora, Blau getigert mit Weiß

Türkische Angora, Blau getigert mit Weiß

das Fell genügend Zeit hat, um sich wieder zu legen. Man kann das Fell auch mit einem unparfümierten Puder reinigen. Hierzu verteilt man etwas Puder im Fell der Katze und massiert ihn vorsichtig ein. Der Puder bindet Schmutzpartikel und überschüssigen Talg und wird anschließend mit einer weichen Bürste aus dem Fell entfernt.

Man reinigt die Ohren nur bei Bedarf mit einer speziellen Ohrlotion für Katzen, die man vorsichtig in das Ohr einmassiert und anschließend mit einem weichen Tuch entfernt. Zum Reinigen kann man auch Wattestäbchen verwenden, man muss sich jedoch darüber im Klaren sein, dass der Schmutz tiefer in den Gehörgang hineingeschoben werden kann, was unter Umständen unerfreuliche Folgen hat. Derartige Hilfsmittel erfordern stets ein besonderes Maß an Vorsicht.
Einige Aussteller entfernen die scharfen Krallenspitzen unmittelbar vor der Ausstellung mit einem Spezialclipper.

Körperliche Merkmale

KÖRPER

Die Türkische Angora ist eine kräftige und muskulöse, gleichzeitig aber geschmeidige und elegante, kleine bis mittelgroße Katze. Sie hat einen zarten Knochenbau und einen ziemlich langen Körper. Da die Hinterbeine

Türkische Angora, Schwarz-Silber getupft

Die Türkische Angora kann ausgezeichnet klettern.

Türkische Angora, Black-Smoke

Türkische Angora, Schwarz getupft

etwas länger als die Vorderbeine sind, steigt der Rücken zum Schwanz hin leicht an. Türkische Angora haben kleine, runde Pfoten und Haarbüschel zwischen den Zehen. Der Hals ist schlank, grazil und mäßig lang.
Der Schwanz ist dicht behaart, am Ansatz breit und wird zur Spitze hin schmaler. Die Schwanzspitze muss mindestens bis an die Einbuchtung zwischen den Schulterblättern, vorzugsweise sogar weiter, reichen, wenn man ihn auf den Rücken legt. Türkische Angora sind ungefähr im Alter von zwei Jahren völlig ausgewachsen.

KOPF

Der keilförmige Kopf ist im Verhältnis zum Körper klein bis mittelgroß. Die langen, spitzen, behaarten Ohren sind hoch am Kopf platziert. Die Augen sind groß, mandelförmig und leicht schräg gestellt. Die mittellange Nase ist leicht konkav, darf aber keinen Stopp aufweisen. Das Kinn sollte nicht zu groß sein.

FELL

Das eng anliegende, halblange Fell ist sehr fein und glänzend. Türkische Angora haben einen dicht behaarten Schwanz, eine üppige Halskrause sowie „Knickerbockerhosen“ an den Hinterläufen.

FARBEN

Weiß ist die traditionelle – und bis vor kurzem einzige anerkannte – Farbe der Türkischen Angora. Mittlerweile kann das Fell der Türkischen Angora jede beliebige Farbe und Farbkombination aufweisen, sofern sie den natürlichen Farben zugerechnet werden kann. Nicht natürliche Farben, wie Lila und Chocolate, sowie die Siamfärbung sind nicht erlaubt. Zu den gängigsten Farben zählen Rot und Schwarz sowie die Verdünnungen dieser beiden Farben (Creme und Blau). Das Fell kann einfarbig sein oder eine Tabbyzeichnung aufweisen, die gestromt, getigert oder getupft sein kann. Weitere beliebte Farben bei dieser Rasse sind Schildpatt sowie Schildpatt mit Tabbyzeichnung (Tortie-Tabby).

Junge Türkische Angora, Rot-Weiß

Türkische Angora, Schwarz-Silber gestromt Schildpatt-Weiß

Junge Türkische Angora, Rot

Junge Türkische Angora, Rot

Ebenfalls erlaubt sind weiße Flecken bei allen Farben sowie ein überwiegend weißes Fell mit wenigen farbigen Flecken. Auch ein silberfarbenes Unterfell wird akzeptiert.
Die Augen einer Türkischen Angora können jede Farbe aufweisen, von Grün oder Gelb bis hin zu Kupfer oder Blau. Weit verbreitet sind weiße Türkische Angora mit verschiedenfarbigen Augen.

Besonderheiten

Man darf diese Rasse nicht mit den in Großbritannien gezüchteten Angorakatzen verwechseln – die in Großbritannien und den Vereinigten Staaten als Angora und anderswo als Orientalische Halblanghaar bezeichnet wird.

Türkische Van

Die Türkische Van ist eine außergewöhnliche Rasse. Der Name wurde vom Vansee in der Türkei abgeleitet. Die beiden ersten Türkischen Van aus dieser Region kamen 1955 nach Europa. Das Fell dieser Importe war überwiegend weiß und wies zwei getönte Flecken auf dem Kopf sowie einen gefärbten Schwanz auf. Seit dieser Zeit wird eine derartige Färbung auch bei anderen Rassen als

Vanmuster bezeichnet. Die Vankatze ist die einzige Hauskatzenrasse, die ihrer Beute ohne zu zögern ins Wasser folgt. Diese Katzen sind zwar keine begeisterten Schwimmer, sie sind aber nicht wasserscheu.

Herkunft

Die Türkische Van ist eine natürliche Rasse, die sich ungestört und ohne menschliche Eingriffe in den Ausläufern des Berges Ararat, in der abgeschiedenen Region um den Vansee in der Osttürkei, entwickeln konnte. Es gibt keine geschichtlichen Überlieferungen, wie die halblanghaarigen Tiere mit ihren spezifischen Merkmalen dorthin gelangten. Man nimmt an, dass sie Nachkommen von halblanghaarigen chinesischen Katzen sind, die über die viel benutzte Seidenstraße an den Vansee gelangten und dort ansässig wurden.
Zwei ausländische Besucher entdeckten 1955 unzählige dieser farbigen, halblanghaarigen, wild lebenden Katzen am Vansee und waren von ihnen begeistert. Der Engländerin, Laura Lushington, gelang es, ein Pärchen zu fangen und nach Großbritannien mitzunehmen. Diese beiden Tiere, die ein überwiegend weißes Fell und die charakteristische rote Zeichnung aufwiesen, erregten großes Aufsehen.
Die beiden Katzen stellten, gemeinsam mit anderen Importen aus späteren Jahren, den Grundstock für die Zucht der Türkischen Van in Europa dar. Die Rasse wurde 1969 in Großbritannien anerkannt, die offizielle Anerkennung der FIFe auf dem europäischen Festland folgte zwei Jahre später. Türkische Van werden heute auch in den Vereinigten Staaten gezüchtet.

Charakter

Da die Türkische Van einen außergewöhnlichen Charakter hat, müssen ihre Besitzer mit den Charaktereigenschaften der Katze vertraut sein. Türkische Van sind liebevoll und in der Regel sehr anhänglich, sie bringen es aber unmissverständlich zum Ausdruck, wenn sie sich ungerecht behandelt fühlen. Katzen-

Türkische Van

Türkische Van

kenner werden Türkische Van zwar sicherlich nicht für unberechenbar halten – schließlich zeigen sie anhand ihrer Körpersprache an, dass sie von einer bestimmten Situation genug haben –, weniger erfahrene Katzenfreunde könnten aber zu dieser Meinung verleitet werden. Man kann über diese Tiere vieles behaupten, aber sicher nicht, dass sie ruhig und ausgeglichen sind!

Die blauäugige Türkische Van ist selten.

Türkische Van

Türkische Van haben häufig eine besonders intensive Bindung an ein bestimmtes Familienmitglied. Die Katze richtet all ihre Sympathie, Liebe und Zärtlichkeit auf diese Person. Die anderen Familienmitglieder werden zwar akzeptiert – und die Van wird regelmäßig ihre Gesellschaft suchen –, die überwältigenden Liebesbekundigungen sind aber einer Person oder allenfalls zwei Personen vorbehalten. Im Allgemeinen schätzen Türkische Van die Gesellschaft von anderen Katzen und Hunden. Die Beziehungen zwischen den Tieren sind meist sehr gut.
Türkische Van sind lebhafte Tiere, die gerne jagen und spielen. Sie sind außerordentlich beherzt und lassen sich nicht wie andere Katzen durch laute Geräusche oder unerwartete Reaktionen von Seiten ihrer Beute aus der Fassung bringen. Vielmehr betrachten sie es als Aufforderung, diese Dinge „zur Schnecke zu machen“.
Da die meisten Tiere dieser Rasse nicht wasserscheu sind, müssen sich ihre Besitzer einiges einfallen lassen, um ihnen Manieren beizubringen. Während ein gezielter Schuss aus

Türkische Van

einer Wasserspritzpistole bei den meisten Katzen genügt, um ihnen Unsitten abzugewöhnen, wird die Türkische Van dies mit großer Wahrscheinlichkeit als herrliches und aufregendes Spiel betrachten. Eine Türkische Van geht nur selten freiwillig ins Wasser, um darin zu schwimmen, sie wird aber ihrer Beute ohne zu zögern ins Wasser folgen. Manche Besitzer von Türkischen Van berichten, dass

Türkische Van

Türkische Van

ihre Katzen im Gartenteich tauchen, um nach Fischen zu jagen.
Die Haltung einer Türkischen Van ist ein außergewöhnliches Experiment, das nur für Menschen geeignet ist, welche diese Katze mit all ihren rassetypischen Eigenschaften akzeptieren.

Pflege

Bei den Türkischen Van ist, wie bei allen anderen halblanghaarigen Rassen auch, nur wenig Fellpflege erforderlich. Da keine Neigung zum Verfilzen besteht, genügt es, wenn man das Fell gelegentlich mit einer weichen Bürste oder einem grob gezähnten Kamm reinigt. Man sollte die Kätzchen bereits frühzeitig in spielerischer Weise an diese Prozedur gewöhnen, da sie sonst später mit großer Wahrscheinlichkeit jedesmal in einen Ringkampf ausarten wird.
Bei Ausstellungskatzen kann manchmal ein Bad erforderlich sein. Man sollte ein spezielles Shampoo verwenden und das Bad etwa zwei Tage vor dem Ausstellungstermin anset-

zen, damit das Fell Zeit hat, um sich wieder zu legen. Da mit dem Shampoo nicht nur Schmutzpartikel, sondern auch die natürlichen Fette aus dem Fell entfernt werden, kann das Haar glatter werden und folglich vom Körper abstehen. Deshalb gehen viele Halter das Risiko eines Bades nicht ein. Sie reinigen stattdessen das Fell am Tag vor der Ausstellung mit einem unparfümierten Puder. Hierzu wird etwas Puder im Fell der Katze verteilt und vorsichtig einmassiert. Der Puder bindet Schmutzpartikel und überschüssigen Talg und wird anschließend mit einer weichen Bürste aus dem Fell entfernt.
Man reinigt die Ohren bei Bedarf mit einer speziellen Ohrlotion für Katzen und entfernt die scharfen Krallenspitzen regelmäßig mit einem Spezialclipper. Auch an diese Prozedur sollte man seine Van bereits in jungen Jahren gewöhnen.

Körperliche Merkmale

KÖRPER
Die Türkische Van ist eine mittelgroße Katze mit einem langen, muskulösen, kräftigen Körper. Die Beine sind mittellang, die Pfoten elegant und rund. Die Schwanzlänge sollte in einem guten Verhältnis zum Körper stehen.

KOPF
Die Türkische Van hat einen stumpfen, dreieckigen Kopf. Die großen Augen sind oval und leicht schräg gestellt. Die Ohren stehen ziemlich eng beieinander und sind wachsam aufgerichtet.

FARBEN
Der Körper der Türkischen Van ist überwiegend weiß gefärbt. Das Ideal stellen zwei Farbflecken am Kopf – wobei Augen und Ohren vorzugsweise ausgespart sind –, eine weiße Schnauze und ein voll ausgefärbter Schwanz dar. Eine Katze mit zusätzlichen Körperflecken wird auf Ausstellungen nicht nachteilig beurteilt. Ein einziger Farbfleck am Kopf sowie nicht völlig symmetrische Flecken sind ebenfalls erlaubt. Ein korrekter Typ wird höher bewertet als regelmäßig gesetzte Körperflecken.
Die Türkische Van ist in der Regel hellbraun oder cremefarben gefärbt – schwarze, blaue,

Türkische Van

Türkische Van

Schildpatt- und Tabbyzeichnungen kommen zwar ebenfalls vor, sind aber bislang noch nicht überall anerkannt.
Die meisten Van haben bernsteinfarbene Augen, es können manchmal aber auch verschiedenfarbige oder blaue Augen vorkommen.

Birma

Die Birma (oft auch als „Heilige Katze von Birma" bezeichnet), die 1925 in Frankreich anerkannt wurde, ist eine auffällige, halblanghaarige Rasse mit einem exotischen Aussehen. Vermutlich gibt es bei keiner anderen Rasse so viele widersprüchliche Meinungen und Geschichten über ihren Ursprung.
Rassetypische Merkmale sind die weißen Pfoten und Beine. Birmakatzen werden nur in der Himalayazeichnung (mit Abzeichen) gezüchtet und haben stets blaue Augen. Diese Katzen sind im Allgemeinen freundliche und intelligente Tiere, die sich mit jedem gut vertragen.

Herkunft

Bei keiner anderen Rasse gibt es so viele zauberhafte und einfallsreiche Geschichten über ihre Herkunft. Die bekannteste Erzählung, die natürlich dem Reich der Legenden zuzuordnen ist, berichtet, dass diese Katzen mehrere Jahrhunderte völlig abgeschieden von der Außenwelt in einem burmesischen Tempel lebten. Der Legende nach haben die Vorfahren dieser Tiere ihre weißen Pfoten erhalten, nachdem eine von ihnen einen sterbenden Priester berührte, kurz bevor dieser sein Leben aushauchte.
Unabhängig davon steht fest, dass mehrere Personen um die Jahrhundertwende Katzen aus Burma mitbrachten, die der Birma glichen. Es ist vor allem den französischen Katzenliebhabern zu verdanken, dass die Rasse in Europa – und später in den Vereinigten Staaten – eingeführt wurde. Diese wichtige Rolle Frankreichs bei der Verbreitung der Birma ist einfach zu belegen, da die Zuchtlinien aller Birmakatzen letztendlich nach Frankreich

Junge Birma, Seal-Point

Birma, Blue-Tortie-Tabby-Point

Birma, Seal-Tabby-Point

zurückführen. Einige Kritiker behaupten, dass französische Züchter diese Rasse durch Kreuzung verschiedener Rassen künstlich geschaffen und anschließend diese romantischen Legenden in die Welt gesetzt haben, um die Nachfrage zu erhöhen. Es steht zweifelsfrei fest, dass einheimische Katzen mit weißen Pfoten, Siamkatzen sowie Colourpoint-Perser in den frühen Jahren des französischen Zuchtprogramms verwendet wurden.

Charakter

In der Regel sind Birmakatzen freundlich, gelassen und geduldig. Sie schätzen Frieden sowie Ruhe und müssen die Möglichkeit haben, sich ab und zu an einen ruhigen Ort zurückzuziehen. Sie fühlen sich in einer lautstarken Umgebung nicht wohl, da dadurch ihr Gleichgewicht durcheinander gerät.

Birmakatzen sind gesellig und brauchen den engen Kontakt zu den Familienmitgliedern, um glücklich zu sein. Manche Birmakatzen haben die Neigung, sich zu einer „Einmannkatze“ zu entwickeln, das heißt, sie wählen ein bestimmtes Familienmitglied aus und binden sich besonders eng an dieses. Im Allgemeinen vertragen sie sich gut mit anderen Katzen. Eine Birma kann auch mit einem Hund unter einem Dach leben, sofern er keine Jagd auf sie macht.

Birmakatzen stehen in dem Ruf, heikle Esser zu sein. Wahrscheinlich steht dies aber eher in Zusammenhang mit den Besitzern dieser

Birma, Blue-Tortie-Tabby-Point

Birma, Seal-Tabby-Point

Birma, Seal-Point

Junge Birmakatzen

Junge Birmakatzen

Katzen, da diese ihre Lieblinge häufig zu sehr verwöhnen. Es handelt sich sicherlich nicht um ein typisches Rassemerkmal.
Die meisten Katzen sind zwar nicht sehr „gesprächig“, können aber ihre Wünsche dem Menschen gegenüber durch Köpfchenreiben und intensiven Augenkontakt anzeigen. Trotz ihres ruhigen Naturells sind sie einem gelegentlichen Spiel und einer Balgerei nicht abgeneigt, wenngleich sie die Wohnung sicherlich nicht als Spielplatz betrachten.

Pflege

Das weiche, halblange und sehr dichte Fell der Birma erfordert verhältnismäßig wenig Pflege. Aufgrund seiner besonderen Beschaffenheit verfilzt es nur selten. Im Allgemeinen genügt es, wenn man das Fell einer Birma einmal wöchentlich bürstet oder kämmt. Man sollte jedoch niemals einen Metallkamm verwenden, da dieser Schäden am Unterfell verursachen kann. Wesentlich besser geeignet ist eine Bürste aus Naturborsten.

Birma, Blue-Point

Birma, Seal-Tortie-Point

Bei Ausstellungskatzen muss man viel mehr Zeit für die Fellpflege aufbringen, da die Preisrichter großen Wert auf die Qualität des Fells legen. Einige Halter baden ihre Katze ein oder zwei Tage vor einer Ausstellung, erfahrene Aussteller raten davon jedoch ab, da das Fell aufgrund des Shampoos am Tag der Ausstellung zu weich und locker ist. Sie empfehlen, die Katze ungefähr fünf Tage vor der Ausstellung zu baden. Danach kann man das Fell regelmäßig einpudern, wie dies auch bei anderen Rassen, wie der Türkischen Angora und der Maine Coon, üblich ist.
Haarbüschel an den Ohren sind auf Ausstellungen nicht erwünscht, deshalb sollte man sie sehr vorsichtig entfernen. Man muss auch dafür sorgen, dass die Katze mit sauberen Ohren „antritt". Die scharfen Krallenspitzen entfernt man mit einem Spezialclipper.

Körperliche Merkmale

KÖRPER

Die Birma ist eine mittelgroße, gut proportionierte Katze. Der Schwanz weist im Verhält-

Birma, Red-Point

nis zum Körper eine mittlere Länge auf und sollte einen eleganten Eindruck machen. Die Birma sollte nicht zu groß sein, und auch die Beine sollten eher kürzer als länger sein.
Die Pfoten sind rund und müssen als charakteristisches Rassemerkmal die weißen „Handschuhe" tragen.

KOPF

Die Stirn ist rund, und die Wangen sind voll. Die Nase ist mittellang, ohne Stopp, eine leichte Wölbung ist jedoch erwünscht. Das Kinn sollte kräftig, aber nicht zu ausgeprägt sein. Die Ohren sind nicht aufrecht platziert, sondern leicht nach vorne gerichtet. Die Augen sollen ein möglichst dunkles Blau aufweisen und oval sein – runde Augen, wie sie Perserkatzen aufweisen, sind nicht erwünscht.

FELL

Die Birma weist eine sehr ungewöhnliche Fellbeschaffenheit auf. Das Fell ist weich sowie glänzend und umweht die Katze wie ein üppiger Schleier. Die Birma hat nur sehr wenig Unterwolle, das Fell darf unter keinen Umständen zu dick sein, und ein gekräuseltes Unterfell führt auf Ausstellungen zu Punktabzügen. An der Halskrause, dem Schwanz und den Hinterbeinen ist das Fell länger.

Birma, Seal-Point

FARBEN

Die Birma wird nur in der Siam- oder Colourpoint-Färbung gezüchtet. Augenfälligster Unterschied zwischen diesen Katzen und anderen Colourpoint-Rassen sind die weißen Pfoten. Dieses wichtige Rassemerkmal muss in jedem Fall vorhanden sein.

Birma, Lilac-Point

Die weiße Zeichnung sollte möglichst symmetrisch sein und an den Sohlen der Hinterbeine in einer V-Form auslaufen. Die Körperfarbe muss möglichst einheitlich sein und sich gut von den gefärbten Abzeichen absetzen. Folgende Farbmuster kommen bei der Birma vor: Seal-Point, Blue-Point, Chocolate-Point, Lilac-Point, Red-Point, Cream-Point, Tortie-Point, Tabby-Point und Tortie-Tabby-Point. Die Augen sind unabhängig von der Fellfarbe stets dunkelblau.

Besonderheiten

Wie bei allen anderen Katzen mit Abzeichen (Points) sind auch die Birmakätzchen bei der Geburt weiß und bilden die Abzeichen erst allmählich aus. Es kann bis zu einem Jahr dauern, bis das Fell der Birmakatze seine endgültige Farbe ausgebildet hat.

Ragdoll

Die Ragdoll wurde so benannt, da die Tiere wie eine Stoffpuppe (engl. ragdoll) völlig entspannen und schlaff werden, sobald man sie auf den Arm nimmt. Weiterhin wird behauptet, dass Katzen dieser Rasse in einer Schrecksituation nicht zurückschlagen, sondern alles ruhig und gelassen hinnehmen. Und schließlich sagt man diesen Katzen eine extrem hohe Schmerzunempfindlichkeit nach, was manchmal jedoch verhängnisvolle Folgen haben kann.
Unglücklicherweise gibt es noch immer zu viele Menschen, die all diesen Unsinn glauben. Die Ragdoll empfindet natürlich den Schmerz wie jede andere Katze auch; der Grund ihrer Unempfindlichkeit liegt einfach in ihrem ruhigen und ausgeglichenen Charakter sowie ihrer Unempfindlichkeit gegenüber Stress. Außerdem sind die Tiere sehr anhänglich. Verantwortlich für ihre große Gelassenheit und ihre Fähigkeit, beim Hochnehmen völlig zu entspannen, sind vermutlich keine genetischen Faktoren, sondern vielmehr das Vertrauen, das sie dem Menschen entgegenbringen.

Herkunft

Über die Herkunft dieser Rasse hält sich hartnäckig die Legende, dass die trächtige Grün-

Ragdoll, Seal-Point-Mitted

derin der Ragdoll-Linie von einem Auto angefahren wurde. Die Katze, eine weiße Perserin, überlebte zwar, in Bezug auf ihren Charakter vollzog sich jedoch eine bemerkenswerte Veränderung. Sie wurde außerordentlich sanftmütig, und ihr Körper wurde so schlaff wie der einer Stoffpuppe, sobald das Tier hochgehoben wurde. Auch die Kätzchen, die sie gebar, hatten das friedliche und ausgeglichene Naturell ihrer Mutter geerbt. Jeder, der auch nur die geringste Ahnung von Vererbungslehre hat, erkennt natürlich sofort, dass dies völlig unmöglich ist. Es stimmt jedoch, dass eine nicht reinrassige, weiße Perserkatze zu den Vorfahren der Ragdoll zählt.

Ragdoll, Lilac-Point-Bi-Colour

Junge Ragdoll, Lilac-Point-Bi-Colour

Ragdollkatzen tragen aber auch das Blut von Birma, Persern, Burmakatzen und Katzen ohne Stammbaum in sich.

Charakter

Auffälligstes Merkmal der Ragdoll ist ihr freundliches, ruhiges und sanftmütiges Wesen sowie ihr ungeheuer großes Vertrauen, das sie Menschen und anderen Tiere entgegenbringt. Es empfiehlt sich keineswegs, eine Ragdoll im Freien herumstromern zu lassen, da sie sich von jedem Menschen mitnehmen lässt, der lieb zu ihr ist. Dies stellt jedoch kein Problem dar, da die meisten Ragdollkatzen auch in der Wohnung völlig glücklich und zufrieden sind.

Ragdollkatzen sind außerordentlich gesellige und ausgeglichene Tiere, die sich nicht leicht aus der Fassung bringen lassen. Sie sind für lebhafte Familien mit kleinen Kindern sehr gut geeignet, und auch mit anderen Katzen und mit Hunden leben sie harmonisch zusammen. In einer Schrecksituation wird die Ragdoll instinktiv mit einem Fluchtverhalten reagieren, und nur im äußersten Notfall wird sie von ihren Krallen Gebrauch machen. Die Katzen sind sehr ruhig, und nur sehr selten hört man ihre leisen Stimmen.

Diese freundlichen, eleganten und intelligenten Tiere sind äußerst gesellig und lassen sich gerne streicheln oder bürsten, es entspricht aber nicht ihrem Naturell, sich aufzudrängen. Sie sind sehr neugierig und an allem interessiert, was in ihrer Umgebung vor sich geht.

Während manche Katzen anderer Rassen gelegentlich schlechte Laune haben, scheinen die meisten Ragdollkatzen eine unerschütterliche, sonnige Lebenseinstellung zu haben.

Pflege

Da das halblange, seidige Fell der Ragdoll nicht zum Verfilzen neigt, ist nur wenig Fellpflege erforderlich. Es genügt, wenn man das Fell einmal wöchentlich mit einer Bürste oder einem grob gezähnten Kamm pflegt. Während des Haarwechsels lassen sich lose, abgestorbene Haare mit einer speziellen Gummi-

Ragdoll, Blue-Point

Junge Ragdoll, Blue-Point

Ragdollkätzchen

bürste entfernen. Übermäßiger Eifer ist jedoch unangebracht, da man dem Fell damit Schaden zufügen kann.

Viele Aussteller baden zwar ihre Ragdoll einige Tage vor dem Ausstellungstermin, vorteilhafter ist es jedoch, wenn man das Fell einige Tage zuvor mit einem unparfümierten Puder reinigt. Hierzu verteilt man etwas Puder im Fell der Katze und massiert ihn vorsichtig ein. Der Puder bindet Schmutzpartikel und überschüssigen Talg und wird anschließend mit einer weichen Bürste aus dem Fell entfernt.

Ragdoll, Blue-Point

Man reinigt die Ohren nur bei Bedarf mit einer speziellen Ohrlotion und entfernt die scharfen Krallenspitzen regelmäßig mit einem Spezialclipper.

Körperliche Merkmale

KÖRPER

Die Ragdoll ist eine große, muskulöse, aber dennoch sehr elegante Katze mit einem langen Körper, einem kurzen, kräftigen Nacken und einer tiefen Brust. Die Hinterbeine sind schwerer und höher als die Vorderbeine. Die mittellangen Beine haben einen schweren Knochenbau, die Pfoten sind groß und rund mit Fellbüscheln zwischen den Zehen. Der Schwanz ist buschig und im Verhältnis zum Körper wohl proportioniert.

KOPF

Der keilförmige Kopf ist mittelgroß, mit vollen Wangen und einem kräftigen Kinn. Die mittelgroßen Ohren sind relativ weit auseinander gesetzt und weisen runde Spitzen auf. Die Nase ist leicht gewölbt, die großen Augen sind rund und stets blau. Besonders wünschenswert bei Ausstellungskatzen sind dunkelblaue Augen.

Ragdoll, Blue-Point-Mitted

FELL

Das seidige Fell ist mittellang, wobei die Haare an der Halskrause und am Schwanz länger sind als am übrigen Körper. Das Haar fällt weich und steht nicht vom Körper ab. Die Ragdoll verliert im Sommer relativ viele Haare.

FARBEN

Bei der Ragdoll sind drei verschiedene Fellfarben anerkannt, wobei sämtliche als Seal-, Blue-, und Lilac-Point vorkommen können. Die helleren Fellbereiche können als Folge einer kalten Umgebungstemperatur und dem Lecken des Fells im Lauf der Jahre nachdunkeln. Außerdem kann das Fell an Stellen nachdunkeln, an denen die Haut verletzt war. Ragdollkatzen, die sich selten oder gar nicht im Freien aufhalten sowie Tiere in warmen Klimaregionen weisen demnach ein helleres Fell auf.

Die Züchtung von Katzen mit einem helleren Fell ist vor allem bei den Seal- und Blue-Point-Katzen schwierig, da die Schattierung bei diesen Farben sehr augenfällig ist.

Colourpoint

Die Colourpoint-Ragdoll hat einen cremefarbenen Körper und dunkler gefärbte Extremitäten (Maske, Ohren, Beine und Schwanz). Die Brust ist in der Regel heller schattiert als der übrige Körper.

Die Körperfarbe ist bei Seal- und Blue-Point dunkler als bei Chocolate- und Lilac-Point. Die Colourpoint-Ragdoll darf keinerlei weiße Muster aufweisen.

Mitted

Die Mitted-Ragdoll hat einen cremefarbenen Körper und dunklere Extremitäten. Im Gegensatz zur Colourpoint hat sie jedoch weiße „Handschuhe" an den Vorderpfoten und weiße „Stiefel" (bis zum Sprunggelenk) an den Hinterbeinen. Die gesamte Unterseite – die Unterseite des Kinns, der Brust sowie die Unterseiten bis hin zum Schwanz – sollte weiß sein.

Bi-Colour

Die Bi-Colour ist die augenfälligste Varietät; bei keiner anderen Rasse sind derart auffällige Zeichnungen mit gefärbten Abzeichen kombiniert. Es ist jedoch sehr schwierig, eine Bi-Colour mit einer idealen Zeichnung zu züchten. Die Bi-Colour-Ragdoll hat ein weißes Kinn, eine weiße Brust, weiße Unterseiten und weiße Pfoten. Ein wichtiges Merkmal ist eine weiße Maske in Form eines umgekehrten „V". Im Idealfall beginnt die Maske in der Mitte der Stirn und verläuft über den Augen bis an die Rückseite des Kinns. Weiße Flecken auf dem Rücken sind bei der Bi-Colour-Ragdoll erlaubt. Der Körper ist, wie auch bei den beiden anderen Varietäten, cremefarben.

Besonderheiten

Ragdollkätzchen sind bei ihrer Geburt stets weiß. Ihre Masken, Ohren, Schwänze und Beine werden erst allmählich dunkler. Die Tiere wachsen langsam heran, und es kann drei Jahre dauern, bis sie völlig ausgewachsen sind und ihr endgültiges Gewicht erreicht haben – weibliche Tiere können ungefähr sieben

Ragdoll, Lilac-Point-Bi-Colour

Kilogramm, männliche Tiere bis zu acht Kilogramm schwer werden.

Kurilen Bobtail

Die Kurilen Bobtail ist eine äußerst seltene Rasse, die nur auf den Kurilen vorkommt. Sie hat einen auffallend kurzen, aber buschigen Schwanz.

Herkunft

Vermutlich stammt die Kurilen Bobtail von Japanischen Stummelschwanzkatzen (Japanese Bobtail) ab. Die Kurilen gehören seit dem Jahr 1875 zu Russland, waren aber vor dieser Zeit japanisches Staatsgebiet.
Vermutlich haben die Japaner ihre Japanischen Bobtail mit auf die Kurilen genommen, wo einige verwilderten, während andere als Haustiere gehalten wurden.
Die vulkanischen und unzugänglichen Kurilen waren lange Zeit streng bewachtes Militärgebiet, und die Bewohner dieser Gegend hatten nur wenig Kontakt mit der Außenwelt. Beim Vergleich zwischen Japanischer Bobtail und Kurilen Bobtail fällt auf, dass es keine kurzhaarigen Kurilen Bobtail gibt. Außerdem sind die Kurilen Bobtail schwerer und stämmiger. Sicherlich haben die Katzen diese Merkmale im Lauf der Jahre erst entwickelt, da sie ihnen Vorteile in ihrer unfreundlichen Umgebung brachten.
Wissenschaftler konnten die Inselgruppe erst nach dem Zerfall der Sowjetunion besuchen und erfuhren bei dieser Gelegenheit von der Existenz dieser Rasse. Heute werden mehrere Kurilen Bobtails in Russland gehalten, außerdem wurde inzwischen ein Zuchtregister für die Rasse ausgearbeitet. Außerhalb Russlands sind diese Katzen nahezu unbekannt. Die Kurilen Bobtail kommt heute noch immer wild lebend oder als Haustiere auf den Kurilen vor.

Kurilen Bobtail

Charakter

Es gibt einen charakteristischen Unterschied zwischen der Kurilen Bobtail, die direkt von den Kurilen stammt, und Katzen, die weit von ihrer Heimat entfernt von Katzenliebhabern gezüchtet wurden. Erstere sind zwar wilder, aber ebenso freundlich und ausgeglichen wie Zuchttiere. Die Kurilen Bobtail ist sehr anpassungsfähig und zeigt ihre Zuneigung, ohne aufdringlich zu werden. Sie lässt sich gern streicheln und verträgt sich außergewöhnlich gut mit anderen Katzen und mit Hunden.

Pflege

Die Kurilen Bobtail braucht keine aufwändige Fellpflege. Es genügt, wenn man das Fell ein-

Kurilen Bobtail

Kurilen Bobtail

mal wöchentlich mit eine Bürste aus Naturborsten striegelt oder mit einem grob gezähnten Kamm kämmt, um tote, abgestorbene Haare zu entfernen. Da die Katze im Frühjahr einen kurzen, aber intensiven Haarwechsel durchläuft, muss ihr Fell in dieser Zeit sorgfältiger gepflegt werden.
Man reinigt die Ohren bei Bedarf mit einer speziellen Ohrlotion für Katzen und schneidet die scharfen Krallenspitzen gelegentlich mit einem Spezialclipper.

Körperliche Merkmale

KÖRPER

Der Körper ist kräftig, muskulös und stämmig. Da die kräftigen Hinterbeine länger sind als die Vorderbeine, steigt der Rücken zum Schwanz hin leicht an. Ein charakteristisches Merkmal dieser Rasse ist die Art und Weise, wie sie sich kriechend vorwärts bewegt, indem sie eine Pfote vor die andere setzt.
Der ungefähr acht Zentimeter lange Schwanz wird in Ruhe auf einer Körperseite getragen und steht steil nach oben, wenn die Katze läuft oder aufgeregt ist. Der Schwanz kann geknickt, gebogen oder leicht verdreht sein.

KOPF

Die Kurilen Bobtail hat einen ziemlich großen, keilförmigen Kopf und volle, gut entwickelte Wangen. Die mittelgroßen Ohren sind hoch am Kopf angesetzt und weisen auffällige Haarbüschel auf. Die mittellange Nase ist leicht gewölbt. Die Augen sind groß, mandelförmig und leicht schräg stehend; sie haben einen wachsamen und neugierigen Ausdruck. Schnurrhaare und Augenbrauen sind auffällig lang.

FELL

Das Fell ist halblang und fühlt sich seidenweich an; es ist nur wenig Unterhaar vorhanden. Die Haare an der Halskrause, dem Unterkörper und den Flanken sind länger als am übrigen Körper.
Der Schwanz endet in einem reizvollen Haarbusch oder einer ballförmigen Quaste. Die Zwischenräume zwischen den Zehen weisen Haarbüschel auf.

FARBEN

Die Kurilen Bobtail wird in den natürlichen Farben, wie Schwarz und Rot, mit und ohne weiße Zeichnung sowie Tabbymuster gezüchtet.

Besonderheiten

Erst wenn die Kurilen Bobtail ein Alter von ungefähr zwei Jahren erreicht hat, ist das Fell vollständig entwickelt.

Kurilen Bobtail

9 Halblanghaarige Varietäten

Britische Halblanghaar

Britische Halblanghaar

Britische Halblanghaar

Ursprünglich verwendete man Persische Langhaarkatzen, um den runden und untersetzten Typ der Britischen Kurzhaar zu erhalten; gelegentlich werden sie auch heute noch eingesetzt. Aus diesem Grund tragen viele Britische Kurzhaarkatzen das Gen für langes Haar in sich. Wenn man nun zwei Katzen mit Genvarianten für langes Haar kreuzt, werden einige Kätzchen in dem daraus hervorgegangenen Wurf ein halblanges Fell aufweisen.

Während die Züchter viele Jahre lang nur nach einem guten Zuhause für diese Tiere suchten und sie niemals für Zuchtzwecke verwendeten, wurde die Britische Halblanghaar von einigen führende Organisationen vor kurzem als eigenständige Rasse anerkannt.

Die Britische Halblanghaar vereint in sich einen ansehnlichen, untersetzten Körperbau mit einem halblangen Fell. Sie ist ein freundliches, ruhiges Haustier. Für diese Katzen gilt – mit Ausnahme der Haarlänge – der gleiche Zuchtstandard wie für die Britische Kurzhaar.

Links: *Somali, Chocolate*

Balinese (Langhaarige Siam)

Die Balinese ist das langhaarige Gegenstück zur Siamkatze. Sie sollte demnach genau den gleichen Körperbau wie eine Siamkatze aufweisen. Auch vom Charakter her betrachtet sind sich beide Rassen sehr ähnlich, wenngleich manche Liebhaber der Balinesen behaupten, dass diese nicht ganz so lautstark sind wie ihre kurzhaarigen Verwandten.

Herkunft

Die Balinese ist erstmalig in den Vereinigten Staaten in Erscheinung getreten. In den fünfziger Jahren fanden sich im Wurf einer Siamkatze einige Kätzchen mit langen Haaren. Hierfür gibt es zwei mögliche Erklärungen. Das Gen für langes Haar ist rezessiv und wird stets von dem dominanten Gen für kurzes Haar unterdrückt. Es kann folglich mehrere Generationen hindurch im Erbgut kurzhaariger Katzen vorhanden sein und an die Nachkommen weiter vererbt werden, ohne dass langhaarige Kätzchen geboren werden. Wenn jedoch zwei kurzhaarige Katzen gepaart werden, die beide die Genvariante für langes Haar tragen, besteht die Chance, dass mindestens eines der daraus hervorgehenden Kätzchen ein langhaariges Fell aufweist.

Es ist sehr wahrscheinlich, dass sich irgendwann in der Vergangenheit eine oder mehrere Siamkatzen mit langhaarigen Katzen gepaart haben. Das Gen für langes Haar wurde jedoch versteckt an nachfolgende Generationen

Balinese, Blue-Tabby-Point

weitergegeben, bis es schließlich in dem Wurf eines amerikanischen Züchters zum Vorschein kam.
Als weitere Erklärung kommt eine plötzliche Genmutation in Frage. Mutationen, die sich in unterschiedlichen Haarlängen oder Fellbeschaffenheiten äußern, sind weit verbreitet – dadurch sind auch Rassen wie die Devon Rex und die Amerikanische Rauhaar entstanden.

Balinese, Foreign White

Die Balinese erlangt immer größere Bekanntheit und Beliebtheit. Während sie anfangs als Langhaar-Siam bezeichnet wurde, erhielt sie später den Namen Balinese, da ihre grazilen Bewegungen an balinesische Tänzer erinnern.
Die Balinese wurde Anfang der siebziger Jahre von den meisten amerikanischen Katzenverbänden und später auch von den europäischen Organisationen anerkannt.
In den Vereinigten Staaten müssen alle Balinesen die klassischen Siamfarben aufweisen (Seal-, Chocolate-, Blue- oder Lilac-Point). Andere Farben, wie zum Beispiel Tabby- und Tortie-Point, werden als Javanese bezeichnet.

Charakter

Balinesen und Siamesen haben einen sehr ähnlichen Charakter. Balinesen sind ebenso wie Siamkatzen intelligente, lebhafte Katzen mit einer sehr starken Persönlichkeit. Balinesen sind verspielt und behalten diese Eigenschaft auch im Erwachsenenalter bei. Sie können sich den ganzen Tag mit verschiede-

nen Spielsachen vergnügen und machen gern von einem Kratzbaum Gebrauch. Balinesen schätzen die Gesellschaft des Menschen und sind nicht gern allein. Wer oft außer Haus ist, sollte für seine Balinese einen Spielgefährten anschaffen.
Balinesen vertragen sich gut mit anderen Katzen und brauchen keinen persönlichen Freiraum. Wer mehrere Balinesen zusammen mit anderen orientalischen Rassen hält, wird seine Katzen zur Schlafenszeit eng aneinander gekuschelt vorfinden.
Balinesen stehen ebenso wie ihre siamesischen Verwandten gern im Mittelpunkt und können wahre Quälgeister sein, die in den unpassendsten Augenblicken stören. Halter dieser Rasse sagen, dass ihre Katze so fordernd wie zwei oder drei Katzen anderer Rassen ist, und wer jemals eine Balinese oder eine andere orientalische Katze besessen hat, kann dies sicher bestätigen.
Wenn eine Balinese nicht die gewünschte Aufmerksamkeit erhält, wird sie diese lautstark fordern oder ihr Missfallen anderweitig kundtun. Balinesen sind sehr „gesprächig"; sie lassen ihre rauen Stimmen gerne vernehmen und können sich stundenlang mit ihren Menschen „unterhalten".
Da Balinesen sehr auf den Menschen bezogen sind, kann man ihnen einige Tricks beibringen, zum Beispiel das Apportieren von zerknülltem Papier. Die meisten Tiere dieser Rasse lernen schnell, an der Leine zu gehen.

Balinese, Foreign White

Balinese, Seal-Point

Balinese, Blue-Point

Pflege

Das Fell der Balinesen braucht nur wenig Pflege, da sie im Gegensatz zu vielen anderen halblanghaarigen Rassen kein wolliges Unterhaar aufweisen. Man sollte das Fell einmal wöchentlich mit einer Bürste aus Schweineborsten striegeln und anschließend mit einem grob gezähnten Kamm kämmen. Während des Haarwechsels lassen sich lose, abgestorbene Haare mit einer speziellen Gummibürste entfernen. Übermäßiger Eifer

ist jedoch unangebracht, da man dem weichen Fell der Balinesen damit unbeabsichtigt Schaden zufügen kann.
Wer seine Balinese auf Ausstellungen zeigen will, sollte sie einige Tage vor dem Ausstellungstermin baden. Man kann das Fell auch mit einem unparfümierten Puder reinigen. Hierzu verteilt man etwas Puder im Fell der Katze und massiert ihn vorsichtig ein. Der Puder bindet Schmutzpartikel und überschüssigen Talg und wird anschließend mit einer weichen Bürste aus dem Fell entfernt.
Man reinigt die Ohren bei Bedarf mit einer speziellen Ohrlotion für Katzen, die man beim Tierarzt oder im gut geführten Heimtierbedarf erhält. Die scharfen Krallenspitzen entfernt man regelmäßig mit einem Spezialclipper.

Körperliche Merkmale

KÖRPER

Die Balinese hat den gleichen Körperbau wie die Siamkatze. Der muskulöse Körper sollte lang und geschmeidig sein und keine groben Züge aufweisen. Die Hinterläufe sind höher als die Vorderläufe, die Beine sind lang und schlank, mit ovalen Pfoten. Der Schwanz ist lang sowie dünn und darf keine Knicke oder andere Unregelmäßigkeiten aufweisen.

KOPF

Der Kopf ist keilförmig. Von vorn betrachtet, bildet das Gesicht mit den großen, diagonal stehenden Ohren ein gleichseitiges Dreieck. Eine stark entwickelte Wangenmuskulatur stört die Linien des Kopfes und ist daher unerwünscht. Das Kinn sollte kräftig, aber nicht zu ausgeprägt sein; ein schwaches, fliehendes Kinn wird auf Ausstellungen als schwerer Fehler gewertet. Die Nase sollte lang, gerade und ohne Stopp zur Stirn hin verlaufen.
Balinesen haben schräg stehende, mandelförmige Augen, die eine klare Farbe aufweisen sollten. Auf Ausstellungen werden Balinesen mit dunkelblauen Augen bevorzugt.

Balinese, Blue-Point

FELL

Das halblange Fell der Balinese ist fein, seidig glänzend und dicht am Körper anliegend. Katzen mit einem vom Körper abstehenden Fell, einem zu rauen Fell oder zu viel Unterhaar sind für Ausstellungszwecke ungeeignet. Am Schwanz ist das Haar lang, seidig und von nicht allzu dicker Beschaffenheit.

FARBEN

Da die Balinese eine langhaarige Siamkatze ist, werden alle bei Siamkatzen gängigen Farben auch bei den Balinesen anerkannt. Bei den Balinesen sind die Abzeichen (Ohren,

Balinese, Seal-Point

Balinese, Lilac-Point

Maske, Beine und Schwanz) ebenso wie bei den Siamesen dunkler gefärbt als der übrige Körper. Kälte und Wunden können dazu führen, dass die helleren Stellen des Fells im Lauf der Jahre nachdunkeln.
Die Preisrichter bevorzugen auf Ausstellungen stets Tiere mit möglichst reinen Farben, vorzugsweise ohne Schattierung oder dunkle Zeichnung am Körper. Es werden viele Farben und Muster anerkannt, die nachfolgend beschriebenen zählen jedoch zu den gängigsten. Eine genauere Beschreibung findet sich bei der Rassebeschreibung der Siamesen.

Seal- und Blue-Point
In der Praxis ist es außerordentlich schwierig, herausragende Seal- und Blue-Point-Balinesen zu züchten, da bei diesen Farben fast immer die unerwünschte Schattierung auftritt. Aus diesem Grund versuchen die meisten Züchter, nur mit solchen Tieren zu züchten, die diesen Effekt nicht zeigen.
Seal- und Blue-Point-Katzen können einheitlich gefärbte Points, Tabby-, Tortie- oder Tortie-Tabby-Points haben. Die Abzeichen können auch einen silberfarbenen Untergrund aufweisen.

Red- und Cream-Point
Da bei diesen Farben sehr häufig Streifen an den Beinen und Halsringe auftreten, ist es nahezu unmöglich, zwischen roten und cremefarbenen Balinesen mit einheitlich gefärbten Points und Red- sowie Cream-Tabby-Points zu unterscheiden.

Chocolate- und Lilac-Point
Chocolate sowie dessen verdünnte Form, Lilac, sind außerordentlich beliebte Farben. Die Abzeichen können einheitlich gefärbt sein oder eine Tabby-, Tortie- bzw. Tortie-Tabby-Zeichnung aufweisen. Die Abzeichen können sich zudem auf einem silberfarbenen Untergrund befinden.

Besonderheiten

Balinesenkätzchen sind bei ihrer Geburt stets weiß. Die typische Siamfärbung tritt erst allmählich zu Tage. Es dauert ein ganzes Jahr, bis das Fell vollständig ausgefärbt ist. Mit Ausnahme der Felllänge gilt für Balinesen und Siamkatzen der gleiche Zuchtstandard. In der Praxis sind es jedoch die Siamesen, die diesen Standard am ehesten erfüllen. Deshalb sind viele Züchter dazu übergegangen, Siamblut in ihre Balinesenlinien einzukreuzen. Die kurzhaarigen Kätzchen, die aus diesen Kreuzungen hervorgehen, werden als „Varianten“ bezeichnet, da sie die Genvariante für langes Haar in sich tragen. Diese Varianten können einen wertvollen Beitrag leisten, um den Balinesentyp zu verbessern. Im Gegensatz dazu verwenden die Züchter von Siamkatzen selten beziehungsweise nie eine Variante innerhalb ihrer Zucht, da diese Katzen zum einen manchmal ein etwas längeres Fell aufweisen, was bei Siamkatzen unerwünscht ist und zum anderen nur selten dem Zuchtstandard ebenso vollständig entsprechen wie eine reinrassige Siamkatze (siehe auch Kapitel 7, Kurzhaarige Rassen, Siamkatze).

Orientalische Halblanghaar (Mandarin, Javanese, Angora)

Die Orientalische Halblanghaar ist die halblanghaarige Variante der Orientalischen Kurzhaar. Diese Rasse weist zwar viele Ge-

Orientalische Halblanghaar, Schwarz getigert

Weiße Orientalische Halblanghaar

meinsamkeiten mit den Balinesen auf, es bestehen jedoch charakteristische Unterschiede in Bezug auf die Fell- und die Augenfarbe.
Orientalische Halblanghaar haben ebenso wie Orientalische Kurzhaar keine Abzeichen oder blauen Augen, während diese bei Balinesen und Siamesen vorkommen. Orientalische Halblanghaar sind ausgezeichnete Haustiere.

Herkunft

Diese äußerst reizvolle Rasse entstand durch die Kreuzung von Orientalischen Kurzhaarkatzen und Balinesen – wobei die Balinesen das seidige, halblanghaarige Fell beisteuerten. Da englische und amerikanische Züchter unabhängig voneinander einen ähnlichen Typ der Orientalischen Halblanghaar züchteten, ergaben sich als Folge unterschiedliche Namen und verschiedene Standards für diese Rasse.

Orientalische Halblanghaar, Schwarz getigert

Charakter

Orientalische Halblanghaar sind freundliche Katzen mit einer sehr starken Persönlichkeit. Sie sind außergewöhnlich anhänglich und liebebedürftig, können aber gleichzeitig sehr eigenwillig sein. Sie sind „gesprächig“ und haben eine durchdringende Stimme.
Die Orientalische Halblanghaar ist verspielt und behält diese Eigenschaft auch im Alter bei. Die Tiere schätzen einen stabilen Kratzbaum und eine Auswahl an verschiedenen Spielsachen überaus. Diese Katzen sind lebhaft, intelligent sowie neugierig, und ihrer Aufmerksamkeit entgeht nur sehr wenig. Sie vertragen sich außerordentlich gut mit anderen Orientalischen Rassen, und normalerweise treten auch keine Probleme mit Katzen anderer Rassen auf.
Da Katzen dieser Rasse sehr auf den Menschen bezogen sind, kann man ihnen problemlos einige Tricks beibringen, zum Beispiel das Apportieren von Papierkügelchen.

Orientalische Halblanghaar, Chocolate

Orientalische Halblanghaar, Schwarz-Schildpatt

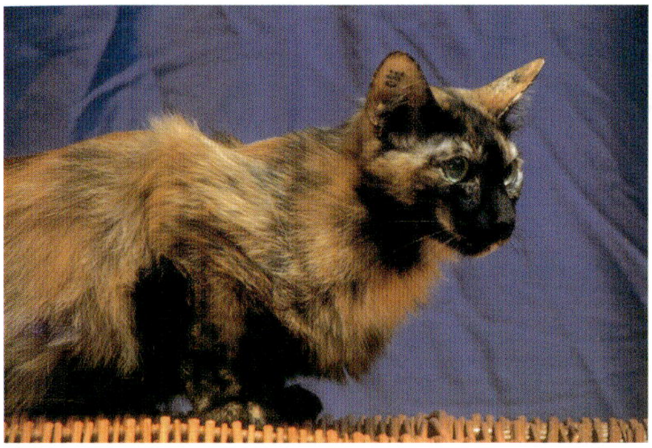

Junge Orientalische Halblanghaar, Chocolate-Smoke

Außerdem lernen sie schnell, an der Leine zu laufen.
Orientalische Halblanghaar brauchen viel Aufmerksamkeit und Zuwendung. Sie geben ein Vielfaches der erhaltenen Liebe an den Menschen zurück. Man sollte diese Katzen nie längere Zeit alleine lassen und die Anschaffung von zwei oder mehreren Tieren ins Auge fassen, damit sie sich gegenseitig Gesellschaft leisten können.

Pflege

Die Fellpflege nimmt bei den Orientalischen Halblanghaar nicht viel Zeit in Anspruch, da die Tiere kein wolliges Unterfell aufweisen. Im Allgemeinen genügt es, das Fell einmal wöchentlich mit einer Bürste aus Schweineborsten zu striegeln. Während des Haarwechsels lassen sich lose, abgestorbene Haare mit einer speziellen Gummibürste entfernen. Übermäßiger Eifer ist jedoch unangebracht, da man dem weichen Fell der Orientalischen Halblanghaar Schaden zufügen kann.
Wer seine Katze auf Ausstellungen zeigen will, sollte sie einige Tage vor dem Ausstellungstermin baden. Bei Katzen mit hellem Fell ist ein Bad unverzichtbar. Man kann das Fell auch regelmäßig mit einem unparfümierten Puder reinigen. Hierzu verteilt man etwas Puder im Fell der Katze, massiert ihn vorsichtig ein und entfernt ihn anschließend sofort wieder mit einer weichen Bürste. Dieser Puder ist in den meisten gut geführten Zoohandlungen erhältlich. Da der Puder Schmutzpartikel und überschüssigen Talg bindet, sieht das Fell nach einer derartigen Schönheitsbehandlung wieder frisch und gut gepflegt aus.

Orientalische Halblanghaar, Schwarz getigert

Orientalische Halblanghaar, Blau

Orientalische Halblanghaar, Blau gestromt

Man reinigt die Ohren bei Bedarf mit einer speziellen Lotion für Katzen und entfernt die scharfen Krallenspitzen regelmäßig mit einem Spezialclipper.

Körperliche Merkmale

KÖRPER

Die Orientalische Halblanghaar sollte den gleichen Körperbau wie die Orientalische Kurzhaar aufweisen. Sie hat einen langen, muskulösen und geschmeidigen Körper. Die Beine sind lang, schlank und elegant, die Pfoten sind oval. Da die Hinterhand länger als die Vorderhand ist, steigt der Rücken zum Schwanz hin leicht an.
Der Schwanz ist lang und dünn. Orientalische Halblanghaar mit groben Zügen jeglicher Art haben auf Ausstellungen keine Chancen.

KOPF

Die Orientalische Halblanghaar hat die gleiche Kopfform wie die Orientalische Kurzhaar. Der Kopf ist keilförmig, und das Gesicht sollte mit den großen, diagonal stehenden Ohren ein gleichseitiges Dreieck bilden. Das Kinn ist kräftig, sollte aber nicht zu ausgeprägt sein. Die Nase ist lang und hat keine Wölbung; sie sollte gerade zur Stirn hin auslaufen. Die mandelförmigen Augen sind schräg gestellt und sollten einen orientalischen Ausdruck haben.

Orientalische Halblanghaar, Schwarz-Silber gestromt

FELL

Das halblange Fell der Katzen fühlt sich zart sowie seidenweich an und sollte eng am Körper anliegen. Das Fell darf nicht vom Körper abstehen oder zu dick sein. Es ist praktisch kein Unterhaar vorhanden. Das Haar ist am Schwanz lang und seidig.

FARBEN

Man findet bei der Orientalischen Halblanghaar sämtliche Farben, die auch bei der Orientalischen Kurzhaar anerkannt sind (siehe Kapitel 7, Kurzhaarige Rassen, Orientalische Kurzhaar). Zu den beliebtesten Farben zählen Blau, Havana (Braun) und Ebony (Schwarz). Die Augen sollten leuchtend grün, vorzugsweise ohne jegliche Beimischung von Gelb oder Bernstein, sein. Weiße Katzen können verschiedenfarbige Augen haben, das heißt ein grünes und ein blaues Auge.

Besonderheiten

Orientalische Halblanghaar werden mit Orientalischen Kurzhaar oder Siamkatzen gekreuzt, um den Typ zu verbessern. Die kurzhaarigen Kätzchen, die aus diesen Kreuzungen hervorgehen, werden als „Varianten"

Orientalische Halblanghaar, Chocolate-Silber getromt

Orientalische Halblanghaar, Lila

bezeichnet, da sie die Genvariante für langes Haar in sich tragen. Bei der Kreuzung zweier Varianten besteht die statistische Wahrscheinlichkeit, dass eines von vier Kätzchen eine Orientalische Halblanghaar sein wird (siehe Kapitel 7, Kurzhaarige Rassen, Orientalische Kurzhaar).

Somali (Langhaarige Abessinier)

Die Somali ist die langhaarige Version der Abessinier. Anhänger dieser Rasse sind vor allem von der Kombination ihres wilden Aussehens und ihrem außerordentlich anhänglichen Wesen begeistert.

Herkunft

Die Somali kann keine weit zurückreichende und interessante Herkunft aufweisen, die Rasse, von der die Somali abstammt – die Abessinier –, zählt jedoch vermutlich zu den ältesten Rassen der Welt.

Somali, Wildfarben

Somali, Fawn

Der Name Somali ist irreführend, da die Rasse nichts mit dem Land Somalia zu tun hat. Die ersten Somalikatzen wurden in den Vereinigten Staaten geboren, die auch große Anstrengungen unternommen haben, dass diese Rasse anerkannt wurde.
Tatsächlich handelt es sich bei der Somali um ein „Zufallsprodukt“. Seit Beginn einer ernsthaft betriebenen Abessinierzucht wur-

Somali, Chocolate

Somali, Sorrel-Silber

den die Züchter gelegentlich vom Auftauchen eines oder mehrerer halblanghaariger Kätzchen in einem Wurf von Abessiniern unangenehm überrascht. Anfangs suchte man für die kleinen Langhaarigen lediglich nach einem guten Zuhause, im Lauf der Zeit begannen sich jedoch Züchter und Katzenliebhaber für diese reizvollen „Nebenprodukte" ihrer Abessinier zu interessieren. Sie beschlossen, die halblanghaarigen Abessinier zu züchten und daraus eine eigenständige Rasse zu entwickeln. Ende der sechziger Jahre wurde die Rasse von einigen Katzenverbänden anerkannt. Heute ist die Somali ein vertrauter und häufiger Anblick auf Katzenausstellungen in der ganzen Welt.

Charakter

Somalikatzen und Abessinier sind in ihrem Wesen sehr ähnlich. Die Somali ist, ebenso wie die Abessinier, eine gesellige Katze, die viel menschliche Zuwendung und Aufmerksamkeit braucht. Man kann einer Somali nichts Schlimmeres antun, als sie den ganzen Tag allein zu lassen bzw. sie in einem Freigehege oder abgetrennten Raum zu halten – derartige Verhältnisse laufen ihrem Naturell völlig zuwider.

Somalikatzen bevorzugen zwar die Aufmerksamkeit von Familienmitgliedern, behelfen sich aber im Notfall auch mit anderen Katzen oder sogar Hunden, wenn ihre Menschen außer Haus sind. Man muss sich jedoch vor Augen halten, dass vor allem Kätzinnen nicht immer unproblematisch im Umgang mit anderen Tieren sind – dies hängt jedoch vor

Zwei Somalikatzen, Sorrel

Somali, Chocolate-Silber

allem davon ab, wie viel Platz ihnen im Haus oder im Freien zur Verfügung gestellt werden kann.
Somalikatzen sind freundlich und vertragen sich im Allgemeinen gut mit Kindern. Wer eine Somalikatze als einziges Haustier hält und sich später für die Anschaffung weiterer Haustiere entscheidet, muss darauf gefasst sein, dass manche Somalikatzen eifersüchtig reagieren können, da ihnen nun weniger Aufmerksamkeit entgegengebracht wird als früher.
Somalikatzen sind extrovertierte Tiere, die lautstark auf ihre Anwesenheit aufmerksam machen, wenngleich sie in der Regel nicht so aufdringlich sind wie Siamkatzen. Sie sind ziemlich lebhaft, spielen gern und sind bei ihren Spielen sehr erfinderisch. Da sie leidenschaftlich gerne klettern, lohnt sich in jedem Fall die Anschaffung eines stabilen Kletter- und Kratzbaums.
Somalikatzen sind äußerst intelligent und neugierig. Alles Neue wird sofort in Augenschein genommen und ausgiebig untersucht sowie beschnüffelt, auch Besucher werden von den Tieren meist überschwenglich begrüßt. Nur selten lassen Somalikatzen ihre leisen Stimmen vernehmen.

Pflege

Das halblange Fell der Somali lässt sich mit einem sehr geringen Pflegeaufwand gut in Schuss halten. Aufgrund seiner relativ weichen Beschaffenheit verfilzt das Fell in der Regel nicht.
Lose, abgestorbene Haare lassen sich am besten mit einer Bürste aus Naturborsten aus dem Fell entfernen. Die dichteren Bereiche des Fells kann man gelegentlich mit einem grob gezähnten Kamm kämmen. Um das Fell nicht zu schädigen, muss man dabei jedoch sehr vorsichtig vorgehen.
Wie bei allen anderen Katzen auch reinigt man die Ohren bei Bedarf mit einer speziellen Ohrlotion für Katzen und entfernt die scharfen Krallenspitzen gelegentlich mit einem Spezialclipper.

Somali, Wildfarben

Somali, Sorrel

Somali, Fawn

Körperliche Merkmale

KÖRPER

Der muskulöse, kräftige und schlanke Körper der Somali ist mittellang und von mäßig orientalischem Typ. Er sollte nicht zu groß oder grob und keinesfalls untersetzt sein. Die Beine sind im Verhältnis zum Körper schlank und weisen einen zarten Knochenbau auf. Die eleganten Pfoten sind klein und oval. Der ziemlich lange Schwanz ist buschig, am Ansatz breit und spitz zulaufend.

KOPF

Die Somali hat einen breiten und leicht keilförmigen Kopf, eine leicht gewölbte Nase und ein sehr ausgeprägtes Kinn. Die mandelförmigen Augen stehen schräg und haben einen lebhaften Ausdruck.
Die relativ großen Ohren sind tief am Kopf platziert; sie sind am Ansatz breit und nach oben hin spitz zulaufend. An der Innenseite der Ohren befinden sich Haarbüschel, die sich nach außen kräuseln.

FELL

Die Somali hat ein halblanges Fell. Das Haar ist an den „Höschen", dem Schwanz, dem Unterkörper und der Halskrause deutlich länger und üppiger als am übrigen Körper.

FARBEN

Die ursprüngliche Farbe wird in Großbritannien als „Usual" (Wildfarben) und in den Vereinigten Staaten als „Ruddy" bezeichnet. Im Lauf der Jahre wurden aus dieser ursprünglichen Farbe viele weitere reizvolle Farben entwickelt, wobei die Fellzeichnung aber stets erhalten blieb. So sind die Rückseiten der Hinterbeine und die Fußballen bei allen Farben immer dunkler gefärbt als der übrige Körper. Der Nasenspiegel ist stets ziegelrot mit einer dunkleren Umrandung.
Alle Somalikatzen weisen eine auffällige Bänderung (Ticking) des Fells auf. Bei jedem einzelnen Haar wird die Grundfarbe des Fells, ähnlich wie bei Wildhasen, von zwei oder drei dunkler pigmentierten Bändern unterbrochen. Die Haarspitze ist stets dunkel

Somali, Schwarz-Silber

gefärbt. Die Bänderung sollte möglichst intensiv und deutlich sein; Halsringe und Flecken im Fell sind auf Ausstellungen nicht erwünscht.
Alle Farbzeichnungen können an Kinn und Schnurrhaarkissen kleine weiße Bereiche aufweisen, die sich aber keinesfalls zu weit ausdehnen dürfen. Nur selten findet man Somalikatzen ohne weiße Haare.
Somalikatzen können gelegentlich eine gräuliche Schattierung des Fells aufweisen, welche durch die grauen Haarwurzeln hervorgerufen wird. Auf Ausstellungen wird diese Schattierung als Fehler gewertet.
Die Augen sind, unabhängig von der Fellfarbe, bernsteinfarben, grün oder gelb gefärbt und sollten möglichst klar sein.
Im Folgenden werden die gängigsten Farben bei Somalikatzen beschrieben, gelegentlich findet man allerdings auch andere reizvolle Farben, zum Beispiel Chocolate und Schildpatt.

Wildfarben
Wildfarben ist die bekannteste und beliebteste Fellfarbe. Das Fell hat einen warmen, rötlich-braunen Grundton mit einer schwarzen Bänderung. Wildfarbene Somalikatzen haben stets schwarze Fußballen und schwarze Sohlen an den Hinterbeinen.

Sorrel
Sorell ist eine weitere beliebte Farbe. Das Fell weist wie bei wildfarbenen Tieren einen warmen, rötlich-braunen Grundton auf. Im Gegensatz zu wildfarbenen Tieren sind die Bänderung, die Fußballen sowie die Sohlen der Hinterbeine jedoch nicht schwarz, sondern zimtfarben gefärbt.

Blau
Blaue Somalikatzen erfreuen sich seit einigen Jahren zunehmender Beliebtheit. Die Tiere weisen eine hellbeige Grundfarbe auf, während die Bänderung, die Fußballen und die Sohlen stahlblau sind.

Fawn
Fawnfarbene Somalikatzen sind relativ selten. Das Fell weist als Grundfarbe ein helles Creme mit einer dunkleren cremefarbenen Bänderung auf. Die Sohlen und die Fußballen zeigen ein warmes, dunkles Creme.

Silber
Silberfarbene Tiere stellen unter den Somalikatzen eine gesonderte Farbgruppe dar. Diese Varietät wird, mit Ausnahme der USA, auf der ganzen Welt anerkannt. Das Fell silberfarbener Tiere weist immer einen silbrigweißen Grundton auf. Die Zeichnungen können Schwarz (Schwarz-Silber), Blau (Blau-Silber), warm Dunkelcreme (Fawn-Silber) und Zimtfarben (Sorrel-Silber) sein.
Silberfarbene Somalikatzen sind schwierig zu züchten, da manchmal in ihrem Fell unerwünschte gelbbraune Flecken und Ringe auftreten können.

Besonderheiten

Somalikätzchen werden mit einem dunklen Fell geboren, das erst im Lauf der Zeit heller wird. Manchmal kann es zwei Jahre dauern, bis das Fell seine endgültige Farbe entwickelt hat (siehe Kapitel 7, Kurzhaarige Rassen, Abessinier).

Nebelung (Langhaarige Russisch Blau)

Die Nebelung ist die halblanghaarige Variante der Russisch Blau. Halblanghaarige Russisch-Blau-Katzen wurden zwar gelegentlich in der Vergangenheit geboren, aber erst Mitte der achtziger Jahre erwachte das Interesse an dieser Varietät. Die treibende Kraft waren insbesondere die Vereinigten Staaten, nach dem Fall des Eisernen Vorhangs stellte sich jedoch heraus, dass diese Varietät bereits seit einiger Zeit auch in Russland gezüchtet wurde. Inzwischen wurden einige Individuen aus Russland in den Westen ge-

Nebelung

Bob Schwartz

bracht. Die Genvariante für langes Haar war bereits seit langem bei einigen Blutlinien vorhanden. Der Zuchtstandard der Nebelung entspricht – selbstverständlich mit Ausnahme der Haarlänge – exakt dem der Russisch Blau (siehe Kapitel 7, Kurzhaarige Rassen, Russisch Blau).

Highland Fold (Langhaarige Scottish Fold)

Die Highland Fold ist die langhaarige Variante der Scottish Fold. Charakteristisches Rassemerkmal sind sowohl bei der Scottish Fold (Schottische Hängeohrkatze) als auch bei der Highland Fold die gefalteten Ohren. Dieses Merkmal wird durch ein dominantes Gen ausgeprägt, welches Knorpeldefekte zur Folge hat. Da diese Skelettanomalie auch an anderen Stellen im Körper auftreten kann, ist die Züchtung dieser außergewöhnlichen Rassen besonders schwierig. Die Highland Fold ist eine ruhige, freundliche und ausgeglichene Rasse.

Herkunft

Der Vorfahr von Scottish Fold und Highland Fold, eine Katze mit gefalteten Ohren, wurde in Pershire in Schottland Anfang der sechziger Jahre geboren. Sehr schnell verbreitete sich die Kunde von diesem außergewöhnlichen Tier, und einige Züchter griffen diese Ohrmutation auf, um daraus eine neue Katzenrasse, die Scottish Fold, zu züchten.
Da die kurzhaarige Scottish Fold von Anfang an mit anderen Rassen gekreuzt wurde, die entweder langhaarig waren oder die Genvariante für langes Haar trugen, überrascht es nicht, dass zu gegebener Zeit langhaarige Katzen mit gefalteten Ohren geboren wurden. Langes Haar wird durch ein rezessives Gen verursacht, welches mehrere Generationen hindurch unbemerkt weitergegeben werden kann.
Zu Beginn der achtziger Jahren waren einige amerikanische Züchter von dieser Varietät so begeistert, dass sie beschlossen, diese gezielt zu züchten. Um weitere Skelettanomalien zu verhindern, werden sowohl Highland-Fold- als auch Scottish-Fold-Katzen immer mit Katzen gepaart, die normale Ohren aufweisen.

Charakter

Der Charakter von Highland Fold und Scottish Fold ist im Wesentlichen gleich. Beide Rassen sind freundlich, gutmütig und ausgeglichen. Highland-Fold-Katzen sind ruhige Tiere, die zwischendurch auch gerne spielen. Sie vertragen sich außerordentlich gut mit anderen Katzen, und auch im Umgang mit

Highland Fold

Bob Schwartz

Highland-Fold-Kätzchen

Bob Schwartz

Hunden treten nur selten Probleme auf. Aufgrund ihres ruhigen Naturells sind sie nicht so schnell aus der Fassung zu bringen, sodass sie auch in sehr lebhaften Familien gut zurechtkommen. Highland-Fold-Katzen vertragen sich sehr gut mit Kindern. Wenn es zu hektisch zugeht, wird sich die Highland Fold in der Regel an einen ruhigeren Ort zurückziehen und nur im äußersten Notfall ihre Krallen zeigen. Die Highland Fold ist eine eher ruhige Katze mit einer zarten, melodiösen Stimme.

Pflege

Das Fell der Highland Fold erfordert wenig Pflege. Außerhalb des Haarwechsels genügt es, wenn man das Fell gelegentlich mit einer Bürste aus Schweineborsten striegelt. Da der Pelz hinter den Ohren, am Schwanz und in der Leistengegend schnell verfilzt, sollte man diese Bereiche nach dem Bürsten mit einem grob gezähnten Kamm vorsichtig kämmen. Während des Haarwechsels lassen sich lose, abgestorbene Haare mit einem Massagehandschuh aus Gummi schnell und problemlos aus dem Fell entfernen. Um das Fell nicht zu

Highland Fold

schädigen, muss man dabei jedoch sehr vorsichtig vorgehen.
Es wird zwar vielfach angenommen, dass die Highland Fold aufgrund ihrer seltsamen Ohren besonders anfällig für Ohrinfektionen ist, dies ist jedoch nicht der Fall. Man reinigt die Ohren der Highland Fold bei Bedarf mit einer speziellen Ohrlotion für Katzen, die in

Highland Fold

gut geführten Tierhandlungen sowie auf Katzenausstellungen erhältlich ist. Wer seine Highland Fold auf Ausstellungen zeigen will, sollte sie einige Tage vor dem Ausstellungstermin baden oder das Fell mit einem unparfümierten Puder reinigen. Hierzu wird reichlich Puder im Fell verteilt, gründlich einmassiert und anschließend sofort wieder mit einer weichen Bürste aus Schweineborsten aus dem Fell entfernt. Da der Puder Schmutz und überschüssigen Talg bindet, sieht das Fell nach einer derartigen Behandlung sauber und frisch aus. Die scharfen Krallenspitzen werden mit einem Spezialclipper entfernt.

Körperliche Merkmale

Für Highland-Fold-Katzen gilt – mit Ausnahme des Fells – der gleiche Zuchtstandard wie für Scottish-Fold-Katzen. Eine Highland Fold wird ebenso wie eine Scottish Fold auf Ausstellungen disqualifiziert, wenn sie Abnormitäten am Schwanz oder anderswo am Körper aufweist.

FELL

Das Fell ist halblang und sollte seidenweich, aber nicht wollig sein. Die Halskrause sollte gut ausgebildet sein, und die Haare an den Flanken sollten länger sein als am übrigen Körper.

Besonderheiten

Siehe Kapitel 7, Kurzhaarige Rassen, Scottish Fold.

Halblanghaarige American Curl

Die halblanghaarige American Curl hat ein typisches langhaariges Fell, was der Katze ein etwas zottiges Aussehen verleiht. Das Fell ist mittellang und verfilzt nur selten. Die Kombination von langem Haar und nach hinten gewölbten Ohren verleiht dieser Katze ein interessantes Aussehen.

Herkunft

Die erste Katze mit den außergewöhnlichen, nach hinten gewölbten Ohren hieß Shulamith – ein streunendes Tier, das von der Familie Ruga in Kalifornien aufgenommen wurde. Shulamith brachte einen Wurf zur Welt, in dem zwei Kätzchen die gleichen gewölbten Ohren wie die Mutter aufwiesen. In der Folgezeit wurde dieses Merkmal in einer neuen Rasse herausgezüchtet, die heute als American Curl bekannt ist.

Halblanghaarige American Curl

Bob Schwartz

Für das Zuchtprogramm wurden langhaarige Katzen sowie Tiere verwendet, die die Genvariante für langes Haar trugen, sodass langhaarige Kätzchen ziemlich häufig waren. Aus diesem Grund beschlossen die Züchter, auch eine halblanghaarige American Curl zu züchten. Man findet die Rasse gegenwärtig vor allem in ihrem Ursprungsland, während sie außerhalb der Vereinigten Staaten noch immer recht selten ist.

Charakter

American Curl sind außerordentlich freundliche Tiere, die sehr anhänglich sind, alle Aufmerksamkeit auf sich ziehen wollen und gern im Mittelpunkt stehen. Außerdem sind sie intelligent sowie neugierig und wollen an allem teilhaben, was sich in ihrer Umgebung ereignet. Sie lassen sich gern streicheln und kraulen, können aber auch sehr verspielt und lebhaft sein – dies hängt ganz von ihrer jeweiligen Stimmung ab.

Da American Curl ausgeglichen und nicht so schnell aus der Fassung zu bringen sind, geben sie ideale Haustiere für lebhafte Familien mit kleinen Kindern ab. Außerdem vertragen sie sich sehr gut mit anderen Katzen und mit Hunden.

Bei diesen Katzen ist es besonders wichtig, dass sie ausreichend Möglichkeiten zum Spielen und Herumtollen haben. Wer keinen

Garten oder ein Freigehege hat, sollte in der Wohnung einen stabilen Kratz- und Kletterbaum aufstellen, von dem die Tiere häufig Gebrauch machen werden. Ebenso wichtig sind Spielsachen aller Art.
American Curl sind nicht besonders „gesprächig". Wenn sie ihren Menschen jedoch etwas mitteilen wollen, können sie sich durchaus verständlich machen.

Pflege

Da die American Curl praktisch kein Unterfell besitzt, stellt die Fellpflege im Allgemeinen kein Problem dar. Damit die Katze gepflegt aussieht, genügt es, wenn man das Fell einmal wöchentlich bürstet und anschließend mit einem fein gezähnten Kamm kämmt.
Man entfernt die scharfen Krallenspitzen regelmäßig mit einem Spezialclipper und reinigt die Ohren bei Bedarf mit einer speziellen Ohrlotion für Katzen. American Curl brauchen keine besondere Ohrenpflege. Man muss lediglich darauf achten, dass man niemals die Ohren nach vorn biegt, da dies für die Katzen schmerzhaft ist.
Wer seine American Curl auf Ausstellungen zeigen will, kann sie zuvor baden. Hierfür sollte man stets nur ein spezielles Katzenshampoo verwenden und das Bad spätestens drei bis vier Tage vor dem Ausstellungstermin durchführen, damit das Fell ausreichend Zeit hat, um sich zu erholen.

Halblanghaarige American Curl, Colourpoint

Bob Schwartz

Körperliche Merkmale

KÖRPER

Der Zuchtstandard für die halblanghaarige American Curl entspricht mit Ausnahme der Felllänge dem Standard für kurzhaarige Tiere. Die American Curl ist eine mittelgroße Katzen mit einem langen, schlanken und eleganten Körper. Sämtliche Körperteile müssen harmonisch proportioniert sein, und die Katze sollte weder zu untersetzt noch zu schlank sein. Es kann zwei oder drei Jahre dauern, bis eine American Curl vollständig ausgewachsen ist.

KOPF

Der Kopf weist eine leichte Keilform auf und sollte länger als breit sein. Die Ohren sind das auffälligste Merkmal der American Curl. Sie fühlen sich weniger geschmeidig als bei anderen Rassen an. Sie stehen aufrecht am Rand des Kopfes, die Ohrenspitzen sind wellenförmig nach hinten gebogen und zeigen zur Mitte des Schädeldaches hin. Eine American Curl hat eine gerade Nase, ein kräftiges Kinn und walnussförmige Augen.

FELL

Das Fell der halblanghaarigen American Curl ist dünn, glänzend und seidenweich; es ist nahezu kein Unterhaar vorhanden. Es gibt auch kurzhaarige American Curl (siehe Kapitel 7, Kurzhaarige Rassen, American Curl).
An der Innenseite der Ohren müssen stets Haare vorhanden sein, die sich nach außen kräuseln. Kleine Haarpinsel an den Ohrspitzen werden auf Ausstellungen als Pluspunkt gewertet.

FARBEN

Diese Rasse wird in jeder denkbaren Farbe gezüchtet. Die ungewöhnlichsten Kombinationen an Zeichnungen und Grundfarben sind erlaubt. Dies verleiht der American Curl

einen besonderen Reiz und bedeutet zudem, dass sich die Züchter darauf konzentrieren können, eine Katze von einem besonders guten Typ zu züchten.
Die Augen können gelb oder grün sein, bei Colourpoint-Katzen sind sie immer blau.

Cymric (Halblanghaarige Manx)

Die Cymric ist die langhaarige Variante einer Manx. Cymric-Katzen traten zwar regelmäßig in den Anfangsjahren des Manx-Zuchtprogrammes auf, erstaunlicherweise wurden diese reizvollen halblanghaarigen Katzen jedoch stets von den kurzhaarigen Manxkatzen in den Schatten gestellt.
Die Cymric ist eine im Wesentlichen schwanzlose Katze, die deshalb jedoch keineswegs beeinträchtigt ist. Sie kann wie jede andere Katze auch springen und klettern (man denke an den Luchs, eine Großkatze mit einem kurzen Stummelschwanz).
Cymric-Katzen werden nur in natürlichen Farben gezüchtet. Sie sind freundliche, anhängliche Tiere, deren halblanges Fell sich auch ohne großen Pflegeaufwand in einem guten Zustand halten lässt.

Herkunft

Manxkatzen gibt es seit mehreren Jahrhunderten auf der Isle of Man, die in der Irischen

Eine dreizehn Jahre alte Cymric

Cymric

See vor der Westküste Großbritanniens liegt. Man weiß nicht genau, wie diese schwanzlosen Katzen dorthin gelangten, die wahrscheinlichste Erklärung ist jedoch, dass die ersten Manxkatzen das Ergebnis einer Mutation waren.
Gegen Ende des 19. Jahrhunderts begannen Katzenliebhaber aus anderen Teilen der Welt, allmählich Interesse an der Manx zu zeigen, und bereits 1890 fand man die ersten Tiere auf Katzenausstellungen in den Vereinigten Staaten sowie auf dem europäischen Festland.
Die langhaarige Manx wurde erfolgreich ignoriert, obwohl es schon immer langhaarige Katzen auf der Isle of Man gab und langhaarige Kätzchen in früheren Tagen exportiert wurden. Gelegentlich gingen aus einem Wurf von zwei kurzhaarigen Manxkatzen langhaarige Kätzchen hervor, welche jedoch stets als uninteressante „Nebenprodukte" der ernsthaft betriebenen Manxzucht betrachtet wurden.
Allmählich konnten sich jedoch immer mehr Katzenliebhaber für die langhaarige Manx

begeistern, und schließlich erhielten diese Katzen den eigenen Rassenamen Cymric (die keltischen Bewohner von Wels werden Kymren genannt).
Cymric-Katzen werden untereinander und mit Manxkatzen gekreuzt, da es sich trotz der verschiedenen Rassenamen tatsächlich um ein und dieselbe Rasse handelt.

Charakter

Cymric-Katzen und Manxkatzen weisen die gleichen Charakterzüge auf. Cymric-Katzen sind freundliche, anhängliche und sehr ruhige Tiere, die stets ein Gefühl von Ruhe und Frieden verbreiten.
Sie sind normalerweise sehr zutraulich und vertragen sich gut mit anderen Katzen sowie mit Hunden. Man kann einer Cymric-Katze schnell und problemlos beibringen, Papierkügelchen zu apportieren oder an der Leine zu laufen.
Trotz ihres ruhigen und sanften Naturells sind Cymric-Katzen außerordentlich verspielte Tiere, die diese Eigenschaft auch mit zunehmendem Alter nicht verlieren. Im Umgang mit Kindern treten keinerlei Probleme auf, da sich die Katzen in einer hektischen Situation an einen ruhigen Ort zurückziehen und nur im äußersten Notfall von ihren Krallen Gebrauch machen.
Trotz des fehlenden Schwanzes kann die Cymric ausgezeichnet springen und klettern, obwohl häufig angenommen wird, dass Katzen unbedingt einen Schwanz zum Steuern brauchen. Die Cymric ist eine gesunde Rasse, die bei guter Pflege sehr alt werden kann.

Tailed Cymric

Cymric

Bob Schwartz

Pflege

Da das halblange Fell der Cymric normalerweise nicht verfilzt, genügt es, wenn man die Katzen regelmäßig mit einer weichen Bürste aus Schweineborsten striegelt und anschließend mit einem grob gezähnten Kamm kämmt.
Wenn man die Tiere auf Ausstellungen zeigen will, kann es nötig sein, das Fell etwas gründlicher zu reinigen. Man kann seine Katze eine Woche vor dem Ausstellungstermin baden, vorteilhafter ist es jedoch, wenn man das Fell regelmäßig mit einem unparfümierten Puder reinigt. Hierzu wird reichlich Puder im Fell verteilt, gründlich einmassiert und anschließend sofort mit einer weichen Bürste aus Schweineborsten aus dem Fell entfernt, bis keinerlei Puderreste mehr vorhanden sind. Da der Puder Schmutz und überschüssigen Talg bindet, sieht das Fell nach einer derartigen Behandlung wieder sauber und frisch aus.
Wie bei allen anderen Katzen auch sollte man die Ohren regelmäßig kontrollieren und gegebenenfalls mit einer speziellen Ohrlotion für Katzen reinigen. Die scharfen Krallenspitzen entfernt man gelegentlich mit einem Spezialclipper.

Körperliche Merkmale

KÖRPER

Die Zuchtstandards für Cymric und Manx sind mit Ausnahme der Felllänge absolut identisch.
Ebenso wie die Manx ist auch die Cymric eine kräftige, mittelgroße Katze mit kräftigem Knochenbau, die einen runden und kompakten Eindruck macht. Die Hinterbeine sind deutlich länger als die Vorderbeine, sodass der Rücken leicht nach oben gewölbt ist.
Man unterscheidet bei dieser Rasse fünf verschiedene Schwanzlängen. Die schwanzlose Cymric wird als Rumpy bezeichnet. Die Riser (oder Rumpyriser) ist eine Katze mit höchstens drei Steißbeinwirbeln (entspricht dem Schwanzfortsatz oder dem Steißbein beim Menschen) und keinen Schwanzwirbeln. Die Stumpy weist einen kurzen Stummelschwanz auf, während die Longy eine Cymric-Katze mit einem Schwanz ist, der zwar normal aussieht, aber unnatürlich kurz ist. Die Tailed ist die einzige Variante mit einem normal langen Schwanz.

Cymric

Die ersten drei mehr oder weniger schwanzlosen Varietäten werden auf Ausstellungen gezeigt, die beiden letzten werden hingegen nur für Zuchtzwecke verwendet, sofern sie einen guten Typ aufweisen.

KOPF

Der Kopf ist rund, mit einer mittellangen Nase ohne Stopp. Die Ohren sind nicht allzu hoch angesetzt, am Ansatz breit sowie offen und leicht nach außen gedreht. Die Augen sind groß und rund.

FELL

Die Cymric hat ein halblanges, doppeltes Fell, das sich sehr weich, dick und elastisch anfühlt.

FARBEN

Cymric werden nur in den natürlichen Farben der „Bauernkatzen" gezüchtet, in Farben also, die man auch bei der gewöhnlichen europäischen Hauskatze findet.
Gängige Farben sind Rot, Schwarz und Blau, möglicherweise mit einem Tabbymuster und mit weißen Flecken, sowie reines Weiß. Alle Augenfarben sind erlaubt.

Besonderheiten

Die Genvariante für langes Haar kommt von Natur aus bei besonders vielen Manxblutlinien vor. Dies bedeutet, dass man in einem Wurf von Manxkatzen stets auch eine langhaarige „Überraschung" finden kann (siehe auch Kapitel 7, Kurzhaarige Rassen, Manx).

Halblanghaarige American Bobtail

Bob Schwartz

Halblanghaarige American Bobtail (Amerikanische Stummelschwanzkatze)

Diese Katze ist die langhaarige Variante der kurzhaarigen American Bobtail. Die American Bobtail ist eine Rasse, die man nur selten außerhalb der USA findet. Die Rasse ist das Ergebnis einer Mutation. Auf sich alleine gestellt, sind diese Katzen durchaus in der Lage, für sich selbst zu sorgen.
Die Tatsache, dass diese Katzen nur einen kurzen Schwanz haben, beeinträchtigt in keiner Weise ihre Beweglichkeit. Die American Bobtail kann sogar außerordentlich gut klettern und jagen.
Kurz- und langhaarige Tiere weisen den gleichen Charakter auf. In der Regel sind Tiere dieser Rasse sehr eng mit ihrer menschlichen Familie verbunden, während sie Fremden gegenüber recht scheu sein können. Sie vertragen sich außerordentlich gut mit anderen Katzen und spielen auch gerne miteinander. Da diese Katzen sehr lebhaft sind, lohnt es sich, einen stabilen Kratz- und Kletterbaum und reichlich Spielsachen anzuschaffen.

Körperliche Merkmale

Für die halblanghaarige American Bobtail gilt – mit Ausnahme der Fellänge – der gleiche Zuchtstandard wie für ihre kurzhaarigen Verwandten. Es handelt sich um eine mittelgroße bis große Rasse, deren Angehörigen erst im Alter von ein bis zwei Jahren völlig ausgewachsen sind. Auf Ausstellungen verlangen die Preisrichter, dass die Katzen einen geraden Schwanz aufweisen, der bis zur Hälfte der Hinterhand reicht; der Schwanz darf auch leicht gekrümmt sein.
Die American Bobtail hat einen muskulösen Körper sowie mittellange Beine, wobei die Hinterbeine stets länger als die Vorderbeine sind. Die Pfoten sind rund und groß. Das halblange Fell ist leicht zu pflegen (siehe auch Kapitel 9, Kurzhaarige Rassen, American Bobtail).

Halblanghaarige Japanese Bobtail (Japanische Stummelschwanzkatze)

Die halblanghaarige Japanese Bobtail entspricht im Wesentlichen der kurzhaarigen Japanese Bobtail – mit Ausnahme der Felllänge. Man findet diese Rasse nur selten außerhalb Japans oder der Vereinigten Staaten.
Es handelt sich bei den Japanese Bobtail um freundliche, gesellige Katzen, die sich sehr gut mit anderen Tieren vertragen. Sie sind intelligent und neugierig. Da das Fell nicht verfilzt und nur ein schwacher Haarwechsel stattfindet, ist lediglich ein geringer Pflegeaufwand erforderlich.

Körperliche Merkmale

Der Standard für die kurzhaarige Japanese Bobtail findet auch Anwendung auf die halblanghaarige Varietät. Ihr kurzer Schwanz kann zwischen fünf und acht Zentimeter lang und gerade, gekrümmt oder geknickt sein – Letzteres lässt ihn wie eine ballförmige Quaste erscheinen, insbesondere bei der halblanghaarigen Varietät.

Halblanghaarige Japanese Bobtail

Bob Schwartz

Die Japanese Bobtail ist eine mittelgroße Katze mit einem langen, schlanken Körper und ovalen Pfoten. Der keilförmige Kopf weist hohe Wangenknochen auf, die Augen sind groß und oval. Die Ohren sind groß und aufrecht. Das Fell liegt flach am Körper an und weist nahezu kein Unterhaar auf; es ist weich und glänzend.
Japanese Bobtail gibt es in allen erdenklichen Farben, am beliebtesten sind jedoch überwiegend weiße Katzen mit einem geringfügigen, deutlich gezeichneten, dunklen Muster.
Bei der Japanese Bobtail sind alle Augenfarben erlaubt, auch verschiedenfarbige (siehe auch Kapitel 7, Kurzhaarige Rassen, Japanese Bobtail).

Halblanghaarige Munchkin

Die halblanghaarige Munchkin vereint zwei unterschiedliche Faktoren in sich – langes Haar und kurze Beine. Sie ist eine mittelgroße Katze mit kurzen, muskulösen Beinen und einem keilförmigen Kopf.

Herkunft

Die ersten Munchkin, die man entdeckte, waren zwei Straßenkatzen, Blackberry und Blueberry. Sie wurden in den Vereinigten Staaten Anfang der achtziger Jahre in Louisiana gesichtet. Bereits früher wurde aus anderen Ländern der Welt von Katzen mit extrem kurzen Beinen berichtet, es wurden jedoch niemals Schritte zur Züchtung unternommen. Völlig anders verhielt es sich mit diesen amerikanischen Straßenkatzen, wovon eine verwendet wurde, um eine neue Rasse zu entwickeln – die Munchkin. In Anbetracht der Tatsache, dass Munchkin mit gewöhnlichen Hauskatzen (ohne Stammbaum) gepaart werden können, überrascht es keineswegs, dass auch eine langhaarige Variante der Munchkin existiert.
Seit Mai 1995 ist es möglich, sowohl die kurzhaarige als auch die langhaarige Variante dieser Rasse auf bestimmten Ausstellungen in den Vereinigten Staaten zu zeigen.

Charakter

Halblanghaarige Munchkin sind ebenso wie ihre kurzhaarigen Verwandten freundliche Haustiere, die sich sehr gut mit anderen Katzen und Hunden vertragen. Sie sind anhänglich und schätzen die Gesellschaft des Menschen. Mit etwas Geduld kann man ihnen beibringen, kleine Spielsachen zu apportieren und an der Leine zu laufen.
Munchkin haben ein lebhaftes Naturell; sie sind aktiv, verspielt und extrovertiert. Sie können wie jede andere Katze auch spielen und auf Bäume klettern, wenngleich sie wegen ihrer kurzen Beine nicht so hoch springen kann wie Katzen mit normalen Beinen. Eine Munchkin kann nur über zusätzliche „Kletterhilfen“ auf einen Küchen- oder Esstisch gelangen.

Pflege

Bei der halblanghaarigen Munchkin ist nur wenig Fellpflege erforderlich. Es genügt, wenn man das Fell einmal wöchentlich bürstet und anschließend kämmt.
Man schneidet die Krallenspitzen regelmäßig und reinigt die Ohren bei Bedarf, mit einer speziellen Ohrlotion für Katzen.

Körperliche Merkmale

Für halblanghaarige und kurzhaarige Munchkinkatzen gilt – natürlich mit Ausnahme der Felllänge – exakt der gleiche Zuchtstandard (siehe auch Kapitel 7, Kurzhaarige Rassen, Munchkin).

FELL UND FARBEN

Bei Munchkinkatzen werden sämtliche Fellfarben, Zeichnungen, Muster und Augenfarben akzeptiert.

Halblanghaarige Munchkin

Bob Schwartz

10 Langhaarige Rassen

Perserkatze

Die Perserkatze ist die bekannteste und beliebteste Katzenrasse weltweit. (Sie wird in Nordamerika auch als Perser und in Großbritannien als Langhaar bezeichnet, wobei jede Farbe eigenständig klassifiziert wird.) Perserkatzen werden in einer nahezu unendlichen Vielfalt an Farben und Mustern gezüchtet. Die Persische Langhaar wird überall auf der Welt dazu verwendet, um andere Rassen zu entwickeln, zum Beispiel die Birma, die Selkirk Rex und die Britische Kurzhaar, um neue Farben bei diesen Rassen einzuführen und um in einigen Fällen den Körperbau sowie die Schädelform zu verbessern.

Da Perserkatzen äußerst ruhig und liebevoll sind, vertragen sie sich gut mit anderen Katzen und Hunden. Auch Kindern gegenüber verhalten sie sich sehr freundlich. Für den Besitzer einer Perserkatze ist die Fellpflege zwar ein wichtiges, aber dennoch nicht das bedeutendste Element. Die Persische Langhaar ist das ideale Haustier für Menschen, die eine Katze mit einem freundlichen Wesen suchen und Spaß daran haben, jeden Tag viel Zeit für die Fellpflege aufzubringen.

Herkunft

Die Perserkatze stammt vermutlich von jenen türkischen Angorakatzen ab, die Seeleute und Händler von ihren Reisen aus der Türkei und dem Iran (Persien) mitbrachten. Diese halblanghaarigen Katzen, die heute als Türkische Angora bezeichnet werden, waren viele Jahre lang die Lieblinge des europäischen Adels, und auch am französischen Hof fand man Gefallen an ihnen.

Ende des 19. Jahrhunderts begannen britische Katzenliebhaber, die elegante Angora (Angora ist der frühere Name der türkischen Hauptstadt Ankara) mit anderen Rassen zu kreuzen, um daraus Katzen eines schwereren Typs und mit einem längeren, dickeren Fell zu entwickeln. Diese Katzen waren es, die sich zu den beliebtesten Rassekatzen auf der ganzen Welt entwickelten – den Perserkatzen.

Wenn man Fotografien und Zeichnungen von Perserkatzen aus früheren Tagen betrachtet, fällt sofort auf, dass sich diese beträchtlich von den heute gezüchteten Persern unterscheiden. Der Körper ist kompakter, und das Fell ist länger und üppiger geworden.

Der augenfälligste Unterschied liegt jedoch in der Kopfform und der Nasenlänge. Während die Perserkatzen anfangs einen keilförmigen Kopf hatten, ist der Schädel der Tiere heute größer und runder. Die Nasenlänge blieb viele Jahre hindurch praktisch unverändert, in den vergangenen Jahrzehnten haben jedoch die Züchter vermehrt an der Zucht einer Persischen Langhaar mit einer extrem kurzen Nase gearbeitet. Diese Bemühungen resultierten schließlich in einer Katze mit einem fast vollständig flachen Gesicht.

Perserkatze, Weiß

Junges Perserkätzchen, Creme

Links: *Perserkatze, Weiß*

Es ist kaum zu glauben, innerhalb welch kurzer Zeit diese Entwicklungen stattgefunden haben. Ein Grand Champion aus den siebziger Jahren hätte heute auf einer Ausstellung keine Chance mehr.
Viele Katzenliebhaber sind von der Züchtung dieser kurzen Nasen nicht sonderlich begeistert, da eine unfachmännische Zucht unter anderem zu fehlerhaften Zahnstellungen, gekrümmten Kiefern, Atemwegserkrankungen und verstopften Tränenkanälen führen kann. Die Zucht einer Perserkatze mit Ausstellungsqualitäten ist durchaus keine einfache Aufgabe und erfordert von Seiten des Züchters umfangreiche Fähigkeiten und Kenntnisse.

Charakter

Perser zählen zu den ruhigsten Katzen. Sie werden oft als phlegmatisch und sehr fügsam beschrieben. Sie können stundenlang an ihrem Lieblingsplatz im Haus liegen, ohne im geringsten davon Notiz zu nehmen, was um sie herum vor sich geht. Gleichzeitig scheinen sie sich aber ihres zauberhaften und aristokratischen Aussehens, das so viele Menschen bewundern, durchaus bewusst zu sein. Perserkatzen lassen sich mit Vorliebe kraulen, streicheln und verwöhnen.
Die Rasse ist in der Regel freundlich und ausgeglichen; nur sehr selten zeigen diese Katzen ihre Krallen. Kämpfen entspricht einfach nicht dem Naturell dieser friedlichen Tiere. Dieser Zug ist unter anderem dafür verantwortlich, dass sie sich so gut mit anderen Katzen und Hunden vertragen. Da Perserkatzen stoisch und gelassen in Stresssituation jeglicher Art reagieren, treten auch im Umgang mit Kindern keine Probleme auf. Obwohl sie nur selten ein lauter und lebhafter Haushalt aus der Ruhe bringt, ziehen sich die Katzen bei allzu großer Hektik an einen ruhigen Ort zurück, sofern sie dazu die Gelegenheit haben.
Trotz ihrer ruhigen Natur sind Perserkatzen immer an einem Spiel interessiert. Im Gegensatz zu anderen Katzen warten sie jedoch darauf, dass sie zum Spielen aufgefordert werden. In der Regel laufen und spielen sie nicht

Weiße Perserkatze um die Jahrhundertwende

Perserkatze auf einer Ausstellung um die Jahrhundertwende

aus eigenem Antrieb. Dies trifft natürlich nicht auf die Katzenkinder zu – sie sind ebenso verspielt und unermüdlich wie andere Kätzchen.
Die meisten Perser haben sehr leise Stimmen, die sie nur selten vernehmen lassen. Im Vergleich zu vielen anderen Rassen kommen sie recht gut mit dem Alleinsein zurecht, wenngleich sie die Gesellschaft des Menschen oder einer anderen Katze durchaus schätzen.
Perser sind im Allgemeinen mit einer Wohnungshaltung zufrieden und drängen nur wenig nach draußen. Dies variiert jedoch von Tier zu Tier und hängt zudem davon ab, ob die Katze in jungen Jahren daran gewöhnt war, frei herumzulaufen.

Pflege

Bei der Haltung einer Perserkatze kommen Fell- und Augenpflege eine wichtige Bedeutung zu. Das Fell ist üppig und sehr dick und besteht aus langen, weichen Haaren, die sehr leicht verfilzen. Wenn man die Fellpflege einige Tage vernachlässigt, bilden sich im Fell sehr schnell verfilzte Haarbällchen, die sich nur mit Schwierigkeiten und Schmerzen für

Während des Haarwechsels nimmt die Katze beim Lecken ihres Fells viele Haare auf.

Perserkätzchen, Bi-Colour, Blau-Weiß

das Tier herauskämmen lassen. Die Fellpflege gehört sowohl bei Haustieren als auch bei Ausstellungskatzen zur täglichen Routine und darf keinesfalls eine Woche lang aufgeschoben werden.

Zum Glück genießen die meisten Perser ihre täglichen „Schönheitssitzungen", wenngleich sie manche Tiere verabscheuen. Dies hängt aber nicht nur vom Charakter der einzelnen Katzen ab. Ein verantwortungsvoller Züchter gewöhnt die Kätzchen bereits frühzeitig an das tägliche Bürsten, sodass sie diese Prozedur im Lauf der Zeit für selbstverständlich halten und sie durchaus auch mögen.

Bei einem Haustier genügt es, das Fell täglich mit einer Drahtbürste zu bürsten. Verfilzte Stellen werden anschließend etwa einmal wöchentlich vorsichtig mit einem grob gezähnten Kamm gekämmt. Besondere Aufmerksamkeit erfordern die Bereiche zwischen Vorder- und Hinterbeinen, die Haare unterhalb des Schwanzes, der Brust und des Kinns. Man darf niemals gewaltsam am Fell ziehen, sondern sollte bei dieser Arbeit systematisch und geduldig vorgehen. Zum Reinigen des Fells kann man etwas unparfümierten Puder im Fell verteilen, der Schmutzpartikel und überschüssigen Talg aus dem Fell aufnimmt. Anschließend massiert man den Puder ein und bürstet das Fell vorsichtig aus, bis sämtliche Puderreste entfernt sind. Dieser Puder ist in großen Tierhandlungen sowie auf Katzenausstellungen erhältlich.

Man kann Perserkatzen ungefähr alle drei Monate baden, sollte aber hierfür stets ein spezielles Shampoo für Katzen verwenden. Nach einem Bad lassen sich lose, abgestorbene Haare, aus denen sich später harte Haarbällchen bilden können, leichter herausbürsten. Wenn keine dieser Maßnahmen hilft, schneidet man verfilzte Stellen sehr vorsichtig aus dem Fell.

Tränende Augen können bei Perserkatzen ein großes Problem darstellen und dunkle, unansehnliche Tränenrinnen in den Gesichtsfalten hinterlassen. Manchmal hat es den Anschein, als ob helle Perserkatzen besonders unter diesem Problem zu leiden haben, wobei bei diesen Tieren tatsächlich nur die Tränenrinnen

Perserkatze, Schwarz getigert

Perserkatze, Weiß

Weiße Perserkatze mit verschiedenfarbigen Augen

deutlicher auffallen. Man sollte diese dunklen Verfärbungen nach Möglichkeit verhindern, da in den meisten Fällen anhaltende Flecken im Gesicht entstehen, wenn man die Augenpflege vernachlässigt. Diese Flecken lassen sich vermeiden, wenn man die Gesichtsfalten sowie die Haare um die Augenregion täglich mit einem feuchten Tuch reinigt. Zum Befeuchten kann man entweder eine spezielle Augenlotion für Katzen oder kaltes, abgekochtes Wasser verwenden.

Die Ohren reinigt man nur bei Bedarf. Hierzu massiert man eine spezielle Ohrlotion für Katzen ein und entfernt dann den oberflächlichen Schmutz mit einem Wattestäbchen.

Die Pflegemaßnahmen für Ausstellungskatzen entsprechen im Großen und Ganzen den Routinemaßnahmen, die bei Hauskatzen erforderlich sind. Es ist jedoch notwendig, die Tiere häufiger zu baden und abgestorbene Haare täglich mit der Hand, aus dem Fell zu zupfen.

Entsprechend dem Zuchtstandard sollen Perser kleine Ohren aufweisen. Aus diesem Grund sind die Aussteller dazu übergegangen, die winzigen Haare an den Ohrenrändern (nicht die Haare an der Innenseite der Ohren) vorsichtig abzuschneiden oder herauszuzupfen, da diese die Ohren größer erscheinen lassen.

Eine Ausstellungskatze muss viel häufiger gepudert und gebürstet werden, damit ein Verfilzen der Haare vermieden wird und das Fell locker, sauber und üppig aussieht. Die scharfen Krallenspitzen einer Perserkatze entfernt man regelmäßig mit einem Spezialclipper.

Das Fell der Perserkatze zeigt sich im Winter in „Höchstform", während im Frühjahr und Frühsommer ein beträchtlicher Haarwechsel

Profil einer Cream-Point-Perserkatze

Perserkatze, Schwarz

Perserkatze, Bi-Colour, Schwarz-Weiß

Perserkatze, Creme

stattfindet. Zu diesen Jahreszeiten muss man darauf achten, dass die Tiere beim Lecken ihres Fells nicht zu viele Haare aufnehmen.

Körperliche Merkmale

KÖRPER

Die Persische Langhaar ist eine mittelgroße bis große Katze mit einem kräftigen Knochenbau. Der Körper ist kompakt, mit einer tiefen Brust, muskulösen Schultern und einem kurzen, kräftigen Hals. Die Beine sind kurz und stämmig, die Pfoten sind groß und rund. Haarbüschel zwischen den Zehen sind erwünscht. Der Schwanz ist kurz, im Verhältnis zum Körper wohl proportioniert, mit einer leicht abgerundeten Spitze.

KOPF

Der Kopf ist rund, massiv, mit einem breiten Schädel und vollen Wangen. Die Stirn sollte leicht gewölbt sein, die kurze, breite Nase hat einen ausgeprägten Stopp. Die Nasenspitze sollte auf einer horizontalen Linie mit den Unterlidern liegen. Der Stopp sollte auf einer Ebene mit der Augenmitte liegen.

Perserkatze, Blau

Perserkatze, Schwarz gestromt

Perserkatze, Rot gestromt

Die Persische Langhaar hat kräftige, breite Kiefer und ein solides Kinn. Die Zähne sollen eine Scherenfunktion und keinen Über- oder Unterbiss aufweisen. Im Profil betrachtet, sollten das Kinn, die Nasenspitze und die Stirn auf einer geraden vertikalen Linie liegen.
Die kleinen Ohren sind am Ansatz breit und abgerundet, mit üppigen Haarbüscheln an den Innenseiten der Ohren. Sie sind weit auseinander gesetzt und tief am Schädel platziert.
Die großen, runden Augen stehen weit auseinander und sollten leuchtend und ausdrucksvoll sein. Die Augenfarbe ist, abhängig von der Fellfarbe, Kupfer, Dunkelorange, Grün oder Blau – auch verschiedenfarbige Augen sind erlaubt. Als Fehler werden zu große Ohren, eine zu große Nase, ein gezackter Nasenrücken sowie mandelförmige Augen gewertet.

FELL

Das Fell der Persischen Langhaar ist lang, üppig und in seiner Beschaffenheit dicht, fein und seidig. Das charakteristische Fell dieser Rasse bildet eine üppige Halskrause und einen buschigen Schwanz aus. Perserkatzen sehen im Herbst und im Winter am besten aus, da die meisten Tiere im Frühjahr und Frühsommer reichlich Haare verlieren.

FARBEN

Die ersten Perserkatzen waren weiß, ein Vermächtnis der weißen Angorakatzen aus der Türkei, während um die Jahrhundertwende blaue Tiere sehr beliebt waren.
Perser werden heute zwar in einer erstaunlichen Vielzahl von Fellmustern und außergewöhnlichen Farben gezüchtet, doch die Farben Weiß und Blau sind auch heute noch überaus beliebt.

Einheitliche Farben

Zu den einheitlichen Farben zählen Weiß, Schwarz, Blau, Rot, Creme, Chocolate und Lila. Langhaarkatzen in diesen Fellfarben haben kupfer- oder orangefarbene Augen. Weiße Tiere können auch blaue oder verschiedenfarbige Augen aufweisen.

Perserkatze, Van/Harlekin

Perserkatze, Blau gestromt

Eine einheitlich gefärbte Perserkatze (natürlich mit Ausnahme von Weiß) darf keine weißen Haare oder Zeichnungen tragen, und jedes Haar sollte nach Möglichkeit vom Ansatz bis zur Spitze gleichmäßig gefärbt sein. Geisterzeichnungen sind bei jungen Katzen sehr verbreitet, und manchmal sind diese undeutlichen Tabbyzeichnungen auch noch im Fell erwachsener Tiere zu sehen. Auf Ausstellungen führt dies zu Punktabzügen, wenngleich die Preisrichter bei cremefarbenen und roten Persern ein Auge zudrücken, da es bei diesen beiden Farben außerordentlich schwierig ist, ein völlig einheitlich gefärbtes Fell zu züchten.
Ebenso schwierig ist es, ein tiefschwarzes Fell zu züchten und es auch beizubehalten, da sich diese Farbe an Stellen, die dem Sonnenlicht und der Feuchtigkeit ausgesetzt sind, rot oder braun verfärben kann. Eine einheitlich gefärbte Katze mit einem silberfarbenen Unterfell wird als Smoke bezeichnet.

Parti-Colour

Perserkatzen in dieser Farbe weisen neben ihrer einheitlichen Farbe zusätzlich weiße Bereiche auf. Es gibt zwei verschiedene Varietäten. Am bekanntesten ist die Bi-Colour, welche eine einheitliche Grundfarbe sowie eine möglichst symmetrische, weiße Zeichnung

Perserkatze, Schwarz-Schildpatt

Perserkatze, Smoke-Schildpatt

Perserkatze, Blue-Point

aufweist. Bi-Colour-Tiere können in allen einheitlichen Fellfarben vorkommen.
Weiterhin ist die Tri-Colour zu nennen, welche drei Grundfarben, zum Beispiel Schwarz und Rot oder Blau und Creme, und wiederum eine möglichst symmetrische weiße Zeichnung aufweist. Tri-Colour-Tiere werden manchmal auch als Schildpatt-Weiß bezeichnet. Die weißen Bereiche sollten bei beiden Varietäten nicht mehr, aber auch nicht viel weniger als ein Drittel des Körpers bedecken.
Die Züchtung einer korrekten Parti-Colour-Perser ist äußerst schwierig, da aus einer Paarung zweier Parti-Colour-Tiere häufig Kätz-

Perserkatze, Schwarz-Chinchilla

Perserkatze, Seal-Point („altmodischer" Typ)

Perserkatze, Cream-Point

Perserkatze, Red-Point

Perserkatze, Seal-Tabby-Point

Perserkätzchen, Tortie-Point

chen hervorgehen, die zu viel Weiß in ihrem Fell aufweisen. Deshalb werden Parti-Colour-Katzen in der Regel mit einheitlich gefärbten Tieren gekreuzt, wobei es jedoch keine Garantie für die korrekten Proportionen der weißen Bereiche und die erwünschte Symmetrie der Zeichnung gibt.
Außer den Parti-Colour-Tieren kommen auch Van- und Harlekin-Perser vor. Bei diesen Varietäten herrschen die weißen Bereiche im Fell vor, und sie sollten kupfer- oder orangefarbene Augen haben. Katzen, die unterschiedlich gefärbte Flecken im Fell, aber kein Weiß tragen, werden als Schildpatt oder Tortie bezeichnet.

Tabbyzeichnung
Es gibt vier verschiedene Tabbyzeichnungen: gestichelt (ticked), getigert (mackerel), getupft

Perserkatze, Blue-Tortie-Point

Eine Woche alte Perserkätzchen

(spotted) und gestromt (blotched). Tabby-Katzen gibt es in Schwarz, Rot, Blau und anderen Farben, wobei das Muster bei sämtlichen Farben möglichst klar gezeichnet sein soll. Weiterhin gibt es eine Silber-Tabby, die jedoch gesondert besprochen wird. Mit Ausnahme schwarz gestromter und blau-silber gestromter Tiere sollten alle Tabby-Katzen kupfer- oder orangenfarbene Augen aufweisen.

Silber und Gold

Groß in Mode sind Perser mit silberfarbenem Unterfell, zum Beispiel (Schwarz)-Silber-Tabby, Chinchilla, Cameo und Smoke. Das silberfarbene Unterfell wird von einem speziellen Inhibitor-Gen verursacht, welches die Pigmentausschüttung an der Haarbasis verhindert, sodass nur die Haarspitze pigmentiert ist.
Man muss zwischen einheitlich gefärbten Katzen und Tabby-Katzen mit einem silberfarbenen Unterfell unterscheiden. Eine einheitlich gefärbte Katze mit einem aktiven Inhibitor-Gen wird als Smoke bezeichnet. Auf Ausstellungen erwarten die Preisrichter, dass jedes Haar etwa zur Hälfte gefärbt ist. Bei Tabby-Katzen variiert der Name in Abhängigkeit vom Pigmentanteil des Fells und der Farbe des Pigments. Bei einer Shaded-Chinchilla weist etwa ein Drittel jedes Haares Pigmente auf, bei der Tipped-Chinchilla liegt der Anteil bei ungefähr einem Achtel. Diese Namen werden nur für Katzen mit schwarzen Pigmenten oder verwandten Farben, wie Blau, Chocolate und Lila, verwendet. Diese Katzen sind unter anderem deswegen sehr beliebt, weil sie prachtvolle, dunkelgrüne Augen, ziegelrote Nasenspiegel und einen schwarzen „Lidstrich“ um Augen, Nase und Lippen aufweisen, was ihnen das Aussehen eines Filmstars verleiht.
Chinchilla- und Shaded-Silver-Perser können Kätzchen hervorbringen, die zwar das charakteristische Fellmuster der Eltern, nicht aber deren silberfarbenes Unterhaar besitzen. Tatsächlich handelt es sich dabei um schwarze Tabby-Katzen, bei denen die Zeichnung durch Selektion herausgezüchtet wurde. Sie werden auch als Golden Perser bezeichnet.

Perserkatze, Black-Shaded-Silver-Point

Perserkatze, Seal-Tortie-Point

Eine Katze mit roten oder cremefarbenen Pigmenten wird als Cameo bezeichnet. Die Pigmente bedecken etwa ein Drittel des Fells. Katzen in diesen Fellfarben, deren Haare zu einem Achtel Pigmente ausweisen (also nur in den Haarspitzen) nennt man Shell.

COLOURPOINT

Colourpoint-Perser werden in den gleichen Farben gezüchtet, die auch bei Siamkatzen vorkommen. Es muss ein ausgeprägter Kontrast zwischen der Körperfarbe und den gefärbten Abzeichen (Points) bestehen. Auf Ausstellungen ist eine dunklere Schattierung des Körpers unerwünscht, bei Seal- und Blue-Point ist es jedoch äußert schwierig, Katzen mit einer sehr geringen Schattierung zu züchten.

Katzen, die in ihrer Jugend ein ideales, helles Fell aufweisen, entwickeln im Lauf der Zeit zwangsläufig eine dunklere Schattierung, die durch Witterungseinflüsse, kleine Verletzungen und Speicheleinwirkung beim Lecken des Fells verursacht wird.

Ein weiteres Problem stellt die Züchtung von einheitlich gefärbten Red- und Cream-Points dar. Bei diesen Farben ist immer die unerwünschte Tabbyzeichnung als dominanter Faktor vorhanden, sodass es selbst für erfahrene Preisrichter unmöglich ist, zwischen Roten und Cremefarbenen Persern mit einfarbigen Points (Red- und Cream-Point) sowie Red- und Cream-Tabby-Points zu unterscheiden.

Colourpoint-Perser werden in den Farben Seal-, Blue-, Red-, Cream-, Chocolate- und Lilac-Point, mit oder ohne Tabbyzeichnung, gezüchtet. Weiterhin gibt es Tortie-Point, und zu den neuesten Farben zählen Silver- und Golden-Point.

Gegenwärtig haben die meisten Colourpoint-Perser relativ helle blaue Augen, die Züchter arbeiten jedoch an Tieren mit dunkelblauen Augen. Colourpoint-Kätzchen kommen immer mit einem weißen Fell zur Welt. Die Farbe der Abzeichen kann nach einigen Tagen hervortreten, in der Regel dauert dies jedoch länger.

Besonderheiten

Wer sich eine Perserkatze zulegen will, sollte einen Katzenverband oder einem Perserkatzenclub kontaktieren. Von diesen Stellen erhält man die Adressen seriöser Züchter.

11 Rassen mit besonderer Fellbeschaffenheit

American Wirehair (Amerikanische Drahthaar)

Die Amerikanische Drahthaar ist eine Rasse, die sich aus gewöhnlichen Bauernkatzen entwickelt hat, unter denen eine mit einem besonderen Fell geboren wurde – einem Fell, das sich außergewöhnlich rau und drahtig anfühlte.
Amerikanische Drahthaarkatzen werden in allen möglichen Farben gezüchtet, abgesehen von den unnatürlichen Farben, wie Lila, Chocolate, Fawn und Cinnamon. Ebenso sind auch die Siam- und die Burmafärbung bei dieser Rasse nicht erlaubt. Man findet diese Rasse nur selten außerhalb ihres Ursprungslandes.

Herkunft

Der Vorfahr aller Amerikanischen Drahthaar war das Ergebnis einer Mutation. 1966 kam ein rot-weißer Kater auf einer Farm in Verona im Staate New York zur Welt. Adam fiel sofort durch sein drahtiges Fell auf, während seine Schwestern und Brüder aus dem gleichen Wurf ein normales Fell hatten.
Ein interessierter Katzenliebhaber fasste den Entschluss, Adam und eine seiner Schwestern aus dem gleichen Wurf miteinander zu paaren. Da zwei der daraus hervorgegangen Kätzchen die gleiche drahtige Fellbeschaffenheit wie ihr Vater aufwiesen, stellten die Züchter ein Zuchtprogramm auf, um diese außergewöhnliche Mutation stabil herauszuzüchten.
Für dieses Zuchtprogramm wurden häufig Amerikanische Kurzhaar verwendet, damit ein Überhandnehmen von Inzucht vermieden wird. Auch heute noch ist die Kreuzung mit dieser nicht verwandten Rasse erlaubt.
Im Jahr 1978 wurde die Rasse offiziell von den Amerikanischen Katzenverbänden anerkannt.

Amerikanische Drahthaar

Bob Schwartz

Links: *Weiße Amerikanische Drahthaar mit verschiedenfarbigen Augen*

Charakter

Die Amerikanische Drahthaar und die Amerikanische Kurzhaar weisen hinsichtlich ihres Charakters große Ähnlichkeiten auf. Die meisten Amerikanischen Drahthaar genießen ein „süßes“ Katzenleben und lassen sich gern streicheln und kraulen, wenngleich manche Tiere lieber im Freien umherstreifen und auf die Jagd gehen.
In der Regel sind American Wirehair intelligente, äußerst anpassungsfähige Tiere, die sich sowohl auf einem Bauernhof als auch in einer Dachwohnung wohl fühlen.
Die Amerikanische Drahthaar ist eine verspielte Katze, die gern klettert. Die Anschaffung eines stabilen Kratz- und Kletterbaums empfiehlt sich, wenn man es der Katze nicht ermöglichen kann, ihre überschüssige Energie im Freien abzureagieren.
Im Allgemeinen verträgt sich diese Rasse gut mit anderen Katzen und Hunden. Auch im Umgang mit Kindern treten keine Probleme auf.

Pflege

Das raue Fell der Amerikanischen Drahthaar lässt sich mit einem geringen Pflegeaufwand in einem guten Zustand halten. Während des Haarwechsels lassen sich lose, abgestorbene Haare schnell und einfach mit einer speziellen

Gummibürste entfernen. Um dem Fell keinen Schaden zuzufügen, muss man dabei jedoch sehr vorsichtig vorgehen. Außerhalb der Zeiten des Haarwechsels genügt es, wenn man das Fell einmal wöchentlich mit einer Bürste aus Schweineborsten striegelt und anschließend mit einem grob gezähnten Kamm kämmt.
Bei Ausstellungskatzen ist manchmal ein Bad vor dem großen Termin erwünscht. Dieses sollte jedoch mindestens eine Woche vor dem Ausstellungstermin erfolgen, da es einige Zeit dauert, bis sich die elastische Felltextur wieder ausbildet.

Körperliche Merkmale

KÖRPER
Die Amerikanische Drahthaar ist eine mittelgroße, muskulöse Katze mit mäßig schwerem Knochenbau. Die Länge der kräftigen Beine sollte wohl proportioniert im Verhältnis zum Körper sein.
American Wirehair haben kompakte Pfoten und einen mittellangen Schwanz mit einer abgerundeten Spitze.

KOPF
Die Größe des Kopfes sollte wohl proportioniert zum übrigen Körper sein. Der Kopf ist im Wesentlichen rund. Die Wangenknochen sind ziemlich hoch. Die Augen sind rund und sollten mittelgroß bis groß sein.

FELL
Die Amerikanische Drahthaar hat ein kurzes, gekräuseltes Fell mit einer groben, festen Beschaffenheit. Das Haar des Unterfells ist etwas weicher. Jedes einzelne Haar soll spiralförmig oder an der Spitze geknickt sein. Das Fell ist elastisch, voll sowie dick. Es unterscheidet sich deutlich vom Fell der Rexkatzen, welches wesentlich kürzer sowie feiner in der Beschaffenheit ist und sich viel zarter anfühlt.
Auch die Schnurrhaare der Amerikanischen Drahthaar sind gekräuselt. Auf Ausstellungen wird großer Wert auf die richtige Fellbeschaffenheit gelegt.

FARBEN
Amerikanische Drahthaar werden in den gleichen Farben wie Amerikanische Kurzhaar gezüchtet.

German Rex, Schwarz-Schildpatt

Bob Schwartz

German Rex

Die German Rex ist die älteste bekannte Katzenrasse mit einem gekräuselten Fell. Die Züchtung dieser Rasse, die in Deutschland entdeckt wurde, geht auf eine schwarze Kätzin aus Berlin zurück und begann in den fünfziger Jahren. Sowohl die German Rex als auch die Cornish Rex weisen das gleiche Gen auf, welches für das gekräuselte Fell verantwortlich ist.
Hinsichtlich ihres Typs unterscheiden sich die beiden Rassen jedoch beträchtlich. Während die Cornish Rex ein elegantes Tier ist, ist die German Rex eine viel kräftigere, stämmigere Katze, die mehr Gemeinsamkeiten mit einer Europäischen Hauskatze aufweist. Sie hat ein ausgeglichenes, duldsames Naturell. Diese Katzen sind lebhafte, aber sensible Gefährten, die sich gut mit anderen Katzen vertragen.

Körperliche Merkmale

Die German Rex ist eine kräftig gebaute, mittelgroße Katze. Vom Typ her gleicht sie am ehesten der Europäischen Kurzhaar. Sie hat mittellange Beine und runde Pfoten. Der Kopf ist im Wesentlichen rund, mit gut entwickelten Wangen. Die Ohren sind mittelgroß, die Augen rund. Charakteristisches Rassemerkmal ist das feine, gleichmäßig gewellte Fell. Sowohl German Rex als auch Cornish Rex weisen keine Grannenhaare auf. Die Katze wird in den meisten Farben und Mustern gezüchtet, die man auch bei den Europäischen Kurzhaar und einheimischen Katzen findet.

Cornish Rex

Die Cornish Rex zählt zu den auffälligsten Rassen. Diese Katzen haben ein weiches, welliges Fell, das kaum haart. Sie sind sehr freundlich und haben eine zauberhafte Persönlichkeit.

Herkunft

Die Cornish Rex ist eine englische Rasse. Die erste Cornish Rex wurde 1950 in Cornwall geboren. Es stellte sich heraus, dass dieses Kätzchen das Ergebnis einer spontanen Mutation war. Die Mutter des Kätzchens hatte ein normales Fell, der Vater war nicht bekannt. Verschiedene Züchter waren an diesem außergewöhnlichen Kätzchen interessiert und unternahmen den Versuch, das für das gewellte Haar verantwortliche Gen in einer neuen Rasse zu bestätigen.
Die Cornish Rex entstand durch Kreuzung mit Hauskatzen, Britischen Kurzhaar, Siamkatzen und Orientalischen Kurzhaar. Das Ergebnis war eine elegante, langbeinige Katze mit einem relativ langen Kopf.

Cornish Rex

Cornish Rex, Schwarz-Schildpatt-Weiß

Im Lauf der Jahre haben sich zwei Typen der Cornish Rex entwickelt – der Europäische (Englische) und der Amerikanische. Sie unterscheiden sich in Bezug auf den Körperbau und die Kopfform. Die Amerikanischen Katzen sind oft kleiner und schlanker als die Europäischen und haben längere Beine sowie römische Nasen.

Charakter

Diese freundlichen, liebevollen Katzen schätzen die Aufmerksamkeit und Gesellschaft des Menschen. Da sie es nur schlecht vertragen, wenn man sie den ganzen Tag allein lässt, sollte man sich besser zwei Katzen anschaffen, wenn man viel außer Haus ist.
Die Rasse verträgt sich außerordentlich gut mit anderen Katzen und mit Hunden. Cornish Rex haben ein ausgeglichenes und ruhiges Naturell und zeigen nur selten ihre Krallen – was sie zu ausgezeichneten Gefährten für Kinder macht. Aufgrund ihrer Neugier zeigen sie großes Interesse an Besuchern, welche mit

Cornish Rex

übergroßer Freunde empfangen werden, sobald sich herausgestellt hat, dass diese Katzen mögen.
Da die Cornish Rex eine Katze ist, die Intelligenz, Zuneigung und Neugier in sich vereint, kann man ihr alle möglichen Tricks beibringen, zum Beispiel das Apportieren von Papierkugeln oder das Laufen an der Leine.
Die Cornish Rex hat ein ruhiges Naturell: Diese Katzen sind zwar nicht so lebhaft und verspielt wie die Devon Rex, sie klettern und spielen aber auch gern. Die Anschaffung eines Kratz- und Kletterbaums lohnt sich in jedem Fall. Im Allgemeinen stellt die Wohnungshaltung bei diesen Katzen kein Problem dar.

Pflege

Ein großer Vorzug der Cornish Rex ist der Umstand, dass das kurze, weiche Fell nur sehr wenig haart. Aus diesem Grund ist die Rasse für Menschen mit einer Katzenhaarallergie geeignet. Man darf jedoch nicht vergessen, dass auch psychische Faktoren als Allergene wirken können und daher einige Menschen auch auf eine Cornish Rex allergisch reagie-

Cornish Rex, Blau

Cornish Rex, Blau-Schildpatt

Cornish Rex, Schwarz-Schildpatt-Weiß

Cornish Rex, Black-Smoke-Weiß

ren können. Mit diesen Tieren sind auch Menschen gut beraten, die Katzenhaare auf ihrer Kleidung und ihrem Sofa nicht besonders schätzen.
Das Fell der Cornish Rex erfordert nur wenig Pflege. Es genügt, wenn man das Fell einmal wöchentlich mit einer weichen Babybürste striegelt und gelegentlich mit einem fein gezähnten Kamm kämmt. Eine Gummibürste kann ein hilfreiches Werkzeug sein, um lose, abgestorbene Haare aus dem Fell zu entfernen. Man muss dabei jedoch sehr vorsichtig vorgehen, da übermäßiger Eifer zu irreparablen Schäden am Fell führen kann. Bei Ausstellungskatzen empfiehlt es sich, die Tiere einige Tage vor dem Ausstellungstermin mit einem speziellen Katzenshampoo zu baden. Damit die Wellen besser zur Geltung kommen, kann man das Fell unmittelbar vor der Bewertung durch die Preisrichter mit einem feuchten Ledertuch abreiben. Man entfernt die scharfen Krallenspitzen regelmäßig mit einem Spezialclipper und reinigt die Ohren mit einer speziellen Ohrlotion für Katzen.

Cornish Rex, Creme

Außergewöhnliche schwarze Cornish Rex

Körperliche Merkmale

KÖRPER
Die Cornish Rex ist eine kleine bis mittelgroße Katze mit einem muskulösen Körper und zarten Knochen. Die Beine sind lang, die Pfoten rund und oval. Der Rücken sollte leicht nach oben ansteigen. Der lange, dünne Schwanz verjüngt sich leicht zur Spitze hin.

KOPF
Der ovale Kopf ist länger als breit, darf aber keinesfalls zu lang sein. Im Seitenprofil sollten Nase und Kinn auf einer Linie liegen.
Die Cornish Rex hat eine lange Nase: Während der Amerikanische Typ eine römische, leicht konvexe Form aufweist, hat der Europäische Typ eine gerade Nase.
Die großen Ohren sind hoch am Kopf platziert und dürfen nicht zu eng beieinander stehen. Die Augen sind oval.

FELL
Das Fell ist kurz und fühlt sich fein sowie wunderbar weich an. Die Cornish Rex hat ein weicheres Fell als die Devon Rex, da ihr die gröberen Leit- und Grannenhaare fehlen. Im Idealfall bilden die Löckchen ein dichtes, gleichmäßig gewelltes Fell aus, das einem Waschbrett sehr ähnlich sieht. Das Fell dieser Rasse verfügt über keinerlei Grannenhaare. Schnurrhaare und Augenbrauen sind immer gekräuselt. Kahle Stellen am Körper oder ein kahler Schwanz werden auf Ausstellungen als Fehler gewertet, wenngleich Jungtiere im Allgemeinen ein dünneres Fell aufweisen.

FARBEN
Bei der Cornish Rex sind sämtliche Farben, einschließlich der Siamfärbung, erlaubt. Cornish Rex mit einer Siamfärbung werden als Si-Rex bezeichnet. Auf Ausstellungen wird mehr Wert auf die Qualität und weniger auf die Farbe des Fells gelegt.
Zu den gängigsten Farben zählen Schwarz und Blau, mit oder ohne weiße Flecken und Tabbyzeichnungen im Fell. Recht häufig sind auf Ausstellungen aber auch Schildpatt-Katzen und Tiere mit einem überwiegend weißen Fell zu sehen.

Cornish Rex, Schwarz

Die Augen sind grün oder gelb (eine Ausnahme stellt die Si-Rex dar, sie hat immer blaue Augen) und sollten mit der Fellfarbe harmonieren.

Besonderheiten

Die Kräuselung des Fells wird bei Cornish Rex und German Rex durch das gleiche Gen verursacht.

Devon Rex

Diese außergewöhnliche Katze ruft Bilder von fremden Lebewesen aus dem Weltall und märchenhaften Tieren aus Legenden hervor. Der scheinbar gebrechliche Hals trägt einen breiten, dreieckigen Kopf mit extrem großen Ohren und sehr ausdrucksvollen Augen.
Die Devon Rex hat ein bemerkenswert gekräuseltes Fell und eine ausgeprägte Persönlichkeit. Fast alle Katzenliebhaber, die jemals eine Devon Rex besaßen, können sich nur schwer an eine andere Rasse gewöhnen.

Herkunft

1960 wurde eine Katze mit gekräuseltem Fell in der englischen Grafschaft Devon entdeckt. Zehn Jahre zuvor war eine ähnliche Katzen im benachbarten Cornwall aufgefallen – dabei handelte es sich um die Cornish Rex.
Die neu entdeckte Katze und ihre Nachkommen wurden anfangs mit Cornish-Rex-Katzen gekreuzt, da man bei beiden Rassen die gleiche Fellmutation vermutete. Es stellte sich jedoch sehr schnell heraus, dass dies nicht der Fall war. Deshalb beschlossen die Züchter,

Devon Rex, Schwarz-Schildpatt-Weiß

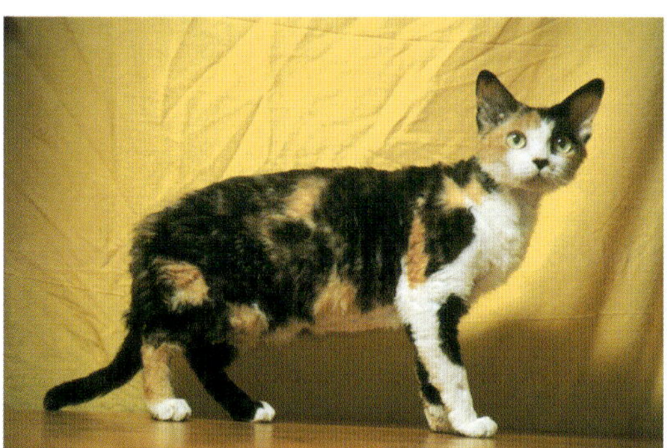

Devon Rex, Schwarz-Schildpatt-Weiß

die zweite Fellmutation getrennt zu züchten und sie nach der Grafschaft zu benennen, in der sie entdeckt wurde.
Die erste Devon Rex, ein schwarzer Kater namens „Kirlee“, wies einen ungewöhnlichen Typ auf. Er hatte ein seltsames, koboldähnliches Gesicht und einen mäßig eleganten Körper. Diese Katze verkörperte den ersten Zuchtstandard. Mithilfe vieler anderer Zuchtrassen und gewöhnlicher Hauskatzen wurde die Devon Rex schließlich Rasse entwickelt.

Charakter

Die Devon Rex ist eine intelligente Katze mit einem sanften, liebevollen Naturell. Diese Katzen schätzen menschliche Gesellschaft sehr und leiden darunter, wenn man sie allein lässt. Am glücklichsten sind sie, wenn sie ihre Menschen den ganzen Tag um sich haben.
Man sollte eine Devon Rex keinesfalls den ganzen Tag in einen Zwinger sperren, da das Tier vor Kummer vergeht und vor Einsamkeit krank wird.

Devon Rex, Schwarz getigert

Katzen dieser Rasse sind sehr neugierig und wollen an allem teilhaben. Sämtliche Einkäufe werden genauestens untersucht, und fremde Besucher werden sehr schnell ins Herz geschlossen.
Da die Katzen sehr intelligent und auf den Menschen fixiert sind, kann man ihnen alle möglichen Tricks beibringen, zum Beispiel das Apportieren kleiner Spielsachen oder das Laufen an der Leine. Devon-Rex-Katzen sind auch im Erwachsenenalter noch sehr lebhaft

Devon Rex, Schwarz getigert

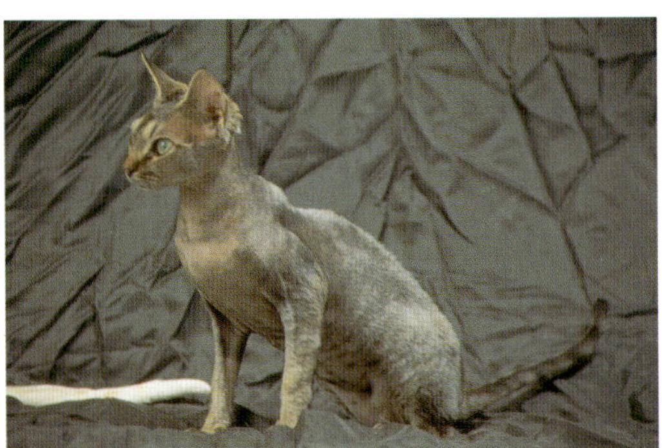

und verspielt. Da sie gern springen sowie klettern und hierfür gern die Möbel verwenden, lohnt sich die Anschaffung eines stabilen Kratz- und Kletterbaums.
In der Regel vertragen sich Devon-Rex-Katzen sehr gut mit anderen Katzen, und meist treten auch im Umgang mit Hunden keine Probleme auf. Kindern gegenüber verhalten sie sich ebenfalls sehr lieb. Kämpfen entspricht einfach nicht ihrem Naturell. Da die Devon Rex nur sehr wenig haart, verkörpert sie für viele Menschen das ideale Haustier.
Das Fell der Devon Rex fühlt sich etwas härter als das der Cornish Rex an, da die Devon Rex Leithaare besitzt

Pflege

Das kurze, weiche Fell der Devon Rex lässt sich am besten mit einer Babybürste pflegen, auch häufiges Streicheln erfüllt diesen Zweck. Man darf niemals eine harte Bürste verwenden und muss zudem beim Bürsten sehr vorsichtig vorgehen, da man andernfalls

Devon Rex, Blue-Tabby-Point

Devon Rex

Devon Rex

Schwarzes Devon-Rex-Kätzchen

das Fell sehr schnell schädigen kann. Während des Haarwechsels gehen einige Haare verloren, und kahle Stellen im Fell können entstehen – diese verschwinden später jedoch wieder.

Ein ungewöhnliches Merkmal der Devon Rex ist ihre Neigung, relativ viel Ohrenschmalz zu produzieren. Die Verschmutzung der Ohren erfolgt daher schneller als bei anderen Rassen. Da das Ohrenschmalz manchmal eine recht dunkle Farbe aufweist, kann man vermuten, dass die Katzen unter Ohrmilbenbefall leiden. In der Regel ist dies jedoch nicht der Fall. Man sollte hin und wieder eine spezielle Ohrlotion für Katzen in die Ohren einmassieren. Zu häufiges Massieren ist jedoch unangebracht, da dadurch die Produktion von Ohrenschmalz noch stärker angeregt wird.

Gelegentlich kann auch die übermäßige Produktion von Talg den unerfahrenen Besitzer einer Devon Rex in Erstaunen versetzen, da als Folge davon teerige Partikel und Pünktchen im Fell zu sehen sind. In der Regel genügen regelmäßiges Baden mit einem speziellen Shampoo für Katzen und eine sorgfältige Fellpflege, um dieses Problem in den Griff zu bekommen. Man sollte die scharfen Krallenspitzen regelmäßig mit einem Spezialclipper entfernen.

Körperliche Merkmale

KÖRPER

Die Devon Rex ist eine relativ kleine Katze mit einem schlanken, muskulösen Körper. Sie hat eine tiefe Brust und schlanke, im Verhältnis zum Körper lange Beine. Die Hinterbeine

Devon Rex

sind stets länger als die Vorderbeine. Die Pfoten sind klein und oval, der Schwanz ist lang, dünn und spitz zulaufend.

KOPF

Auf einem schlanken Hals sitzt ein keilförmiger Kopf mit breiten Wangenknochen, einem kräftigen Kinn und einer kurzen Schnauze. Die Nase ist deutlich gewölbt, und die Stirn biegt sich zu einem flachen Schädel zurück. Die großen Ohren sind relativ tief am Schädel platziert. Sie sind am Ansatz breit, an den Spitzen abgerundet und dicht mit winzigen, feinen Haaren bewachsen. Die großen, mandelförmigen Augen sind weit auseinander gesetzt und schräg stehend.

FELL

Das Fell ist kurz, fein, wellig und weich. Da die Devon Rex sowohl Leithaare als auch Unterhaare aufweist, fühlt sich ihr Fell etwas rauer als das von German Rex und Cornish Rex an. Die Schnurrhaare und Augenbrauen sind gekräuselt, ziemlich rau und mittellang.
Devon Rex mit einem weichen, schmutzigen oder stellenweise kahlen Fell erhalten auf Ausstellungen Punktabzüge.

FARBEN

Bei dieser Rasse sind alle möglichen Fellfarben und -muster erlaubt. Besonders beliebte Farben sind Schwarz- und Blau-Schildpatt (mit oder ohne weiße Flecken). Auch rein weiße Katzen und Katzen mit Tabbyzeichnung sind weit verbreitet. Weiterhin gibt es die attraktive Si-Rex, die eine Siamfärbung trägt.
Die Augen sind grün oder gelb (außer bei der Si-Rex, welche stets blaue Augen hat) und sollten mit der Fellfarbe harmonieren. Auf Ausstellungen wird mehr Wert auf die Qualität, weniger auf die Farbe des Fells gelegt.

Besonderheiten

Da die Devon Rex nur sehr wenig haart, wird sie manchmal als Haustier für Menschen mit einer Katzenhaarallergie empfohlen. Man darf jedoch nicht vergessen, dass auch psychische Faktoren als Allergene wirken können und daher einige Menschen auch auf eine Devon Rex allergisch reagieren.
Devon-Rex-Kätzchen haben in der Regel nur ein sehr spärliches Pelzchen, da es einige Zeit dauert, bis sich das gewellte Fell entwickelt hat.
Die Devon Rex ist eine verhältnismäßig neue Rasse, bei der noch immer Kreuzungsprogramme mit anderen Rassen und heimischen Katzen durchgeführt werden. Die aus diesen Kreuzungen hervorgegangenen Kätzchen haben ein normales Fell, können aber zur Zucht von Devon-Rex-Katzen verwendet werden.

Selkirk Rex

Wenn es überhaupt eine Katze gibt, die an einen Teddybären erinnert, dann ist es die Selkirk Rex. Diese Rasse hat ein wunderbar weiches, lockeres, leicht gekräuseltes Fell.
Die Rasse ist in den Vereinigten Staaten sehr beliebt, während sie in Europa nahezu unbekannt und nur selten anzutreffen ist.

Selkirk Rex

Bob Schwartz

Bob Schwartz

Herkunft

1987 tauchte in den Vereinigten Staaten im Wurf einer gewöhnlichen Hauskatze ein Kätzchen mit gekräuseltem Fell auf. Im Gegensatz zu den anderen Rexrassen traf man die Entscheidung, diese neue Rasse nur mit Hilfe einer anderen Rasse – der Perserkatze – zu bestätigen. Hintergrund hierzu war der Wunsch der Züchter, einen Typ zu erhalten, der sich deutlich von den existierenden, relativ eleganten Rexrassen unterschied. Aus ihren Bemühungen resultierte schließlich eine Katze mit einem gedrungenen, kompakten Körperbau, einem runden Kopf und einem schweren Knochenbau.
Da das Gen für gelocktes Fell bei der Selkirk Rex im Gegensatz zu anderen Rex-Mutationen dominant ist, gingen bereits aus der ersten Generation zwischen Selkirk-Rex-Katzen und Perserkatzen Kätzchen mit gelocktem Fell hervor. Und weil bereits die erste Katze – eine Kurzhaar – mit einer langhaarigen Katze gekreuzt wurde, existierte die Rasse von Anfang an sowohl mit langen als auch mit kurzen Haaren.
Die Bestätigung der Rasse ist bei der Selkirk Rex noch nicht abgeschlossen, sodass sie noch immer regelmäßig mit der Perserkatze, der Exotischen Kurzhaar sowie gelegentlich mit der Amerikanischen Kurzhaar gekreuzt wird. Die Amerikanische Kurzhaar wird verwendet, um die Entwicklung einer zu extremen Kopfform zu verhindern.

Charakter

Diese Katzen sind freundlich, anhänglich und sanft. Sie lieben menschliche Gesellschaft und sind ausgezeichnete Spielgefährten für Kinder. Sie vertragen sich sehr gut mit anderen Katzen und mit Hunden.
Da Selkirk Rex leidenschaftlich gerne spielen und klettern, empfiehlt sich die Anschaffung eines stabilen Kratz- und Kletterbaums. Als Spielzeug eignen sich Tischtennisbälle, Papierkügelchen und Pelzmäuse.
Selkirk-Rex-Kätzchen, die frühzeitig an eine Wohnungshaltung gewöhnt sind, drängen in der Regel auch später nicht nach draußen.

Pflege

Selkirk Rex können sowohl kurzes als auch langes Haar aufweisen, wobei beides wenig Pflegeaufwand erfordert.
Im Gegensatz zu Devon Rex und Cornish Rex erfolgt der Haarwechsel auf die gleiche Weise wie bei Katzen mit normalem Fell. Außerhalb der Zeit des Haarwechsels genügt es, wenn man das Fell gelegentlich mit einer Bürste aus Schweineborsten bürstet und anschließend mit einem grob gezähnten Kamm kämmt. Zu Zeiten des Haarwechsels, also im Frühjahr und Sommer, ist eine intensivere Pflege notwendig.
Bei Ausstellungskatzen kann es erforderlich sein, die Tiere einige Tage vor dem Ausstellungstermin zu baden. Um das Fell nicht zu glätten, darf man es nach dem Bad nicht zu kräftig bürsten oder kämmen. Damit die Locken besser zur Geltung kommen, kann man das Fell am Tag der Ausstellung mit einem Wasserbestäuber leicht befeuchten.
Man entfernt die scharfen Krallenspitzen regelmäßig mit einem Spezialclipper und reinigt die Ohren bei Bedarf mit einer speziellen Ohrlotion für Katzen.

Körperliche Merkmale

KÖRPER
Die Selkirk Rex hat eine gedrungene Gestalt und einen eckigen Körper. Diese Rasse ist sehr muskulös, mit einem ziemlich schweren Knochenbau. Die Beine sind mittellang, die Pfoten groß und rund. Der Schwanz weist eine abgerundete Spitze auf.

KOPF
Die Selkirk Rex hat einen runden, breiten, mittelgroßen Kopf mit einem deutlichen Stopp am Nasenrücken. Die Ohren sind weit auseinander gesetzt, mittelgroß und sollten an den Spitzen abgerundet sein. Die großen, runden Augen stehen weit auseinander.

FELL
Das doppelte Fell ist sowohl bei den langhaarigen als auch den kurzhaarigen Selkirk Rex weich, plüschartig und elastisch. Die Kätzchen weisen bei ihrer Geburt Löckchen auf, welche ungefähr im Alter von sechs Monaten verschwinden und erneut erscheinen, wenn die Tiere zwischen acht und zehn Monate alt sind. Da es bis zu zwei Jahre dauern kann, bis sich das Fell völlig entwickelt hat, legen die Preisrichter bei der Bewertung junger Tiere mehr Wert auf den Körperbau sowie den Typ der Katze und weniger auf das gelockte Fell.
Bei erwachsenen Tieren sind die Haare am Schwanz und in der Halsregion stärker gelockt als am übrigen Körper. Die Beschaffenheit und die „Lockenpracht" am Rücken können in Abhängigkeit vom Klima, in dem die Katze lebt, und von hormonellen Veränderungen variieren. Lockere, elastische, deutlich voneinander abgegrenzte Locken sind erwünscht. Die Schnurrhaare sind immer gekräuselt.

FARBEN
Bei Selkirk-Rex-Katzen sind alle Fellfarben und -muster erlaubt. Neben den natürlichen Farben, die man bei gewöhnlichen Hauskatzen ohne Stammbaum findet, wie Rot, Schwarz, Weiß und Blau, dürfen Selkirk Rex auch eine Siamfärbung aufweisen.
Auf Ausstellungen legen die Preisrichter bei erwachsenen Tiere größeren Wert auf die Fellbeschaffenheit als auf die Farbe und Zeichnung des Fells.
Es sind zwar alle Augenfarben erlaubt, leuchtende, ausdrucksvolle Augen werden jedoch bevorzugt.

Besonderheiten

Bei Selkirk-Rex-Katzen wird das Gen, welches für die Lockung des Fells verantwortlich ist, als dominanter Faktor vererbt. Daher ist es sehr wahrscheinlich, dass der Wurf zweier Selkirk Rex ein oder mehrere Kätzchen mit normalem Fell enthält.

Pudelkatze

Diese Rasse ist in Deutschland durch Kreuzung von Schottischen Hängeohrkatzen und Rexkatzen entstanden. Ziel war die Züchtung einer Katze mit gelocktem Fell und gefalteten Ohren. Die Rasse wurde bislang noch nicht von allen Katzenverbänden anerkannt.
Pudelkatzen sind sehr freundliche, liebevolle Haustiere. Sie werden in verschiedenen Far-

Pudelkatze

Bob Schwartz

ben gezüchtet, einschließlich Colourpoint und den natürlichen Farben, die man bei gewöhnlichen Hauskatzen findet. Die Fellpflege ist ähnlich wie bei anderen Rexkatzen und nimmt nicht viel Zeit in Anspruch. Pudelkatzen sind selten, und nur sehr wenig Züchter befassen sich bislang in Deutschland mit dieser Rasse.

Sphynx (Nacktkatze)

Von dem außergewöhnlichen Aussehen und der nahezu felllosen Haut der Sphynx ist man entweder begeistert oder abgestoßen. In den letzten Jahren erfreut sich diese Rasse langsam aber sicher zunehmender Beliebtheit und findet eine wachsende Zahl an Bewunderern. Neben der nahezu nackten Haut zählen zu den typischen Rassemerkmalen die großen Pfoten, die gut entwickelten Fußballen sowie die auffallend großen Ohren. Für Katzenliebhaber mit einer Katzenhaarallergie ist diese Rasse ein Geschenk des Himmels. Wenn jedoch psychische Faktoren als Auslöser für eine Allergie vorliegen, wird man auch auf eine Sphynx entsprechend allergisch reagieren.

Herkunft

Man weiß, dass die Azteken bereits vor mehreren Jahrhunderten haarlose Katze wie die Sphynx hielten und auch haarlose Hunde züchteten (die so genannten „Xoloitzcuintle"). Die haarlosen Katzen wurden „Mexican Hairless" genannt. Der Körper der Tiere war langgestreckt, sie hatten einen langen Schwanz, einen keilförmigen Kopf und große Ohren, lange Schnurrhaare und bernsteinfarbene Augen. Das kurze Fell, welches den Katzen im Winter auf dem Rücken wuchs, wurde im Sommer abgestoßen. Heute existiert diese Rasse nicht mehr.

Da das völlige Fehlen von Fell bei der Sphynx durch eine rezessives Gen verursacht wird, kann dieses viele Generationen hindurch vererbt werden, ohne sich bemerkbar zu machen. Erst wenn sich zwei Katzen paaren, die beide das rezessive Gen für Kahlheit

Sphynxkätzin mit ihren Jungen

Sphynx

Paloma, eine der Vorfahren der Sphynxlinie, im Alter von 16 Jahren

tragen, kann sich bei einem oder mehreren daraus hervorgehenden Kätzchen das Vorhandensein dieses Gens zeigen. Man nimmt an, dass es sowohl in Mexiko als auch in den Vereinigten Staaten gewöhnliche Hauskatzen gibt, die das rezessive Gen für Kahlheit in ihrem genetischen „Gepäck" tragen. Es ist daher nicht verwunderlich, wenn zwei Katzen mit normalem Fell gelegentlich haarlose Kätzchen hervorbringen.
Die normal befellte amerikanische Katze „Jezebel" war ein bedeutender Vorfahr der modernen Sphynxblutlinie in den Vereinigten Staaten. „Punkie" und „Paloma" waren die Vorfahren der europäischen Sphynxlinien. Ein kanadischer Katzenliebhaber fand diese beiden weiblichen Streunerinnen Ende der siebziger Jahre in den Straße von Toronto. Der Mann fragte sich zunächst, ob diese haarlosen Kätzchen an einer bestimmten Krankheit litten. Als er sich in dieser Angelegenheit an eine Züchterin wandte, stellte sich jedoch heraus, dass es sich um Sphynxkätzchen handelte. Sie schickte die Kätzchen zu Hugo Hernandez in die Niederlande, da sie wusste, dass Hernandez einen Sphynxkater besaß und auf der Suche nach einer geeigneten Kätzin war. Da zu Beginn der Züchtung nur wenige Tiere zur Verfügung standen, wurden die Katzen sowohl mit einheimischen Katzen als auch mit Devon Rex gekreuzt, die einen weitgehend ähnlichen Typ aufwiesen. Man verwendet diese Katzen auch heute noch in begrenztem Maße, um Probleme durch Inzucht zu vermeiden.

Charakter

Nacktkatzen sind anhängliche und intelligente Tiere, die sich sehr schnell und intensiv an ihre Menschen binden. Man sagt, dass die Sphynx vom Charakter her Merkmale von Katze, Hund, Affe und Kind in sich vereint – was im Wesentlichen sicher zutrifft.
Nacktkatzen sind sehr gesellig und schätzen die Gesellschaft des Menschen, aber auch mit anderen Katzen und mit Hunden vertragen sie

Sphynx, Schwarz getigert

Sphynxkätzin mit ihrem Jungen

sich gut. Aufgrund ihres ausgeglichenen Naturells finden sie sich auch in lebhaften Familien mit Kindern gut zurecht. Es ist für jede Sphynx eine Strafe, sich selbst überlassen zu sein. Um glücklich zu sein, brauchen sie viel Zuwendung und Aufmerksamkeit, andernfalls vergehen sie vor Gram und sterben manchmal buchstäblich vor Einsamkeit. Sphynxkatzen sind so sanft und freundlich, dass es ihnen fast unmöglich ist, aggressiv zu reagieren. In der Regel sind sie mit einer Wohnungshaltung völlig zufrieden. Man darf dabei aber nicht vergessen, dass sie verspielt und lebhaft sind und gerne laufen und klettern. Deshalb sollte man sicherstellen, dass die Katzen ausreichend Spielmöglichkeiten haben und ihre überschüssige Energie abreagieren können. Im Allgemeinen wird ein stabiler Kratz- und Kletterbaum gern benutzt.

Gelegentlich wird fälschlicherweise behauptet, dass eine Sphynx eine höhere Körpertemperatur als andere Katzen hat. Dies scheint jedoch nur deshalb zuzutreffen, weil sich die Haut der Sphynx wegen des fehlenden Fells besonders warm anfühlt. Wer das erste Mal eine Sphynx berührt, wird sich an eine Pfirsichhaut erinnert fühlen.

Pflege

Da die Sphynx kein Fell wie andere Katzen hat, könnte man annehmen, dass auch keine Fellpflege erforderlich ist. Man darf jedoch nicht unterschätzen, wie viel Arbeit mit der Pflege einer haarlosen Haut verbunden ist. Sphynxkatzen transpirieren ebenso wie der Mensch und sondern reichlich Talg ab. Wenn man eine Sphynx niemals baden würde, finge die Haut allmählich an, unangenehm zu riechen und sich fettig anzufühlen.

Sphynx

Sphynxkätzchen

Die meisten Besitzer einer Sphynx baden ihre Katze zweimal pro Monat mit einem pH-neutralen Shampoo. Glücklicherweise lassen sich die meisten Sphynx, im Gegensatz zu vielen anderen Rassen, gerne baden.

Außerdem scheinen Sphynxkatzen im Gegensatz zu haarlosen Hunden keinen Schaden durch UV-Strahlung zu nehmen. Sie können daher auch keinen Sonnenbrand erleiden, wenngleich die Haut an den dunkler pigmentierten Stellen noch dunkler werden kann. Die meisten Sphynx bilden im Sommer und in wärmeren Klimagebieten Sommersprossen aus.

Die Haut der Sphynx weist zwar viele Falten auf, in der Regel verlangen diese aber keine besondere Aufmerksamkeit. Man sollte jedoch regelmäßig die Ohren mit einer speziellen Ohrlotion für Katzen reinigen und die scharfen Krallenspitzen gelegentlich mit einem Spezialclipper entfernen.

Da die Haut im Allgemeinen geschmeidig bleibt, ist es nicht erforderlich, Öl oder sonstige Flüssigkeiten aufzutragen. Die meisten Züchter sprechen sich sogar heftig gegen die

Sphynxkätzchen

Verwendung von Öl aus, da dadurch Schmutz angezogen wird, der die Poren verstopft.

Körperliche Merkmale

KÖRPER

Die Sphynx ist eine muskulöse, mittelgroße Katze mit einer tiefen Brust und einem fassförmigen Körper. Die Beinlänge ist wohl proportioniert im Verhältnis zum übrigen Körper. Die Hinterbeine sind. etwas länger als die Vorderbeine, die weit auseinander stehen und etwas gekrümmt sein sollten. Sphynxkatzen haben mittelgroße, ovale Pfoten mit langen Zehen, die Fußballen sind bedeutend dicker ausgebildet als bei anderen Katzen. Der lange, spitz zulaufende Schwanz sollte mit der Körpergröße harmonieren.

KOPF

Der Kopf der Sphynx ist mittelgroß, leicht keilförmig, mit abgerundeten Linien; er ist etwas länger als breit. Die Nase zeigt einen leichten Stopp, das Kinn ist ausgeprägt. Die

Sphynx

Sphynx

Schnauze ist kräftig und abgerundet, sie sollte keinesfalls zu spitz sein.
Die Ohren sollten sehr groß und am Ansatz breit sein. Sie dürfen weder zu hoch noch zu tief am Kopf platziert sein.
Die Sphynx hat große, etwas schräg stehende, zitronenförmige Augen, deren Außenkanten zu den Außenkanten der Ohren zeigen.

FELL

Die Sphynx ist zwar als haarlose Katze bekannt, wenn man sie sich jedoch genauer ansieht, erkennt man, dass der Körper mit sehr kurzen, feinen, flaumigen Haaren bedeckt ist. Dieser Flaum bildet sich jedoch beim Heranwachsen – bis auf kleine Reste an den Beinen – zurück. Ohren, Schnauze, Schwanz und Pfoten (sowie Hodensack bei Katern) weisen etwas längere Haare auf. Bei Ausstellungen werden jedoch Katzen bevorzugt, die völlig haarlos aussehen.
Die Haut der Katzen ist sehr faltig, und auf Ausstellungen bevorzugen die Preisrichter erwachsene Tiere mit möglichst vielen Falten, insbesondere auf dem Kopf. Die Falten dürfen allerdings ein gewisses Maß nicht übersteigen, da zu viele Falten das Risiko für Hautinfektionen erhöhen.
Meistens haben Sphynxkatzen kurze Schnurrhaare, das völlige Fehlen von Schnurrhaaren wird auf Ausstellungen jedoch nicht als Fehler gewertet.

FARBEN

Sphynxkatzen werden in allen möglichen Farben und Farbkombinationen gezüchtet, auch weiße Flecken sind erlaubt. Schwarz gestromt, Schildpatt und Parti-Colour sind beliebte Farben.
Aufgrund des völligen Fehlens von Haaren sieht die Farbe bei diesen Katzen anders aus als bei Katzen mit normalem Fell. Für Laien ist es oft schwierig, die Farbe der Haut festzustellen. Die Augenfarbe sollte mit der Hautfarbe harmonieren.

Besonderheiten

Da sich die Rasse noch in einem frühzeitigen Stadium ihrer Entwicklung befindet, wird sie noch immer regelmäßig mit geeigneten Nichtrassekatzen und mit Devon-Rex-Katzen gekreuzt.
Aus einer Kreuzung mit gewöhnlichen Katzen gehen in der ersten Generation behaarte Kätzchen hervor. Wenn man diese Katzen wiederum mit Sphynxkatzen kreuzt, können daraus haarlose Jungtiere hervorgehen.
Nach einer Paarung zwischen Sphynx und Devon Rex wird die erste Generation mehr oder weniger haarlos sein. Es wird angenommen, dass die beiden Gene bei Devon Rex (mit der Folge verringerten Haarwuchses) und Sphynx (mit der Folge fast völlig fehlenden Fells) miteinander verwandt sind.

Fotografie einer Mexican Hairless um die Jahrhundertwende

Glossar

Die Begriffe, die in dieser Katzenenzyklopädie und in der Welt der Katzenzucht verwendet werden, sind nicht jedermann vertraut. Daher werden einige Begriffe in diesem Glossar erklärt. Weitere Erklärungen finden sich in Kapitel 4.

Agouti-Katzen
Katzen mit einer Tabbyzeichnung werden als Agouti-Katzen bezeichnet.

Bänderung
Gestichelte Tabbyzeichnung, bei der jedes Haar zwei oder drei dunklere Bänder aufweist. Diese Bänderung (Ticking) ist das typische Tabbymuster der Abessinier, kommt aber auch bei anderen Rassen vor.

Bi-Colour
Bedeutet wörtlich übersetzt „zwei Farben" und dient zur Beschreibung von einheitlich gefärbten Katzen mit weißen Flecken. Im Idealfall sind bei diesen Katzen mehr als zwei Drittel des Körpers einheitlich gefärbt, wobei die weißen Flecken symmetrisch am übrigen Körper verteilt sind. Bi-Colour-, Van- und Harlekin-Katzen werden unter dem Stichwort „Parti-Colour" abgehandelt.

Britisch Kurzhaar, Bi-Colour

Blotched
Classic (bei Katzen mit Tabbyzeichnung)

Britisch-Kurzhaar-Kätzchen, Bi-Colour

Break
Andere Bezeichnung für „Stopp"

Brown-Tabby
Wird häufig zur Beschreibung einer schwarzen Katze mit Tabbyzeichnung verwendet. Dies ist tatsächlich nicht richtig, da die Zeichnung schwarz ist: Black-Tabby wäre in diesem Fall zutreffender.

Calico
Amerikanische Bezeichnung für Schwarz-Schildpatt-Weiß

Cameo
Tabby-Katzen mit einem roten oder cremefarbenen Fell (Phäo-Melanin) und einem Inhibitor-Gen, welches bewirkt, dass mehr als zwei Drittel jedes Haares, vom Haaransatz beginnend, pigmentfrei sind.

Chinchilla
Siehe „Getippt"

Chocolate
Chocolate (Schokoladenfarben) ist von Schwarz abgeleitet. Das Fell wird schwarz, wenn sich die Struktur der schwarzen Pigmentteilchen ändert (mutiert). Lila ist die Verdünnung von Chocolate.

Maine Coon, Cameo

Cinnamon (Zimtfarben)
Entspricht bei den Abessiniern der Farbe „Sorrel". Die Farbe entsteht, wenn die für Chocolate verantwortlichen Melanine (die Pigmentteilchen) mutieren. Dies bewirkt eine Strukturänderung des Melanins und eine Farbänderung von Chocolate zu Cinnamon. Fawn ist die Verdünnung von Cinnamon.

Classic
Andere Bezeichnung für „gestromt" (bei Katzen mit Tabbyzeichnung)

Colourpoint
Andere Bezeichnung für Siam- oder Himalayafärbung

Dilute Calico
Amerikanische Bezeichnung für Blau-Schildpatt-Weiß

Dominantes Gen
Dominante Gene treten stets im Erscheinungsbild (Phänotyp) eines Individuums zu Tage, selbst wenn sie nicht paarig vorkommen.

Einheitliche Färbung
Zur Bezeichnung des einheitlich gefärbten Fells bei Nicht-Agouti-Katzen

Extremitäten
Zu den Extremitäten zählen Beine, Maske, Schwanz, Ohren und Hodensack der Kater. Dieser Begriff wird in der Regel bei Colourpoint-Katzen gebraucht, da bei ihnen nur die Extremitäten gefärbt sind.

Fawn (Karamell)
Fawn ist die Verdünnung von Cinnamon. Diese Farbe entsteht, wenn als Folge eines rezessiven Gens bestimmte Pigmente fehlen. Das Fell erscheint dann heller.

Gedrungen
Kurze, kompakte Körperform zur Bestimmung von Britisch Kurzhaar und anderen Rassen

Maine Coon, Blau-Schildpatt-Weiß

Siamkatzen haben gefärbte Abzeichen (Siamkätzchen, Cinnamon).

Geisterzeichnung
Undeutliche Tabbyzeichnung bei Agouti-Katzen. In der Regel verschwindet diese mit zunehmendem Alter der Katzen, bei Katzen mit Phäo-Melanin-Pigment (rote und cremefarbene Katzen) bleibt sie jedoch meist erhalten.

Gen
Träger der Erbanlagen

Genetik
Tiefreichende Kenntnisse in der Genetik sind für jeden Züchter unerlässlich. Man muss wissen, dass eine Katze nicht nur sichtbare Erbanlagen (Phänotyp) vererben kann, sondern auch unsichtbare erbliche Merkmale in ihrem genetischen „Gepäck" (Genotyp) trägt, die sie an nachfolgende Generationen weitergeben kann.

Genotyp
Bezeichnung für die genetische Ausstattung einer Katze. Dieser kann vom Phänotyp abweichen.

Getippt
Zur Beschreibung von schwarzen, blauen, zimtfarbenen, schokoladenfarbenen und lila Tabby-Katzen (Eu-Melanin-Pigment), bei denen jedes Haar, vom Ansatz aufwärts, aufgrund eines Inhibitor-Gens zu mehr als sieben Achteln unpigmentiert ist.
Die Katzen sehen tatsächlich weiß aus, da nur die äußersten Haarspitzen pigmentiert sind. Diese Katzen werden auch als Chinchillas bezeichnet.

Golden
Gelegentlich bringen zwei nichtreinrassige Tabby-Katzen silberfarbene Kätzchen sandfarbenem Unterfell und sehr schwach ausgeprägter Tabbyzeichnung hervor. Diese Kätzchen werden als „Golden" bezeichnet, obwohl es sich eigentlich um braun/schwarze Tabby-Katzen mit einer undeutlichen Tabbyzeichnung handelt.

Harlekin
Katze mit überwiegender Weißscheckung (mehr als 90 Prozent), einem oder zwei Farbflecken am Schädeldach (vorzugsweise nicht um die Augen), zwei oder drei Farbflecken am Körper und einem gefärbten Schwanz

Heterozygot
Nicht reinrassig. Dieser Begriff wird verwendet, wenn eine Katze zwei verschiedene Gene für ein bestimmtes Merkmal besitzt. Der Phänotyp kann vom Genotyp abweichen (zum Beispiel Dd).

Himalayafärbung
Diese Färbung tritt bei Siam- und Colourpoint-Katzen auf. Aufgrund eines speziellen

Perserkatze, Black-Shaded-Golden

Orientalisches Kurzhaarkätzchen mit einer gestromten Tabbyzeichnung

Gens sind die Extremitäten dunkler gefärbt als der übrige Körper.

Homozygot
Reinrassig. Dieser Begriff wird verwendet, wenn zwei gleiche Gene für ein bestimmtes Merkmal vorliegen (zum Beispiel dd).

Inhibitor-Gen
Hierbei handelt es sich um ein dominantes Gen, welches die Pigmentierung des Haarschaftes teilweise (vom Ansatz aufwärts) verhindert und ein silberfarbenes Unterfell bewirkt. Das bedeutet, dass nur die Haarspitzen gefärbt sind.

Inzucht
Paarung zweier eng verwandter Katzen (zum Beispiel Bruder mit Schwester, Mutter mit Sohn)

Karamell
Siehe „Fawn"

Katerbäckchen
Stark ausgeprägte Wangen bei (ausgewachsenen) Katern

Knick
Knochendeformität des Schwanzes, die früher bei Siamkatzen weit verbreitet war.

Lilac
Lilac (Lila, Lavendel) ist die verdünnte Form von Chocolate. Diese Farbe entsteht, wenn bestimmte Pigmente im Fell als Folge eines rezessiven Gens fehlen. Das Fell erscheint dann heller.

Linienzüchtung
Kreuzung verwandter Tiere, zum Beispiel Großmutter mit Enkel, Halbbruder mit Halbschwester

Lynx-Point
Amerikanische Bezeichnung für Tabby-Point

Mackerel
Andere Bezeichnung für getigert (bei Katzen mit Tabbyzeichnung)

Mutation
Spontane Änderung im genetischen Material, die an die Nachkommen weitergeben werden kann. Viele Katzenrassen sind als Ergebnis spontaner Mutationen entstanden, zum Beispiel die Scottish Fold und die Munchkin. Durch Mutationen sind auch neue Fellfarben entstanden.

Natürliche Farben
Farben, die bei gewöhnlichen Hauskatzen vorkommen, zum Beispiel Rot, Schwarz und

Weiße Orientalische Kurzhaar mit verschiedenfarbigen Augen

die verdünnten Formen dieser Farben, mit oder ohne Weißscheckung. Auch reines Weiß, Schildpatt, ein silberfarbenes Unterfell sowie Tabbyzeichnungen werden den natürlichen Farben zugerechnet.

Nicht-Agouti-Katzen
Jede Katze trägt ein dominantes Gen für ein bestimmtes Tabbymuster. Dieses Muster tritt jedoch nur zu Tage, wenn die Katze gleichzeitig ein Agouti-Gen aufweist. Katzen ohne Agouti-Gen werden manchmal auch als Nicht-Agouti-Katzen bezeichnet. Diese Katzen haben ein einheitlich gefärbtes Fell.
Dennoch haben die meisten Nicht-Agouti-Kätzchen eine undeutliche Tabbyzeichnung (Geisterzeichnung) im Fell, die mit zunehmendem Alter verschwindet. Bei Katzen mit Phäo-Melanin-Pigmenten (rote und cremefarbene Tiere) bleibt die Geisterzeichnung meist erhalten.

Nicht natürliche Farben
Farben und Muster, die bei gewöhnlichen Hauskatzen nicht vorkommen. Dazu zählen: Burma-, Siam- und Tonkanesenfärbung sowie die Farben Chocolate, Lilac, Cinnamon und Fawn.

Somali, Wildfarben

Orientalischer Körperbau
Sehr geschmeidige, schlanke, elegante Körperform, die Katzen vom orientalischen Typ kennzeichnet.

Parti-Colour
Katzen mit einheitlicher Grundfarbe und einer bestimmten Menge an weißen Flecken im Fell. Zu den Parti-Colour-Katzen zählen Bi-Colour, Tri-Colour, Van und Harlekin.

Phänotyp
Äußeres Erscheinungsbild einer Katze

Points
Dunkel gefärbte Extremitäten (Abzeichen) bei Siam- und Colourpoint-Katzen

Rezessives Gen
Diese Gene werden nur im Erscheinungsbild sichtbar, wenn sie von beiden Elternteilen an die Nachkommen weitergegeben werden.

Ruddy
Amerikanische Bezeichnung für die ursprüngliche Farbe (Wildfarben) bei Abessinier- und Somalikatzen.

Schildpatt (Tortie)
Fellmuster, bestehend aus kleinen, unregelmäßig geformten Farbflecken. Schildpatt-Katzen können eine schwarze, blaue, schokoladenfarbene oder lila Grundfarbe aufweisen.

Seal
Dunkelbraune Farbe, die vor allem bei Siam- und Colourpoint-Katzen vorkommt.

Shaded (Schattiert)
Bezeichnung für Tabby-Katzen mit schwarzem, lilafarbenem, blauem oder schokoladenfarbenem Fell (Eu-Melanin-Pigment). Bei diesen Tieren sind ungefähr zwei Drittel jedes Haares (vom Ansatz aufwärts) als Folge des Inhibitor-Gens unpigmentiert.

Shell
Tabby-Katzen mit einem roten oder cremefarbenen Fell (Phäo-Melanin-Pigment) und einem Inhibitor-Gen, bei welchen mehr als

Orientalisches Kurzhaarkätzchen, Fawn gestichelt

Perserkatze, Schwarz-Schildpatt

sieben Achtel jedes Haares (vom Ansatz aufwärts) unpigmentiert sind. Die Katzen sehen tatsächlich weiß aus, da nur die äußersten Haarspitzen pigmentiert sind.

Schokoladenfarben
Siehe „Chocolate"

Smoke
Nicht-Agouti-Katze mit silberfarbenem Unterfell und aktivem Inhibitor-Gen

Stopp
Einbuchtung der Nase, die man vor allem bei Perserkatzen findet. Sie wird auch als Nasensattel oder Break bezeichnet und tritt in mehr oder weniger ausgeprägter Form auf.

Tabbyzeichnung
Man unterscheidet vier verschiedene Tabbyzeichnungen: gestichelt (ticked), getigert (mackerel), getupft (spotted) und gestromt (blotched, classic)

Ticking
Siehe „Bänderung"

Torbie
Altmodische amerikanische Bezeichnung für Tortie-Tabby

Tortie-Tabby
Amerikanische Bezeichnung für Schildpatt-Tabby. Katzen, die sowohl ein Schildpatt- als auch ein Tabbymuster im Fell aufweisen.

Vanmuster (Europa)
Bezeichnung für das Fellmuster weißer Katzen mit zwei Farbflecken am Kopf, einem gefärbten Schwanz und einem kleinen gefärbten Fleck am Körper

Perserkatze, Black-Chinchilla

Diese Maine Coon hat sowohl ein Schildpatt- als auch Tabbymuster in ihrem Fell.

Vanmuster (USA)
Bezeichnung für das Fellmuster weißer Katzen mit zwei Farbflecken am Kopf und einem gefärbten Schwanz

Hauskatze mit schwarz-weißem Vanmuster

Verdünnung
Auswirkung eines Gens, das das Fehlen bestimmter Pigmentzellen (Melanine) im Fell bewirkt, wodurch das Fell heller erscheint. Blau ist eine verdünnte Form von Schwarz, Creme ist eine verdünnte Form von Rot, Lilac ist eine verdünnte Form von Chocolate und Fawn ist die Verdünnug von Cinnamon.

Vererbungslehre
Siehe „Genetik“

Wildfarben
Ursprüngliche Farbe der Abessinier und Somali

Zimtfarben
Siehe „Cinnamon“

Register

Danksagung

Autorin und Verlag möchten sich bei folgenden Personen dafür bedanken, dass sie sowohl ihre Zeit als auch ihre Katzen zur Verfügung gestellt haben:

Frau Balemans; Olga van Beek; Frau H. Berntrop; Frau H. Bok; Familie v. d. Bos; Cath Brandt; Jan Deetman; A. van Dongen; A. M. A. Duin-Uringer; Annelies Edeling: A. van Eewijk; Marit van Eewijk; Andrea van Elmpt; S. Fahrenkrog; Anne und Werner Friedhoff; Leonie van Gent; Diane Goossens; Sabine Hamburger; Fam. D. Harks; Marga Harms; Caroline Harmsel; Elly und Peter van Hecke; Marg. Henderson; Frau H. Hendriks; Frau T. Hinten; Fam. Hollander; Hans Hothinrichs; Irma Jeelof; Ronald Kamphorst; Jose Kerkhoffs; J. und R. Kern; Fam. Kinderen; Frau E. Kwappenberg; Familie Linnenband; Peter und Yvonne van Lissum; André und Caroline Maas; Yvonne Maas; Mariska van der Meer; Marvin Miseroy; Jaco und Bianca Muriel; Fam. Nettenbreijer; I. van Oorschot; Fam. Den Ouden; Jaap und Wil Ouwehand; Sebastian und Carin Poos; Marco Pullens; Aad Quast; Fam. Van Rooij; Fam. Rulke; Esther Rulke; Suzanne Ruthsatz; Jet Sluijters-Hamburger; Mimy Sluiter; Ab und Joke Smid-Smit und Familie; Els Smits; Eveline Smits; Frau Soetens; Marielle van Son; Fam. Stigter; Richard van Veen; Fam. Verhoef; Kai Verlaan; Claudia Wagterveld; Gisele Wal; Leslie Wal; Marga Wal-Lindeboom; W. Wallenta; Robin van Wees; Twannie van Wees; Mieke van Wees-Levendig; A. E. Wilmering-Keizer; Frau H. Wirahadiraksa-Zaagmans; Bea v. d. Woude; Annet Wouters; Judith Zuurveld; Cees und Marion Zwart.

Unser besonderer Dank gilt Marga Harms, Marvin Miseroy und Jan Deetman, auf deren Hilfe wir während der Vorbereitungen zur Veröffentlichung dieses Buches stets zählen konnten. Weiterhin gedankt sei folgenden Personen, die auf verschiedene Weise behilflich waren: Frau H. Bok; Andrea van Elmpt; Genoveva Giepmans und Ivar Duppen; Caroline Harmsel, Terri J. Harris (USA), Jose Kerkhoffs, Ab und Joke Smid-Smit, Eveline Smits und Leslie Wal.

Autorin und Verlag möchten weiterhin allen Fotografen für zusätzliches Fotomaterial danken, insbesondere Bob Schwartz (Italien), ohne dessen Hilfe einige Rassen nicht so umfassend illustriert hätten werden können. Unser Dank richtet sich außerdem an die Familie Friedhoff (Belgien), an Genoveve Giepmans und Ivar Duppen (Niederlande), an die Familie Kern (Deutschland) und an Eveline Smits (Niederlande), da sie Fotografien und Diapositive zur Verfügung gestellt haben.

Eine besonderes Dankeschön geht an Mimy Sluiter, da sie aufgrund ihrer großen Sachkenntnis über Katzen eine wertvolle Redakteurin war. Danke, Mimy!

Bildnachweis

Bob Schwartz: 59, 75, 76 Mitte, 81, 82, 86, 100, 101, 102 oben links, 110, 111, 117, 122, 188, 189 oben links, 190, 193 unten, 196, 197, 212, 214, 222 unten rechts, 223, 224
Eveline Smits: 221 oben links, 222 oben links
Foto Simon: 72 oben links und oben rechts, 76 oben links, 192 oben rechts
Ivar Duppen: 11 rechts, 225, 226 Mitte, 227 unten, 228 oben rechts, 229 oben links
Wilfried Vandevelde: 15 links, 226 oben, 228 unten
Peter Verhoostad: 138

Alle Schwarzweißaufnahmen stammen aus folgenden Publikationen:
The book of the cat, Frances Simpson, Cassel & Comp. Ltd.; *The Siamese cat*, Methuen & Co. Ltd.; *Concerning cats*, David Nutts and the sign of the Phoenix;
The cat manual, Dick Wittingham, George Newnes Ltd.